北京日报理论周刊文存

史海新探

北京日报理论部　编

北京日报出版社

北京日报理论周刊文存

序

联系理论

理论与实践相结合，是理论研究与传播的最高原则。理论联系实际，既是党的思想路线，又是鼓舞理论工作者深入生活、联系群众、服务社会的响亮口号。

然而，对于在实践现场的实际工作者来说，理论联系实际这一判断还蕴含了一个重要前提：实际联系理论。

从宏观层面理论角度看，联系实际是检验理论、创新理论的不二途径。从微观层面、实践层面看，联系理论又是理性实践、科学发展的重要方法。

为官一方，责任重大，任务纷繁 ，面临各种矛盾和挑战。因此，务实勤政、少说多做、埋头苦干成了许多优秀官员的美德。但是，这些官员并不是一开始就扎入事务堆中。他们中的绝大多数的共同选择是：学习，研究，思考。“向理论求教”是共产党人的传统法宝，也是我们与时俱进、永葆先进性的当代经验。

因此，联系理论是党员领导干部的刚性需求。

政治上的成熟源于理论的坚定。理论上坚定成熟，任何力量都不能动摇、摧毁我们。土能浊河，而不能浊海；风能撼木，而不能撼山。有了管根本、利长远的原理、立场、观点和方法，我们就能不忘初心，得其始终。

问题是时代的声音。问题愈鲜明，理论便愈彻底，而社会对于理论的需求也就愈旺盛。事情往往是这样的：一个时代的问题既是绕不开、躲不过的困难和挑战，同时又是这个时代的实践者对发展、对未来的不停探索与大声叩问。

随着实践、发展的深入，问题便日益深刻且尖锐。而理论，便成为空谷回响，循声而来，绵绵不绝，振聋发聩。

理论是高峰。联系理论，我们便拾级而上，登上制高点。可以俯瞰，可以远眺，游目骋怀，开一新境界。事物纷纭，细节丛脞，关系复杂，若从理论的高度上看下去，一切便有了格局、脉络和方位。

理论是钻石。它是对过去的总结和未来的思考，是经典作家和无数思想者智慧的结晶。联系理论，我们便登堂入室，任导师、哲人们点拨、开示。情势再诡谲，矛盾再棘手，但我们学而有友、胸有成竹。就是说，我们并不是孤独地在特定时空完成一次工作，而是集结、融汇了一切智者的相关经验、思想和知识。众志成城，万物皆备于我。“君子生非异也，善假于物也”。

一个民族要想站在科学的最高峰，就一刻也不能离开理论思维。这当然是就民族智性、思维品质而言的。实际联系理论，起点是主动学习、深刻把握、积极运用理论，但最高境界一定是在理论的引导下让自己获得“理论思维”这一卓越品质，去粗取精，去伪存真，由表及里，由此及彼，善于总结经验，抓取本质，发现规律，从生动多变的实践中演绎出新知识、新理论。

任何理论都追求有用性。马克思说，思想一旦离开利益，就一定会使自己出丑。然而，在现实生活中，理论必定只限于原理、规律和历史经验的供给。如果让学者抛开“概论”而直接画“施工图”，必定方凿圆枘，南辕北辙。同样，实际工作者“联系理论”亦须有眼光，有定力。一卷在手，了然于胸，不求即用，融会贯通。“风物长宜放眼量”，理论之树方常青。

傅華

目录

清代官员的“年终密考”制

邹爱莲　王金山

清朝管理官员，除三年对外官一次“大计”和对京官一次“京察”，以及履职引见、年终陈述等外，还有一项特殊的制度——密考。此制源于康熙时期的密折奏事，正式实行于乾隆朝，一直使用至清朝灭亡。由于考语清单是在每年年终奏报，所以密考也被称作“年终密考”。

这一重要的官员管理制度，因其机密性，并不载于公开的《大清会典》和《吏部则例》等国家大典之中。那么，这项制度是怎样形成和演变的，曾发挥了怎样的作用，我们今天该怎么评价这一制度呢？

由于密折的制度化，密考也由较低级官员对高级官员的秘密监督，逐渐演变为高级官员对低级官员的秘密考核

现存最早的密折是康熙朝的小密折，只有巴掌大小，十分便于秘藏。从密折的内容来看，康熙帝是希望通过暗中指定少数亲信不时地把地方上的所见所闻秘密进行汇报，以及时了解地方民情、掌握地方大员的动态。密报者的职位不高，但均是皇帝心腹。被考察的官员，范围并不明确，有大员也有小吏，以大员为重点。因此，康熙帝再三叮嘱奏报者：“凡有奏帖，万不可与人知道。”“凡奏折

不可令人写，但有风声，关系匪浅。小心，小心，小心，小心！”（故宫博物院明清档案部编《关于江宁织造曹家档案史料》）有时，康熙帝还会在密折中要求他们了解某种情况。如康熙四十八年（1709年），皇帝在苏州织造李煦的密折中批示：“近日闻得南方有许多闲言，无中作有，议论大小事，朕无可以托人打听。尔等受恩深重，但有所闻，可以亲手书折奏闻才好。”（中国第一历史档案馆藏朱批奏折）李煦遂于当年十二月和次年正月连上两道密折，奏报他所了解的情况，内容涉及户部尚书、江苏巡抚等多名官员。

此时康熙帝对地方官员的秘密了解尚无明确的时间规定，也无内容范围要求，全凭奏报人与康熙帝关系的密切程度，或者根据康熙帝的指令随时随地奏报，还算不上正式的考察。

雍正帝继位后，面临吏治败坏、国库空虚的局面。他将密折视为推行新政的重要工具，建立了自缮写、装匣、传递，到批阅、发回本人，再缴进宫中的一整套规章制度，并扩大了密折的应用领域。康熙朝的密折多以官员“请安折”的形式出现，内容主要集中在地方官民动态。而雍正朝的密折上自军国重务，下至民间琐事，均有涉及。利用密折监督地方官员，更成为雍正帝驾驭群臣的一个重要手段，相关内容屡见不鲜。如年羹尧一案中，李维钧、田文镜等人在自己的密折里，均曾向雍正帝密报过年羹尧的一系列罪证，坚定了他惩办年羹尧的决心。

由于密折的制度化，雍正朝允许使用密折奏事者不再局限于皇帝的几个心腹官员，密考也由康熙朝时的较低级官员对高级官员的秘密监督，逐渐演变为高级官员对低级官员的秘密考核，并且这种考核越来越趋于制度化。大致可以分为三种情况：第一种是京官到地方出差时，要奏报沿途官员的情况。第二种是地方官员尤其是督抚履新时，须将赴任途中所见官员或原任地官员情况进行汇报。第三种是雍正帝专门要求某地官员对当地同僚情况进行汇报。如李卫任云南盐驿道时，雍正帝暗中嘱咐云南永北镇总兵马会伯：“朕闻李卫狂纵，操守亦不如前，果否？一点不可狥私情恩怨，据实奏闻。”（《雍正朝汉文朱批奏折汇编》）这些虽然都属于部分官员密访、密奏的非正常考核，但是密考制度已经呼之欲出了。

至乾隆四十九年，密考才渐成惯例，即每年年底，各省总督、巡抚要分别将所辖两司以及道、府官员贤否情况形成密考考语，以奏折形式密报皇帝

乾隆帝继位伊始，遇到了如何快速驾驭群臣、稳定政权的问题。雍正十三年（1735年）十月初八，雍正帝驾崩仅月余，乾隆帝就在两淮盐政高斌的奏折中批示："南省督抚各大员优劣品行，朕实不知，可密奏来。"高斌随后上了《奏为密奏南省督抚并各大员考语事》折，汇报了江南省督抚及各大员的情况。

很快，这一形式被乾隆帝广泛使用。乾隆元年（1736年）三月，他首次明确训谕各省督抚："朕即位之初，各省道府诸员，皆不深知其人。汝等可将各属员贤否事迹，各折奏前来。务须秉公甄别，以备朕录用。"（《清高宗实录》）从此，各省督抚均需对所属道府以上官员进行秘密考核，并及时奏报皇帝，密考制度开始向常规考核演变。

任何新制度的推出和实行，总要经过一个过程，况且因密考不在令典规定，不属于官员固有任内职责，虽然乾隆帝下了谕令，但各省督抚好像尚未完全领会皇帝的意图，开始奏报并不积极。所以乾隆帝经常在批览某位督抚奏折或某位督抚陛见时，亲自嘱咐一番，要求其对所属官员进行密考。乾隆三年六月初三，针对署理广东巡抚王謩（mó）在"各保府道贤员自行封奏"一事上的推托，乾隆帝特发上谕："朕御极之初曾有旨，著各省督抚将属员贤否具折奏闻。彼时各省督抚皆陈奏一次，乃今并无一人陈奏者……岂必待朕谕旨屡颁而始为遵旨敷陈了事已耶？……似此均当随时奏闻。"这道上谕，也是乾隆帝首次明确密考应该成为一项制度。

至乾隆四十九年，因各省提督总兵选任的问题，乾隆帝又于六月初七发出上谕："嗣后……其两司道府贤否，亦著各该督抚每年陈奏一次。"（《乾隆朝上谕档》）至此，密考渐成惯例。即每年年底，各省总督、巡抚要分别将所辖两司（布政使、按察使）以及道、府官员贤否情况形成密考考语，以奏折形式密报皇帝。

嘉庆二年（1797年），嘉庆帝进一步从制度上明确了年终奏报密考考语清单的具体要求，此后一直到清朝灭亡，密考制度从未间断。

密考形成制度后，与大计同时成为清政府对地方官员的考核制度，而且密考有着自身的独特优势

加强对地方官员的监督和考核，一直是历代王朝完善官员管理制度的重要内容。清代以前各朝，中央对于地方官员的监督和考核，除设立常规考核制度外，还会通过设立专门机构，或向地方派驻专门人员等方式来实现，如明朝的厂卫制度等。但这种方式的结果却往往是考核者与被考核者逐渐合流，不但没有实现监督，反而造成了地方官僚机构的膨胀，增加了考核成本。在密考成为制度之前，清代对地方官员的考核沿袭了明代的大计制度。大计由吏部主持，每三年举行一次，对地方官员的表现均有固定的考语。密考形成制度后，与大计同时成为清政府对地方官员的考核制度，这是因为密考有着自身的独特优势。

其一，密考的对象范围更集中。与大计考核全体地方官员不同，密考的对象是地方道府以上中高级官员，范围更小，考核就可以更具体、仔细。

其二，密考考语与大计考语的侧重点不同，也更加详尽。大计作为对地方官员的考核，考语主要侧重于官员的政绩。而密考的考语则主要侧重于官员的能力和操守两个方面，内容相对比较丰富、生动。如贵州总督张广泗对署贵州布政使事的按察使陈德荣的考语为："该员操守清廉、为人梗介、才具妥慎、办事诚谨。布政使为通省钱粮总汇，宣猷佐理职任綦重，该员洁己奉公、正身率属，虽尚未事事熟谙，然能勤慎小心、竭蹶办理，罔敢懈斁（yì，厌倦）。"这样的考语较之大计更加详细，更能够比较全面地反映一个地方官员的品行、能力及其工作状态。

其三，密考频率更高，且由皇帝直接主持。大计由吏部主持，每三年一次。逢大计之年，吏部按照《吏部则例》的相关规定通知各省督抚，督抚再行文布政使、按察使二司进行考核。考核完毕后，督抚以题本形式将结果上报给皇帝。密考则是督抚以密折形式直接将地方官员的表现汇报给皇帝，保密性强，且每年一

次，频率更高，意味着地方官员获得皇帝了解的机会也更多。

其四，密考一方面可以考核两司道府官员的能力和操守，另一方面，也是对总督巡抚的监督。由于密考考语是总督、巡抚分别对治下同一批官员做出的，如果两人对同一官员的考语不谋而合，则能让皇帝放心，得到认可；一旦督抚对同一官员的考语不一致，或前后任督抚对同一官员的考语不一致，则会引起皇帝的疑心，从而启动对相关官员的调查，这在一定程度上预防了上级官员对下级的挟私报复。如云南布政使刘春霖，因光绪三十二年（1906年）和三十三年前后两任云贵总督岑春煊和锡良对其所做的密考考语大相径庭而受到调查，最终于光绪三十四年被解职。这样，密考制度就借助一纸秘密公文，实现了在不增加专门机构的情况下对地方官员的监督和考察，既降低了监督成本，又提高了行政效率，最主要的是，该制度保证了对官员考核结果的可信度，成为清代在官员管理制度方面的重要创新。

但是，到了清后期，密考制度日趋形式化，各省督抚往往“以常语泛填”。如光绪三十三年，广西巡抚张鸣岐对布政使余诚格的考语为：“该员明足理繁、毅能决事、论其才力、堪胜艰巨。”对署提学使李翰芬的考语是：“该员气度端凝、性情谨厚、提倡兴学、不遗余力。”这时的密考考语越来越局限于这种四字一句、四句一人的格式，较之此制初创时，越来越僵化，所能反映的内容已经和大计考语没有太大差别，逐渐失去了密考原来的意义和功用。

（作者邹爱莲为国家档案局巡视员、研究馆员，国家清史编纂委员会委员；王金山为国家清史纂修领导小组办公室工作人员）

陈毅冷静耐心处理“郴州事件”

孙　伟

在土地革命战争初期，由于党处于幼年还不成熟，因而会犯一些“左”的错误，难免会引发群众的不理解，甚至对立的群体性事件，造成较为严重的负面影响，比如湘南郴县的“反白事件”（亦可称为“郴州事件”）。后经有关部门和领导特别是陈毅的及时应对与纠错，事件最终得以成功解决。

湘南特委的“左”倾错误政策，传达到郴州后引起群众的强烈反对，最终酿成了严重的“郴州事件”

1928年初，朱德、陈毅等领导了著名的湘南暴动，革命形势大好。但在党中央“左”倾错误思想影响下，中共湘南特委开始推行某些盲动政策。尤其面对湘粤两省敌军的联合进攻，在“使小资产变为无产，然后强迫他们革命”的口号影响下，湘南特委提出了“焦土战略”，为了企图使敌军进入湘南后无房可住，无法立足，硬性推行焚烧湘粤大道两侧30里内房屋和烧毁郴州等县城的决定。

指示下达后，朱德、陈毅和湘南的许多党员、干部，都对此进行了有力的抵制。但是，陈佑魁领导的湘南特委有意避开朱德、陈毅，召开特委会议。会议在没有民主气氛的情况下召开，决定：一方面，将焚烧范围缩小至湘粤大道两侧各

5里；另一方面，仍向各级干部施加压力，强令执行，没有商量余地。这样，一些干部只得在大道旁烧毁了少数房屋。

不久，消息传到郴州，不想立即遭到大部分群众的强烈反对。人们对此不能接受，并感到困惑，开始议论纷纷。有的人公开埋怨，以示不满，还有的公开谩骂县委。所以，县委通知3月12日在县城城隍庙召开群众大会，拟由县委书记夏明震向群众做解释工作。但此时隐藏在红色堡垒中的反革命分子蠢蠢欲动，以大土豪崔廷彦为首的反动势力在郴县城郊骆仙铺秘密召开会议，参加的还有崔廷弼、钟天球等人，密谋磋商反革命暴乱事宜。他们还开始满街散布谣言，为暴乱做准备。

开会那天到场的人很多，还夹杂些身份不明的人。会前，愤怒的人群中就有人喊道："赞成烧房子的站一边，不赞成烧房子的站一边！"于是，大多数老百姓都站到了不赞成烧房子的一边。对会场上出现的骚乱，县委负责人浑然不知。上午10时，夏明震一行来到会场，并没有觉察出潜在的隐患。大会开始，他上台发言，代表县委解释"坚壁清野"的理由。话音刚落，会场上立即引起一阵骚乱。紧接着妇女干部何善玉也上台讲话，阐明县委的苦衷。但群众表示不能接受，并表现出极度的愤怒。这时，台下有人叫喊："烧房子就是不行！""杀死他们！"钟天球领着几个暴徒手舞大刀蹿上台去，夏明震等人见状，赤手空拳与他们进行英勇搏斗，但终因寡不敌众，壮烈牺牲，全场一片混乱。这时一些革命群众反应过来，也拿起大刀、梭镖、锄头等与之搏斗。顿时，会场变成战场，当场死伤200余人。暴徒行凶得逞后，又向县总工会、共青团训练班、少先队等机关团体冲去。一时间，整个郴州城内，一片狼藉。

就在当天下午，暴徒趁机四处散布谣言，许多受蒙蔽的群众信以为真。接着，在他们的煽动下，数千名不明真相的农民包围了事先已搬到城外的县委机关，并洗劫一空。

重新夺回郴州后，摆在陈毅面前亟须解决的是如何正确领导暴乱后的整顿工作

事变的当天，就有一些干部和群众冒着生命危险，突围出城，有的翻山越

岭，有的涉水过河，分别到永兴、宜章和郴县良田、永丰等地通风报信，寻求援助。

暴徒攻下郴州城后，许多反动豪绅弹冠相庆。于22日上午，在城内寿福殿召开了反共大会。他们在会上扬言，要反共到底，企图欺骗群众继续为其卖命。还成立了“反共总队”，妄图纠集暴徒，死守郴州，顽抗到底。就在此时，郴县县委、区党组织及苏维埃的负责人组织了未受煽动的农军、赤卫队和工人进行武装反击，郴州城内又出现了双方的进一步混战。

此时，湘南工农兵代表大会正在永兴举行，消息传来，特委立即派陈毅率两个连前往平乱。特委负责人也火速向周围数县发出通知，调动部队，前往郴州。陈毅指挥各路人马，统一作战。郴州城的敌人在我军强大的攻势下土崩瓦解。

陈毅不久被任命为郴县县委书记，继续留在当地工作以便处理善后事宜。此时的郴州刚刚经历了一场劫难，满目疮痍，而且斗争形势依然严峻。他在县委干部的陪同下，走访了郴州城乡，所见到的一切令他悲伤不已，对事态的发展很是担忧。一方面，敌我矛盾与内部矛盾交织在一起，难以较好地区分开来；另一方面，对敌人暴行产生的过激情绪在许多干部、群众中滋长。摆在他面前亟需解决的是如何正确领导暴乱后的整顿工作。

面对纷繁复杂的各种矛盾，作为郴州主要领导的陈毅没有自乱方寸，他凭着自己多年的工作经验，非常冷静地采取了一整套治理措施。首先，恢复和整顿了郴县县委、县苏维埃政府领导班子的工作，在特委的指示下，建立肃反委员会和革命法庭，同时花很大的精力深入基层进行调查研究，查清事情真相。在获得翔实可靠的材料后，对于参与此事件的人根据不同情况进行了相应的处理。对个别证据确凿的首恶分子坚决镇压，但对于绝大多数受煽动的普通群众，只要不继续坚持错误，一律既往不咎。原来是干部的，不责令检讨，不给予处分，仍按干部使用；原来是农会会员的，仍然承认其为会员；原来是赤卫队员的，仍然认可他的身份。县委还派出若干工作小组，深入城乡，开始耐心做群众的思想工作。

陈毅对“郴州事件”的成功处理，挽回了革命事业的较大损失

当时省委及特委也及时认识到了这次错误的严重性，很快调整了特委书记陈佑魁的工作。陈毅经过与特委研究，在县委会上统一了认识，在局面得到完全控制后，仍以县委的名义决定再次在城隍庙召开群众大会。这次大会又有数千人参加，陈毅首先代表县委作公开检讨，承认烧毁大路两侧房子的决定是错误的，指出所谓的“焦土战略”也是极其荒谬可笑的；同时宣布在以后的工作中，不准烧房子，不准乱搬家，不准乱造谣，不准乱起哄等；并提出各级苏维埃政府要妥善地厚葬死难烈士，对烈士家属发放抚恤金等。

经过陈毅一个多月的艰苦工作，较快地消除了“反白事件”带来的不良影响，郴州恢复了正常的社会秩序，人心又归向了共产党和苏维埃政府。另外，他还培养了一批党的干部，如李克如、邓华等，这些人后来都成了井冈山斗争的骨干。

当年发生在湖南郴州的这个事件，正是源于党和政府的某一政策失误，根本不符合当时中国的国情，更没有真正考虑老百姓的生活与切身感受，结果导致了对抗冲突，给革命事业造成了较大的损失。最后由于各级党和政府发现症结所在并及时调整政策，特别是陈毅的妥善应对，才使事件得到了较为圆满的解决，缓和了党群关系、干群关系，推动了革命事业继续向前发展。

陈毅对“郴州事件”的成功处理给我们深刻的历史启示：如政策的出台，一定要坚持实事求是、一切从实际出发；要切实关注民生，真心实意地为群众谋利益；要注意工作方法，事先进行调查研究，重大决策要广泛征求群众意见；要冷静及时地找出问题的症结所在，有的放矢，对症下药，不扩大惩罚范围等。

（作者为中国井冈山干部学院副教授）

再识遵义会议

曲青山

1935年召开的遵义会议，是我党历史上一个生死攸关的转折点。我们今天关注这段历史，对这一历史事件深入研究，可以从多方面、多角度去概括、总结、提炼和发掘，但是，实事求是、独立自主、民主集中制是其中最主要、最基本的方面。

1935年1月15日至17日，中共中央政治局扩大会议在遵义召开，史称“遵义会议”。遵义会议解决了关系党和红军生死攸关的一系列重大问题。遵义会议作为中国革命由挫折走向胜利的伟大转折，其重要的历史意义表现在三个方面：第一，它充分肯定了毛泽东为代表的正确的军事路线，明确回答了红军的战略战术方面的是非问题，实现了我党军事路线的根本转变。第二，解决了党内当时所面临的最迫切的组织问题和军事问题，结束了“左”倾教条主义错误在中央的统治，确立了毛泽东在党中央和红军中的领导地位。第三，从团结的愿望出发，进行了积极的党内思想斗争，妥善处理了党内长期存在的分歧和矛盾，避免了一次可能造成党内分裂的危险，是党走向成熟的重要标志。

遵义会议召开迄今已经80年了，历史离我们已经远去，但是，学习和研究党的历史，我们不禁要思考、要发问，在当时那样的情况下，我们党为什么能成功召开这次会议，这次会议为何能产生重大的历史作用和历史意义？我们今天关注这段历史，对这一历史事件深入研究，可以从多方面、多角度去概括、总结、提炼和发掘，但是，笔者以为，实事求是、独立自主、民主集中制是其中最主要、最基本的方面。

遵义会议是党的历史上一次坚持实事求是的范例

作为党的思想路线的核心内容，虽然这时我们党还没有对其进行概括和提炼，但是，遵义会议坚持了这一原则，贯彻了这一精神，会议的各项决定应该讲是实事求是的产物，是实事求是的具体体现。实事求是成为我们党结束“左”倾教条主义错误在中央的统治最有力的思想武器。遵义会议前党内曾一度出现了把马克思主义教条化、把共产国际决议和苏联经验神圣化的错误倾向，如果继续照搬教条、照套本本，那会是一个什么样的结局呢？严酷的现实摆在党的面前。

遵义会议前的湘江之战，红军付出极为惨重的代价；会后的四渡赤水并取得战略转移中具有决定意义的胜利，与之前形成鲜明的对照，活生生的现实深刻地教育了广大党员和红军将士。遵义会议改组了中央领导机构，选举毛泽东为中央政治局常委；决定常委中再进行适当的分工；取消在长征前成立的“三人团”，仍由最高军事首长朱德、周恩来为指挥军事者，而周恩来是党内委托的对于指挥军事下最后决心的负责者；会议指定张闻天起草决议，委托常委审查，然后发到支部讨论。会议还根据变化了的情况，作出了改变黎平会议先以黔北为中心，再去川南创建根据地的决议，决定北渡长江在成都西南或西北创建新的根据地。会后，又根据敌情的变化，决定中央红军在川滇黔三省广大地区创建新的根据地。

作为遵义会议的补充，在中央红军四渡赤水转战途中，2月5日，中共中央政治局在川滇黔交界的一个叫鸡鸣三省的村子召开会议，中央政治局常委分工，根据毛泽东的提议，由张闻天代替博古负中央总的责任；决定毛泽东为周恩来在军事指挥上的帮助者，博古任总政治部代理主任。会议从组织上纠正了“左”倾路线的错误，进一步确立了毛泽东在党内、军内的领导地位。2月8日，在云南扎西（今威信）召开的会议上通过了张闻天起草的《中共中央关于反对敌人五次“围剿”的总结决议》。《决议》充分肯定毛泽东等指挥红军取得多次反“围剿”胜利的战略战术的基本原则，明确指出博古、李德“在军事上的单纯防御路线，是我们不能粉碎敌人五次‘围剿’的主要原因”。《决议》还指出，在战略转变与实行突围的问题上，博古、李德“同样是犯了原则上的错误”，使红军遭受了重大损失。3月4日，中革军委在遵义鸭溪一带设立前敌司令部，朱德为前敌司令员、毛泽东为前敌政治委员。3月12日，在遵义苟坝，成立了由毛泽东、周恩来、王稼祥组成的新“三人团”，负责指挥全军的军事行动，这也是当时党中央最重要的领导机构。毛泽东进入“三人团”并发挥主导作用，从组织上进一步巩固和保证了毛泽东在党内、军内的领导地位，使遵义会议提出的改组党中央领导、特别是军事领导的任务最终得以圆满完成。

遵义会议的历史告诉我们，必须坚持实事求是，只有坚持实事求是，马克思主义才有活力、才有生命力；只有坚持实事求是，才能解决中国的实际问题。过去，在革命战争年代我们党坚持实事求是，取得了革命的胜利。今天，我们党要团结带领全党和全国人民全面建成小康社会、全面深化改革、全面推进依法治国、全面从严治党，也必须继续坚持实事求是，必须坚持一切从实际出发，理论联系实际，在实践中检验真理和发展真理。

遵义会议是党的历史上一次坚持独立自主的范例

对于一个国家、一个民族、一个政党来说，要不要坚持独立自主，是一个至关重大的问题。对此，我们有切肤之痛，有切身的感受。习近平总书记指出，坚持独立自主，就要坚持中国的事情必须由中国人民自己作主张、自己来处理。独立自主是中国共产党、中华人民共和国立党立国的重要原则，也是毛泽东思想三个活的灵魂之一。为什么要将独立自主列为毛泽东思想活的灵魂？看一看党的历史，看一看遵义会议，我们就清楚了、明白了。

中国共产党是在共产国际的帮助下建立的，党的二大通过决议正式加入共产国际，成为其下属的一个支部。毛泽东同志对于共产国际与中国革命的关系，有一个总的评价。他说：“两头好，中间差。”中间差就是指共产国际对我们党内部干预太多，尤其是王明“左”倾教条主义错误的发生，正是与共产国际及其代表有关。遵义会议是在我们党同共产国际中断联系的情况下召开的，会议作出了一系列被实践证明是正确的重大决策和重大决定，这些成果都是我们党独立自主做出的、独立自主取得的。

遵义会议的历史表明，“中国革命斗争的胜利要靠中国同志了解中国情况”，中国共产党的事情要由中国共产党根据中国的实际自己来做决定。外国的经验可以学习，外党的经验可以借鉴，但不能照抄照搬。人类历史上，没有一个民族、没有一个国家可以通过依赖外部力量、跟在他人后面亦步亦趋实现强大和振兴。那样做的结果，不是必然遭遇失败，就是必然成为他人的附庸。今天的中国共产党已经成为世界第一大党，在一个13亿多人口的大国长期执政，面临的世情国情党情十分复杂，我们必须坚持独立自主，走自己的路，坚持走中国特色社会主义道路不动摇。

遵义会议是党的历史上一次坚持民主集中制的范例

习近平总书记指出：“民主集中制是我们党的根本组织制度和领导制度，它正确规范了党内政治生活、处理党内关系的基本准则，是反映、体现全党同志和全国人民利益与愿望，保证党的路线方针政策正确制定和执行的科学的合理的有效率的制度。因此，这是我们党最大的制度优势。”遵义会议之所以开得好、开得成功，是党的民主集中制的根本组织制度起了作用。遵义会议会上，博古首先作了关于反对第五次“围剿”的总结报告，他过分强调客观困难，而不承认主要是由于他和李德压制正确意见，在军事指挥上犯了严重错误而造成的。周恩来随之就军事问题作了副报告，他指出第五次反“围剿”失败的主要原因是军事领导的战略战术的错误，并主动承担责任，作了诚恳的自我批评，同时也批评了博古和李德。之后，张闻天作了反对“左”倾军事错误的报告。接着毛泽东作了长篇发言，对博古、李德在军事指挥上的错误进行了切中要害的分析和批评，并阐述了中国革命战争的战略战术问题和此后在军事上应该采取的方针。王稼祥也发言支持毛泽东。周恩来、朱德、刘少奇等多数与会同志又相继发言，不同意博古的总结报告，赞成毛泽东、张闻天、王稼祥的意见。

试想，如果没有民主集中制，会有这样的场面吗？会有这样的气氛吗？会有这样的效果吗？中央领导机构和军事指挥机构能够顺利有序地改组吗？不能。由于有了这样一个好的制度，党内开展了积极的思想斗争，解决了在战争时期党内所面临的最迫切、最急需解决的组织人事问题和军事领导问题，既纠正了错误，又团结了同志。有了正常的党内生活，我们党就开始逐步形成了党的稳定的领导核心。遵义会议的历史表明，民主集中制作为我们党的一个根本组织原则和组织领导制度，必须长期坚持。只有坚持民主集中制，我们党才能不断克服自身存在的问题，建立和形成纠错的体制和机制，才能不断完善自我，提升自我，我们党也才能有强大的凝聚力和战斗力，不断发展壮大，从胜利走向胜利。

（作者为中共中央党史研究室主任）

古代的普法：讲读律令

徐忠明

从明朝开始，在国家的基本法典《大明律》里，就专门设立了“讲读律令”的条文；在《大清律例》中，亦有同样的条文。此外，明太祖还颁行了《大诰》和《教民榜文》等，供人学习和了解。再者，读书人不仅要读《大明律》《大诰》以及《教民榜文》等，而且科举考试也会考到相关法律。最后，在民间社会的乡饮酒礼上，还要宣讲皇帝的“六条”圣谕（语录）和相关法律。

必须指出，朱元璋之所以热衷于法律宣传，实际上并不是要依法保障臣民的权利，而是使他们成为匍匐在皇帝权力与淫威下的“顺民”，即遵守法律。俗谚“大明律当衣穿，一身是罪”，即生动地表达了这一意图。换言之，臣民熟悉法律，不去犯罪，即可远离法律，它与保护权利可以说是毫无关系；在这种语境中，如果臣民“权利”得到了些许保护，那是“意图之外”的反射效果，而非推行这一制度的内在意图。

到了清朝，康熙九年，皇帝扩展了顺治九年的六条圣谕，搞出了十六条，可谓面面俱到，将统治者希望老百姓遵守的行为规范或道德训诫予以详尽开列，以便民众遵而行之；到了雍正二年，皇帝还担心老百姓看不懂、不理解，又写了注解，使其变成了一万字的讲解文本，叫作《圣谕广训》。毋庸置疑，圣谕和附载的广训，表达了统治者对于帝国秩序的美好理想与崇高愿景。因此，它就成了全国官民人等必须“常常讲、月月读”的最高信条。

为了宣传圣谕和附载的《圣谕广训》，官方还采取了一些具体的措施：

其一，在官府倡导并且参与的基层社会的乡约集会（通常是每月“朔望”各举办一次）中，即有宣讲《圣谕广训》的环节。乡约活动的参与者，基本上都是当地的老百姓；至于这一活动的主持者，就比较复杂了，有时候是当地的州县牧令，有时候是地方上的读书人，有时候是乡约，甚至还有从外地聘请来的职业宣讲高手。及至乾隆时期，在乡约集会时宣讲《圣谕广训》已经非常普遍，因为那是强制性的要求；据说，当时全国已有乡约多达两万余处。

其二，为了让老百姓理解《圣谕广训》的精神，有些地方官员还专门编写了讲稿，不但在每条圣谕下节录了相关的律例、故事以及案例，而且力求写得通俗易懂；不仅措辞恳切，而且婆婆妈妈，以使老百姓通晓明了。有时，光是白话文还不算，更有用当地俚语来编写的讲稿，在地方人士编写的讲稿中，这种情形比较突出。例如，在广东宣讲《圣谕广训》的讲稿，就用粤语来写。实际上，也有被翻译成满文、蒙文之类的文本，因为那样的话，就可以在这些地区进行宣传和推广了。可以说，它构成了一整套宣讲《圣谕广训》的体系。

其三，清代老百姓的识字率不太高，因为教育不像现在这么普及。据说，当时的识字率大约在20%；妇女的识字率更低，估计不会超过10%。就此而言，宣传《圣谕广训》的讲稿写得再通俗，妇孺还是看不懂，怎么办呢？于是乎，有人就想出了办法，给圣谕配插图，以使妇孺能看，也方便识字者讲解。也就是说，妇孺看了插图，如果不懂的话，就会问识字者：这幅画里讲了什么？然后，识字者就可以解释给她们听。因此，给圣谕配上图像，既是为了便于传播皇帝的圣谕，也是为了便于宣传法律。例如，早在康熙年间，安徽省繁昌县的知县梁延年，每逢朔望之日召集士绅、百姓讲解圣谕，还给圣谕配了插图，即《圣谕像解》，受到了江南总督和安徽巡抚的表彰，并上奏朝廷。

其四，不断宣讲《圣谕广训》，时间一久，难免令人腻味生厌。故而，设法“吸引”听众，乃是每一个宣讲者必须考虑的问题。在宣讲《圣谕广训》的实践中，一些民间作者以故事小说来演绎圣谕，其中还穿插了宗教报应的内容，受到了老百姓的欢迎。例如，晚清岭南著名的宣讲圣谕的作者邵彬儒，就编写了很多小说意味浓厚的讲稿，诸如《谏果回味》《吉祥花》以及《俗话倾谈》等；其中，不乏宗教报应的内容。足见，以通俗化、故事化与宗教化的方式来演绎《圣谕广训》，无疑是吸引眼球的一个举措。宗教故事里的善恶报应，作为劝谕乡愚妇孺的手段，往往要比道德教条来得有效。汪辉祖在《学治臆说》卷下《敬土神》中说："盖庸人妇稺，多不畏官法而畏神诛，且畏土神甚于畏庙祀之神。神不自灵，灵于事神者之心，即其畏神之一念，司土者为之扩而充之，俾知迁善改过，讵非神道设教之意乎？"

其五，在科举考试时，考生必须默写皇帝的圣谕。例如，钟毓龙在《科场回忆录》里写过一则故事，说是清代科考必须默写《圣谕广训》的某些条目，以检验考生平时是否熟读牢记。钟毓龙推测说："当其初行时，想必人人熟读，然至余考时，则何尝熟读，并其书亦未之知。"结果，唯有夹带抄袭，交卷了事。实际上，宣讲《圣谕广训》同样逃不脱被地方官与老百姓"虚应故事"的命运。

综上，从终极意义上来讲，帝制中国是一个人治社会。然而，为了确保官僚机构的有效运作，为了避免官僚的滥权行为，为了维持民间社会的礼法秩序，皇帝和官僚对于法律宣传很是重视，并采取了多种措施。但宣传法律的意图，乃是希望臣民守法。至于皇帝本身，则不受礼法的严格约束。

（作者为中山大学法学院院长、教授）

正史中的武则天的正面与侧面

胡　戟

近年来，一出出武则天影视剧的播出，掀起一波波武则天热，引出对真正历史上的那个武则天的好奇。在竭力维持男尊女卑秩序的传统社会，武则天一度成为毁誉褒贬争论最多、留下疑惑最多的一个历史人物。我们至今连她原来的名字都不知道。而她如何能操纵皇权近半个世纪，做了中国历史上唯一的一位女皇帝，更是一个至今值得研究的历史难题。

作为唐太宗的四品才人，武则天在12年的时间里只留下了很少几个故事

武则天应是出生在大唐开国才数年的京城长安（今陕西西安）。父亲武士彠曾参加太原起兵，算是开国功臣，官居三品工部尚书。三岁以后的武则天还曾随改任都督的父亲去过利州（今四川广元）、荆州（今湖北江陵）。贞观十年（636年）长孙皇后去世，翌年，唐太宗闻其美，召她入宫。母亲为将入深宫的女儿担忧，14岁的小武则天竟说安知非福，充满憧憬，进宫做了唐太宗的四品才人。长长的12年里，武则天只留下唐太宗赐名“媚娘”，和她要用铁鞭、铁挝和匕首制服烈马“狮子骢”等很少几个故事。那句“唐三世之后，女主武王代有天

下”的传言，还差点要了她性命。有人以为在唐太宗身边，她大获宠幸，得到培养。但从12年间，她的才人地位没有提升一步，而且唐太宗是位能广播龙种，留下35个孩子的父亲，随后跟了唐高宗的武则天，两人接连有了6个孩子，可她没能为唐太宗添一个子嗣等情况来看，那12年的后宫生活应该是被冷落的，很寂寞的。这才会有与入宫侍疾的太子李治暗通的私情。

唐高宗时，武则天逐渐掌权并开始垂帘听政，“天子拱手而已，中外谓之二圣”

唐太宗去世没一两年，进了尼寺的武则天被唐高宗接回宫中，改授二品昭仪。他俩的长女，有说是她为嫁祸王皇后而亲手掐死的。事情真相难明，但唐高宗确实是自此断了和王皇后的结发情，以皇后无子为名提出改立武昭仪为后。这件和易储连在一起的大事，在官场引起轩然大波。操纵外廷的托孤大臣、太上国舅长孙无忌，率领除了寒门出身的李勣以外宰相班子的全部人马介入这场后宫的争斗，“濒死固争”。褚遂良、韩瑗、来济谏诤说：皇后名家，不可轻废。一定要换，也要妙择天下令族、礼义名家，不可立武氏。还抬出妲己、褒姒等女祸倾覆殷周的故事为亡国的鉴戒。宰相中唯有李勣对皇帝说：“此陛下家事，何必更问外人！”暗示他不要理会众人的反对，于是唐高宗拿定了主意，废王立武，后宫易主。

尔后四年间，武则天不歇手地把王皇后—长孙无忌一党彻底整垮。王皇后和萧淑妃惨死于冷宫，褚遂良贬死爱州（今越南清化），柳勣被杀于象州（今广西象州东北），长孙无忌在黔州（今四川彭水）被逼自缢，韩瑗死在振州（今海南岛崖县西），还开棺验尸。此外，来济远贬庭州（今新疆吉木萨尔），于志宁免官，长孙氏、柳氏、于氏和褚氏一批亲属子弟或杀或贬，他们在朝中的势力被摧残殆尽。“自是政归中宫”。麟德元年（664年）又挫败上官仪等人谋废武则天皇后位的计划，指使人诬告他们与废太子李忠谋大逆，于是上官仪、上官庭芝父子被杀，上官庭芝的妻子和女儿上官婉儿没入宫掖为婢，监禁在黔州的李忠被赐死。武则天也吸取了自己“专恣”“专威福”惹恼皇帝险遭废黜的教训，善处与终究是废立生杀大权在握的皇帝的关系。多病的唐高宗也需仰仗皇后的才智，帮他治国，从此两人关系和谐。每当上朝，武则天都跟随垂帘听政，“天子拱手而已，中外谓之二圣”。

武则天的胜利，终结了魏晋以来士族门阀地主控制中央政权四个半世纪的历史。此后她推动了多项改革

在这场斗争中，双方营垒分明：王皇后、长孙无忌一边，是士族门阀地主最后的政治代表关陇集团；武则天和李勣，是被他们排斥的新进寒门地主的政治代表。武则天的胜利，终结了魏晋以来士族门阀地主控制中央政权四个半世纪的历史。这时“不叙武氏本望”的《氏族志》被废止，强行推行以后族为第一等，五品官皆入士流的《姓氏录》，是武则天一伙推动的有社会意义的改革。

取代以门第授官的科举考试制度在武则天时也有重要发展。每年取士的人数比贞观年间扩大一倍，而且更加重视以文章取士，唐玄宗开元之治的名相姚崇、宋璟、张九龄和文坛巨擘陈子昂、刘知几等，都是这时通过科举制度选拔出来的杰出人才。在用人方面，她有“当代谓知人之明，累朝赖多士之用”的声誉。

上元元年（674年）她上书“劝农桑，薄赋徭”为首的“建言十二事”，是一个内容涉及国家经济、军事、社会、政治的政纲。

武则天在临朝称制和称帝的时期，任使酷吏，留下专制政治史上极黑暗极恐怖的一页

到了670年以后，逐渐成长起来的儿子们成为权势欲极强的母后继续干政的麻烦。史书上有武则天先后杀害了自己的大儿子李弘和二儿子李贤两位太子的说法。其实大儿子李弘可能死于“旧疾”“沉疴”的突发。次子李贤与母后一向不和的原因，应在宫人私下传说的“贤是后姊韩国夫人所生”透露的宫廷秘密，是唐高宗婚外恋引起的麻烦。弘道元年（683年）唐高宗去世，遗诏：“军国大事有不决者，兼取天后进止。”他们的第三子李显继位，新皇帝不过是想让岳父韦

玄贞当宰相，授予乳母的儿子五品官，仅两个月就被废黜。文明元年（684年）二月，立的小儿子李旦（唐睿宗），居于别殿，不许参与政事，武则天以皇太后身份临朝称制。从此到武则天下台的神龙元年（705年），其中包括天授元年（690年）起武则天称帝的十多年，武则天“圣衷独断”，是掌握着全部皇帝权力的21年。

在武则天临朝称制和称帝的时期，最引人注目的事件，是光宅元年（684年）徐敬业为首的扬州起兵、垂拱四年（688年）的宗室起兵和自文明元年至万岁通天二年（697年）长达14年的酷吏政治。失意官僚和李唐宗室两次发动武装叛乱都被顺利平息，武则天任使酷吏，以滥刑恐怖为回报。先在朝堂设铜匦，接受告密文书。又很快就拉起一支凶残狠毒没有人性的酷吏队伍。后来受到禁锢惩治的27名大酷吏中包括周兴、来俊臣等臭名昭著的家伙。他们编写《告密罗织经》，教唆其徒陷害无辜，设计出“定百脉”“求即死”“死猪愁”等刑具和“驴驹拔橛”“凤凰晒翅”“猕猴钻火”“方梁压髁”等骇人听闻的酷刑。凡下制狱者，几乎无一生还。那是专制政治历史上极黑暗极恐怖的一页，武则天本人因而也难逃“千古未有之忍人”的恶名。不过武则天在酷吏猖獗时悉心保护了徐有功、魏元忠、狄仁杰等一批直臣，而当皇权在她手里逐渐巩固时，她便陆续处置了包括周兴、来俊臣在内的大部分酷吏，放弃了酷吏政治，并在生前下诏平反了包括王皇后在内的所有冤狱，力图洗刷自己“淫刑之主”的恶名。

武则天在国家治理方面颇有成效。唐朝由贞观之治，经过武则天的治理，迅速迈向开元盛世

从对国家的治理来说，倒是颇有成效。武则天一贯强调：“建国之本，必在于农”，以她的名义编写的《兆人本业》，通过到朝廷述职的朝集使们颁行各地指导生产，她要求刺史县令“敦劝农桑，均平赋役”，以“田畴垦辟，家有余粮”作为官员考核擢升的基本条件。经济方面成功的最大秘诀，是对当时的“盲流”——违法脱籍逃避税役的逃户，有所宽容，保护了这支“亡逃过半”，其实多半是自发向狭乡荒僻地区讨生活的庞大生产力，一批新的县制因逃户的开发而

建立起来。全国的人口，在神龙元年（705年）即她退位去世那年达到615万户，比贞观时期增加一倍。经济上为开元盛世奠基。

武则天还成功地缓和了和周边民族国家全面紧张的局面。对叛唐复立的东突厥，以极大的耐心和宽容争取和解，最后在对契丹作战时得到突厥默啜可汗的配合，使骚扰河北的战火很快平息下来，武则天授予默啜“立功报国可汗”的称号；西突厥继往绝可汗斛瑟罗率领余众六七万人入居内地，武则天改封他为“竭忠事主可汗”，后来用他镇守碎叶（今吉尔吉斯斯坦托克马克附近）；吐蕃自松赞干布和禄东赞死后，在西边为患30年，武则天很有战略眼光地派军队同吐蕃反复争夺安西四镇，终于在长寿元年（692年）由王孝杰最后收复了四镇，派三万汉兵镇守，以拱卫西北边防，维护东西方间丝绸之路的畅通。

大唐的历史，由贞观之治，经过武则天的治理，迅速迈向开元盛世。可是神龙元年（705年）正月，她在一场突发的宫廷政变中下台，唐中宗李显复位，改周为唐，一切又回到原来李唐王朝的轨道上。表面上是她重用张易之、张昌宗带来的麻烦，深层次的原因是当年的酷法滥刑在君臣间留下深深的裂痕。武则天不能不为自己制造的那场骇人听闻的人道主义灾难，付出最后丧权下台的代价。

（作者为中国唐史学会原副会长、陕西师范大学教授）

湖湘文化的精神特质

郑大华

有人说，“一部湖南近代史，等于半部中国近代史”，这话有些绝对，但湖南人在中国近代史上的作用确实是非常巨大的。这离不开湖湘文化的浸染。

湖湘文化有五个方面的精神特质

湖湘文化有什么样的精神特质呢？概而言之，有五个方面。

第一，学以致用的经世精神。所谓学以致用，通俗地讲，就是学术要关注现实，要关注国计民生的问题。学以致用虽然是中国历代知识分子的价值取向和优良传统，但它在湖湘文化中表现得最为抢眼。湖湘文化是以“湘学”为其核心支撑的区域文化，周敦颐发其端，胡安国父子发扬光大，王夫之时达到鼎盛。“湘学”的一大特点，就是讲求学以致用。

第二，“敢为天下先”的创新精神。钱基博在《近百年湖南学风》中称赞湖南人为“抑亦风气自创，能别中原人物以独立”。湖湘文化的这种“敢为天下先”的创新精神可以追溯到先秦荆楚文化传统之中，至近代依然如故。革命志士杨毓麟在《新湖南》中将这种“敢为天下先”的开创精神，称之为湖南人的“独立根性”。

第三，“以天下为己任”的担当精神。湖南人，尤其是近代湖南人，面对中国落后挨打、民族危机日深的局面，有一种“以天下为己任”、救国救民、舍我其谁的担当精神。19世纪末的湖南维新志士唐才常就认为：“救中国从湖南始。”杨毓麟同样认为：“欲新中国，必新湖南。”杨度在《湖南少年歌》里更是充满激情地写道：“若道中华国果亡，除是湖南人尽死。”湖南人的这种“以天下为己任”、救国救民、舍我其谁的担当精神深深地感染了梁启超，他在19世纪末指出：“其可以强天下而保中国者，莫湘人若也！”

第四，“扎硬寨”“打死战”的奋斗精神。1920年1月，陈独秀在《新青年》上发表的一篇文章中指出：“湖南人的精神是什么？”湖南人的精神就是“扎硬寨”“打死战”的奋斗精神。

第五，“先天下之忧而忧，后天下之乐而乐”的奉献精神。

“清季以来，湖南人才辈出，功业之盛，举世无出其右”

正是在湖湘文化精神的浸染之下，湖南人，尤其是近代以来的湖南人，以他们的所作所为，推动了社会的发展，为实现中华民族的伟大复兴做出了自己的贡献。著名历史学家谭其骧先生就曾指出：“清季以来，湖南人才辈出，功业之盛，举世无出其右。”

我曾在拙著《晚清思想史》中指出，一部晚清思想史可以概括为“要不要学习西方”和“如何学习西方”的问题，而最早提出向西方学习的人便是湖南先贤魏源。魏源于第一次鸦片战争失败后，受林则徐的委托，编著了一部书，叫《海国图志》，他在该书中提出了“师夷之长技以制夷”的主张，开启了向西方学习的思潮。

现在大家都讲近代化或现代化。中国的近代化是谁最先启动的呢？也是湖南先贤曾国藩、左宗棠等人。第二次鸦片战争后，面对国穷民贫、落后挨打的局面，曾国藩、左宗棠等人发起了以“自强”“求富”为目的的洋务运动，兴办军工民用企业，创办洋务学堂，培养洋务人才，而第一个洋务企业便是1861年曾国藩创办的安庆内军械所。

如果说洋务运动是中国经济近代化的开端，那么中国政治近代化的尝试则是1895—1898年的维新变法。维新变法的全国领导人虽然是广东人康有为和梁启超，但维新变法搞得最有声有色的省份则是湖南。为中国政治近代化最早献出宝贵生命的“戊戌六君子”中也有湖南的先贤谭嗣同。而且谭嗣同在被捕之前是有机会逃跑的，但他抱着以死警世的决心，留在家中，引颈受戮。他临终时的绝命语是：“有心杀贼，无力回天，死得其所，快哉快哉！”其大无畏精神，可以惊天地，泣鬼神。

戊戌变法失败之后，继之而起的是辛亥革命。国内成立的第一个革命团体是1904年初成立于湖南省会长沙的华兴会。1911年10月武昌起义后，全国首先响应起义的省份也是湖南。当袁世凯调集大军向武昌发动进攻、革命岌岌可危之时，是湖南人黄兴从上海赶到武昌前线，出任革命军总司令，率领一旅湖南兵，抵抗清军的进攻，从而使革命转危为安，保住了武昌起义的胜利果实。

辛亥革命失败后，当袁世凯复辟帝制、企图建立洪宪王朝时，又是湖南先贤蔡锷率领两千云南兵，打响了护国战争的第一枪，从而使袁世凯的皇帝梦最终破灭。

至于后来中国共产党及其领导的中国人民反帝反封建的新民主主义革命，湖南人在其中的地位更为重要。中华人民共和国成立前中共中央书记处的五大书记中，湖南人就占了三位，即毛泽东、刘少奇和任弼时。1955年第一次授军衔，十大元帅中有三位湖南人，即彭德怀、贺龙和罗荣桓；十大将中湖南人占了六位。

（作者为中国社会科学院近代史研究所研究员）

县委书记邓小平

杨　东

在邓小平的革命生涯中，曾有过近两年县委书记的经历：1931年8月至1932年5月任中共瑞金县委书记，1932年5月至1933年2月任中共会（昌）寻（乌）安（远）中心县委书记。那么，邓小平是如何做县委书记的呢？

临危受命，敢于担当，迅速稳定局面

1931年，27岁的邓小平临危受命，被中共赣东特委任命为瑞金县委书记。尽管此前已有着丰富的革命斗争经历，但他依然面临着严峻的挑战：一是来自“左”倾错误思想的高压态势；二是“全县群众不满，干部情绪低落，全县面貌是死气沉沉的”局面。困难面前，邓小平将如何打开局面？

之前的瑞金县委书记李添富“左”倾错误思想严重，他发动的所谓肃清党内“社会民主党”成员的行动致使大量的革命同志含冤牺牲。据当地党史资料记载，当时“当干部的怕戴红袖套，因为红套上要写上自己的名字，担心别人看见自己反遭冤枉”，人人自危的情景可见一斑。因此，一到瑞金，邓小平便立即采取措施：一方面以赣东特委特派员的身份组成调查组，走乡串户，一区一乡地深入调查，了解肃清所谓“社会民主党”运动的情况；另一方面制定切实措施以稳定事态。在调查清楚之后，邓小平组织召开会议，以大量事实揭露了李添富在肃反中的错误，宣布撤销他的一切职务，拘捕公审，予以处决。同时邓小平公开亮出自己的身份并宣布：第一，立即停止杀人。第二，已被供出名字被怀疑是“社党分子”的一律不抓。第三，已被关押在狱的，凡是贫农、中农，一律先放掉，让他们回原地继续参加革命斗争；凡是地主、富农，能罚钱的罚钱，然后放掉，罚不到钱的取保释放。

正是这种决毅果敢、雷厉风行的行事风格，使得邓小平迅速制止了这场政治迫害，稳定了县域的社会局面。

抓重点难点，着力恢复和发展生产

扫清了“左”倾错误的障碍，接下来就要稳定和巩固成果，使县政的各项工作恢复运转和活力。因此，随着县域社会秩序的渐次稳定，邓小平开始着力于县、区、乡三级苏维埃政权的建立、恢复和整顿，选举新的苏维埃政府领导机构，并对建立健全司法、裁判机构，对拘捕、审讯、审判等权限都作了明确的规定。同时，为提高基层苏维埃政府的工作效率，他决定取消村一级政府，只在村一级设苏维埃代表，并重新划分各区、乡管辖区域。

另外，为巩固发展苏区，加强基层党组织建设，健全基层群团组织，使各方面的工作深入开展起来，邓小平又着手建立干部培训制度。他一方面致力于开办干部培训班，另一方面亲自给学员讲课，帮助大家提高革命觉悟和政策水平，传授工作经验。

如何解决土地问题，是关系到苏区生存与稳定的大事。然而，在当时的苏区存在着“地主不分田”“富农分坏田”的“左”的倾向，甚至提出了小孩子不分田的主张。邓小平说：“搞土地革命，制定分地的政策。有人说小孩子不应该分地，我就对他们讲，四川俗话说，三岁小子，吃死老子！小孩子吃得也不少呀，因此也应该分地。”同时，他以乡为单位，把田分为甲、乙、丙三类，以原耕为基础，抽多补少，抽肥补瘦，好坏搭匀，再按人口平均分配。对于豪绅地主的方法是：先没收豪绅地主和祠堂庙宇的土地，然后成立分田委员会进行土地分配。

分配土地时还留有1%—2%的好田为红军公田，以作公益事业或调剂之用。分田后，由乡苏维埃政府发给土地证。同时特别强调不能侵犯中农的利益，对于富农也不能过分打击。

实事求是，注重践行群众路线

邓小平担任中央苏区县委书记之际，正值“左”倾思想占据领导地位之时。无论是土地分配问题还是革命战略问题，邓小平都与“左”的思想有着分歧。邓小平坚持实事求是的态度，反对不切实际、不合理的政策。与此同时，邓小平还从苏区实际出发，提出根据地的边缘区和中心区应有所区别，地方红军不宜全部编入正规红军，更不赞成所谓“创造一百万铁的红军”的不切实际的口号。在推销公债、征集粮食问题上，鉴于苏区群众负担太重的实际情形，邓小平认为在推销公债、退还公债和借谷子工作中，不宜提出过高指标，红军应到白区打土豪筹款。无论环境如何，邓小平都始终坚持注重实际、一切从实际出发、实事求是的工作方式与求真务实的工作作风。一如他后来所说：“比较正确地说，我是实事求是派。”

坚持实事求是，就要注重实地调查。因此，实地调查是邓小平在县政工作中一直都强调和遵循的方法。对于一些看似确定的事情，他也坚持调查之后再作处理。1933年初春，邓小平在会昌基层察访时，被告知担任区苏维埃主席的朱秀歧“妄想叛变通敌”；保卫局也前来报告说：“朱秀歧带枪逃跑，保卫局已派人把他抓回来”；随行的人也认为是“天上下雪地上白”的明摆着的事实。应该说在当时的会昌，关于叛变通敌的情形是较为常见的。但是即便如此，邓小平依然强调先调查后再作处理。为此，他亲自到朱秀歧的家乡芙蓉寨调查，结果发现是子虚乌有的事。

（作者为天津商业大学马克思主义学院副教授）

古代中国人的日常法律意识

徐忠明

现在，有人一听到中国的法治状况不好，就说是受了传统文化的影响，似乎以前的中国人根本就没有法律意识。其实，这有些“厚污古人”。

人们常说：中国人没有法律意识。即使到了今天，也一样。有人一听到中国的法治状况不好，就说是受了传统文化的影响，似乎以前的中国人根本就没有法律意识。但是，据我这些年来的阅读发现，在明清时期，老百姓对法律好像不是我们想象的那样不在意，或者说他们是非常在意法律的。

除了官府的法律宣传，民间也很重视法律书籍的编撰和出版

明清时期，老百姓在意法律，来自几个方面的因素。

在朱元璋时期颁行的《大明律》里，即有“讲读律令”的条文。这条规定，不仅是针对官员的，也是针对老百姓的。对官员来说，不但要讲读律例，而且还要通晓律意；否则，将会受到制裁。对老百姓而言，如能通晓律例，在普通犯罪时，即可免罪一次。清代也有这样的律文。

另外，朱元璋对于《明大诰》的宣传，可谓不遗余力。谢应芳《龟巢集》卷八载有“读大诰作巷歌”语云：“挂书牛角田头读，且喜农夫也识丁。”这里的

“挂书”之“书”，即《明大诰》。同书卷七尚有“周可大新充粮长”七绝一首，语曰：“田家岁晚柴门闭，熟读天朝大诰篇。”足见，《明大诰》流传之广泛，以至于牧童、农夫都在习读《明大诰》这部明太祖“钦定”的特别法。

与此同时，在通衢要道和众人聚会的地方，还会张挂相应的法律文本，以便老百姓知晓法律。有时，老百姓还因不知道法律而被官府免于处罚的。《明实录》记有永乐二年的一个有趣的故事：大理寺官员奏：“市民以小秤交易者，请论违制律。”皇帝问工部官员：“小秤之禁已申明否？”答曰：“文移诸司矣。”又问：“榜谕于市否？”答曰：“未。”皇帝就说：“官府虽有令，民固未悉知之。民知令，则不犯；令不从，则加刑。不令而刑之，不仁。其释之。”

除了官府的法律宣传，民间也很重视法律书籍的编撰和出版。例如，被学者称为“日用类书”的大型书籍，属于民间日常生活的百科全书，在明清时期非常流行，版本很多。可是，它们往往相互抄袭，不仅鲁鱼豕亥，错谬百出，而且纸质低劣，印制恶滥。而其原因，显然是为了满足普通百姓的需要。另外，明清时期还有很多商业用书。除了介绍商业知识，也会介绍一些法律知识与文书知识。原因很简单，商人要做买卖，当然要订契约。

不可忽略的是，在明清时期的文学作品中，同样不乏法律故事。甚至，在儿童的识字课本中，也会介绍一些简单的法律知识。例如，晚清刘树屏编撰、吴子城绘图的《澄衷蒙学堂字课图说》一书，对“斩”和“绞”等刑罚，不但作了字面上的释义，而且还配有图像，非常直观，便于儿童识字和记忆。

通过这些资料，我们可以想象，如果老百姓不在意法律，那么以“射利”为志业的书商，为什么要去编那些法律书籍？甚至要去做盗版的事情呢？虽然中国古代没有版权法，但著作权的意识还是有的。据此，我们可以推测：只要有阅读法律书籍的人，那就一定会有读者市场，也一定会有购买法律书籍的人，这是一个循环往复的过程。阅读法律书籍，当然是为了满足日常生活的需要。

说到买书，自然涉及书籍的价格。虽然晚明以来中国的书籍出版有了很大的发展，但是书籍的价格并不便宜。在清朝，一套印制精美的《红楼梦》要花多少钱呢？大约要20两银子。那20两银子又是一个什么概念呢？大约是五口之家一年的开销。因此，买得起《红楼梦》的，恐怕是有钱人和读书人。在晚清，知县杜凤治说，自己看到一套《大清律例》，价格是18两银子，因嫌贵而没买。比较而言，之所以“日用类书”多是盗版作品，而且大多印制恶滥，无疑是为了降低成本；一套卷帙浩繁的“日用类书”，只卖一两银子，可见是为了满足普通老百姓的需要。据此，我们可以说，当时的老百姓对法律是非常在意的。

明清时期，中国已经是一个“诉讼社会”，讼师非常活跃，诉讼率也日趋高涨

著名的日本法学家川岛武宜，在《近代化与法》一书中，曾经专章讨论了日本人的法律意识。从诉讼率的视角，考察了日本人的法律意识。在他看来，如果一个社会的诉讼率低，那么老百姓的法律意识就弱；如果诉讼率高，那么法律意识就强。因为老百姓只有知道了自己的利益受到侵犯，才会去打官司。因此，诉讼率跟法律意识有着一定的因果关系，或者说是一种正向的关系。

中国古人的诉讼意识是怎样的呢？读过《水浒传》的人，可能还会记得：武大郎被潘金莲、王婆、西门庆合谋害死后，武松出差回来，看到自己的大哥突然死了，觉得很诧异，就去调查取证。刚开始，武松想走司法程序，就去找卖鸭梨的郓哥，盘问他怎么回事儿；接着，又找到了仵作行的团头何九，取了武大郎的骨头以及西门庆的贿金。取证后，武松找了一个陈代书，请他写状子，因为代书是专门帮别人写诉状的行家。之后，武松再去县衙告状。可是，县衙里的胥役因为收了西门庆的贿赂，就以证据不足为由，驳回了诉讼。到最后，武松只得采取“私力救济”的办法，杀了潘金莲和西门庆。

这个故事告诉我们，小说中的武二郎，对诉讼程序并不陌生，故而整个行动有板有眼；至于复仇杀人，乃是被逼无奈。这是否意味着，当时的老百姓已经具备比较良好的法律意识呢？我的答案：是。实际上，到了明清时期，人们对诉讼已经不陌生了。也因此，有学者声称，明清时期，中国已经是一个“诉讼社会”。可以用来佐证“诉讼社会”的证据，有以下几点。

一是讼师非常活跃。讼师不仅在城市开设歇店，招徕生意，而且还出没于穷乡僻壤，甚至还搭建了跨区域的业务网络。能干的讼师，可以置起家业，即使

“菜鸟”讼师，也能养家糊口。试想，如果没有相应的业务，绝无可能出现这样的情形。

二是“官代书”制度的形成。官府设置官代书，有两种功能：（一）帮诉讼两造（专指涉及诉讼关系的原告和被告）写状子；（二）通过官代书来抑制讼师。不过，由于官代书的法律素养不佳，考试的录取标准，只是粗通文墨而已，因此他们很难起到遏制讼师的预期效果；相反，讼师文化素养较高，脑子也够机灵。在这种情况下，即使有官代书提供法律服务，两造还是要找讼师帮忙写状子。

三是诉讼率的日趋高涨。以乾隆时期为例，全国设置了约1500个州县，人口约有3亿，平均每个州县约有20万人。那么，每个州县要审理多少个案件呢？大约一两百个案件。当时的家庭规模，是五口之家。每年约有200个家庭会有一起诉讼案件；10年下来，约20个家庭即有一起诉讼。可见，这个比例不低。如此多的家庭卷入诉讼，如果没有法律意识和诉讼意识，怎么可能！

四是限制诉状的字数。由于“放告日”提交州县衙门的状子很多，一年甚至会有数以万计的状子；其中，绝大多数是“催词”和“投词”一类的文书，以至于州县牧令根本看不过来，就想出了限制诉状字数的招术，以便节约牧令的时间。因为州县牧令负责辖区的所有事务，一忙起来，时间就不够用。那么，诉状的字数究竟多少才算合适呢？各地不同，基本上是在150—300字之间。如果以一万份诉状来计算，累计约有150—300万字之多。足见，牧令要读完这么多的状子，所花费的时间就可想而知了。

性情温和、爱好和平的中国人，为何会有那么多的诉讼案件

人们通常会说：中国人性情温和，爱好和平，追求和谐社会；而且，儒家特别倡导“无讼”的社会理想。怎么会有那么多的诉讼案件呢？从抽象层面来看，这些说法固然不错。然而认真思索起来，它们又有不小的问题。这是因为，老百姓并不是我们想象的那样，个个都是“君子喻以义”的；相反，因物质资源匮乏而导致的生存压力，势必产生“小人喻以利”的现象。在《中华帝国的法律》一

书中，作者曾说：在中国农民的眼里，每一粒稻谷都是珍贵的。在这种情况下，当自身利益受到了侵犯，诉诸衙门也就不可避免。要之，君子道德与无讼理想，一旦遭遇物质利益的挑战，也就难免落荒而逃。

甚至，当我们读到帝国官方关于“调处息讼”的话语和渲染时，亦切不要以为，这完全是对于“无讼”理想的追求。实际上，它更有可能是由于州县牧令忙不过来，乃至是因“自图安逸”而拒绝受理案件。毕竟，明清时期的牧令，不像现在的法院，他们是瞿同祖先生所谓的“一人政府”，必须承担征收赋税、官学教育、社会治安、灾荒赈济、公共工程等各项事务；甚至，牧令晚上还要打着灯笼跟衙役一起巡查城里的治安。即使以司法实践来讲，他们要负责缉捕案犯、检验尸伤、勘查现场、审理案件、管理牢狱等事。除了审理数以百计的民事案件，还要审理十起八起的命盗案件。像广东省的南海县，一年发生的刑事案件就很多，清代知县杜凤治在日记（杜凤治日记逐日记录了同光年间所在地方的风土民情、官场风气、上下关系、办事规则、基层断案过程，几至“事无巨细”；记载了自己的出入行藏和对朝政世事的联想心得，几至“感慨良多”。所记甚至连四时变化、阴晴圆缺也无一遗漏，这就使他的日记成为研究晚清基层社会以及地方官场的珍贵史料）中曾经提到，单是强盗案件，一年就有80来起；一次执行死刑，也有17人之多。与南海相比，番禺稍微好些，命盗案要少一半。这样一来，国家法律与州县牧令倡议“无讼”的社会理想，要求民间自行解决词讼案件和笞杖案件，均有迫不得已的苦衷，而非一味地道德宣示。

要而言之，无论是宣传法律知识与阅读法律书籍，抑或是民间社会常态的诉讼实践，都在说明中国古人的法律意识和诉讼意识皆不弱。仍须指出，由于明清中国尚处在农业社会，也是一个乡土社会，虽然市场经济已经很活跃，人们的社会流动也很频繁，但是，毕竟与现代社会不同。因此，我们不能以现在社会人们的法律意识和诉讼意识来衡量。否则，即会出现“厚污古人”之事。

（作者为中山大学法学院院长、教授）

毛泽东和斯特朗谈话时间新考

时文生

2015年是“中国人民的一位真正的朋友”（周恩来语）安娜·路易斯·斯特朗（1885—1970年）女士诞辰130周年。斯特朗（也曾译作史特朗）因毛泽东《和美国记者安娜·路易斯·斯特朗的谈话》这一篇光辉文献而家喻户晓，更因谈话中提出的“原子弹是一只纸老虎”“一切反动派都是纸老虎”和“真正的力量不在于反动派，而在于人民”等一系列著名论断而博得“纸老虎女士”的雅号。

多年来，国内外有关机构和个人多从国际外交、新闻传播、作品译介等方面来考察斯特朗第五次访华，很少有人按照治史的原则和方法来对相关史实进行全面系统深入的梳理考证，致使一些基本史实至今没搞清楚，甚或出现以讹传讹的不良现象。比如，斯特朗此次来访的日期在哪一天？毛–斯著名谈话又是在什么时间进行的？由于毛泽东和斯特朗在他们各自的著作中对此均无明确记载，因此，上述两问题一直困扰着党史学界。在1960年版《毛泽东选集》（第四卷）中，只在文章题下把谈话时间署作“一九四六年八月”，没有署日，对斯特朗来华访问日期只字未提。修订后的1991年版《毛选》，把谈话时间改署为“一九四六年八月六日”；访华日期为“一九四六年六月”，未署日。嗣后，毛泽东同志的有关传记、年谱和《中国人民解放军军史》等党史军史基本著作，多沿用此说法。习近平总书记指出“知史爱党”“知史爱国”。笔者体会，这里的“史”首先必须是准确的历史。在深入学习党史军史过程中，笔者在对大量原始文献加以悉心考证后发现，上述两个时间值得商榷。

关于斯特朗第五次来华访问的时间问题

重庆版《新华日报》是当年国内第一家对斯特朗第五次来华访问进行报道的媒体。1946年7月21日，该报刊载来自上海的航讯稿，文中称：斯特朗女士“在上星期到了上海，她打算周游全世界，采访新闻，以中国作环球旅行的第一站”。另有资料表明，斯特朗此次搭乘美国海军航空运输处飞机正是从上海入境的。7月21日是星期日，由此推算，斯特朗来到中国的时间，当在1946年7月14日至7月20日那一周的某一天。这一时间段，还得到中国共产党机关报《解放日报》的印证。同年8月9日《解放日报》公开发表由斯特朗撰写的时政新闻稿《延安被炸目击记》，就8月2日中午蒋介石飞机轰炸延安总部这一重大事件进行了全面、准确的揭露。在文前配发的《编者按》中有如下文字：“此次她（指斯特朗——笔者注）代表美联社、八个报纸的记者于七月中旬抵沪，于八月一日由平飞延采访。”可见，斯特朗第五次访华时间绝非“一九四六年六月”。

那么，斯特朗抵达上海的具体时间是哪天呢？

1946年8月8日，《解放日报》在第一版刊发的“新华社延安六日电”中披露：早在7月17日，《上海大陆英文晚报》记者曾就中国的和平谈判是否有望一事采访过斯特朗女士。这则史料说明：至迟在7月17日，斯特朗就已在上海。

另有一则史料记载：1947年4月，香港光华书屋印行了由史特朗著、孟展译的《毛泽东的思想》一书。在该书正文之前的《介绍史特朗女士》一章中，记载有“在她第一次参加周恩来先生招待上海中外新闻记者会议时——正是她抵中国后第三天”等文字。因此，搞清楚周恩来在上海召开中外记者招待会的日期，无疑是解决斯特朗访华时间问题的关键所在。

再细查当年的《大公报》《中央日报》和《解放日报》《新华日报》《群众（周刊）》等主流媒体，果然有重要发现：1946年7月21日，《群众（周刊）》

以《周恩来将军谈三大问题：一、军事冲突　二、救济问题　三、昆明暗杀事件》为题，详细报道了“7月18日下午3时周恩来同志于上海寓所招待记者，到会中外记者百余人，报告日益扩大的各地冲突的情形，救济问题及对最近发生的昆明事件（指国民党特务先后于7月11日晚间枪杀民主同盟执委李公朴先生、7月15日下午枪杀西南联合大学闻一多教授——笔者注）以无限的悲愤向新闻界控诉……”文末还特别注明：“周恩来的讲话，当场由章文晋同志译成英文，次日各报报道，社会反响强烈。”如7月19日，上海版《大公报》以《周恩来语犯陈立夫》为题，报道了采编自国民党中央社播发的有关7月18日下午3时周恩来在马斯南路寓所组织召开中外记者招待会情况的简短消息。

经查，在整个1946年的7月，除7月18日下午的中外记者招待会外，上述各媒体再无周恩来在上海主持召开其他中外记者招待会的记载和报道。因此，以上几则史料已充分证明：斯特朗第五次来到中国访问的确切时间是1946年7月15日（此日期是按斯特朗“抵中国后第三天”参加中外记者招待会倒推出来的。按照通常的理解，“抵中国后第三天”不是抵达中国的第三天，而实际上应该是第四天）。

关于毛－斯著名谈话的时间问题

笔者考证认为，目前所公认的毛–斯著名谈话时间为“一九四六年八月六日”的说法，并不准确。主要原因如下：

一是原有认定证据有缺陷。在《〈毛泽东选集〉一至四卷第一版正文和题解的修订情况》长文中，就1991年版《毛选》把毛–斯谈话时间由1960年版“1946年8月”之说第一次认定为“1946年8月6日”，所本依据有二：

其一是陈继馨和尹毅玲两位作者撰写的文章，题为《斯特朗的六次访华》（以下简称《陈尹文》），发表在中国革命博物馆编印的《党史研究资料》1985年第11期上。文中说“一九四六年八月六日经党中央安排，斯特朗在马海德、陆定一的陪同下拜访了毛泽东”。

另一个是世界知识出版社1986年出版的《纯正的心灵：安娜·路易斯·斯特

朗的一生》（以下简称《斯传》）一书。书中写道：毛–斯谈话“时间原定于8月5日，因一场暴雨引起山洪，不能过河，只好推迟一天进行。8月6日上午，安娜·路易斯从观察组大院乘上一部卡车……到达杨家岭”。

笔者认为，上述两份材料本身存在问题：

《陈尹文》无一篇参考引证文献，也未见引用有关档案资料，其中单凭一句会议活动通知式的——“一九四六年八月六日经党中央安排”——文字而不提供“党中央安排”的相关文献档案为据，就写明毛–斯谈话时间，似太过简单化，实难令人信服。

《斯传》英文版最早于1983年由纽约兰登书屋出版，作者乃斯特朗的侄孙特雷西·B.斯特朗和侄孙媳海琳·凯萨。对于毛–斯第一次谈话时间为“1946年8月6日”的说法，书中并未指明原始出处。尤需特别指出的是，经笔者考证发现，《斯传》对斯特朗第五次访华一些关键时间的记载，虽明确写有具体日期，但因其多与史实不合而并不足信。如斯特朗自美国抵达上海的时间，原著为“1946年7月6日”，如前所考，这一日期显然错了。甚至连斯特朗从北平飞抵延安的日期记载亦有误，原著记作“1946年7月31日”，而实为“1946年8月1日”，有当天发表在《解放日报》显著位置上的专门报道为证。1986年版中译本对上述有关基本史实，未能加以必要的校勘和注释。治史者如不加审慎辨识就“洋为中用”并引以为据，导致结论失真是必然的。

二是与斯特朗原著相关记载不相符。第一，与当日特定的气象特征不合。斯特朗在其1940年代公开出版的原著《明日中国》和《中国人征服中国》等“当时之简”中明确写道“我同毛泽东约定的第一次采访，因为当天清晨的一场大雨，导致延河暴涨而推迟。第二天，河水退了，我同一名随员乘卡车前往毛泽东住地”。尽管斯特朗在这里没有指明原计划第一次采访的具体日期，但有当天气象的实时描写，即因“一场晨雨（A Morning Shower）”而推迟至次日（The Following Day）方成行。查《谢觉哉日记》，1946年8月5日延安地区天气是“微晴下午雨”，8月6日“晴”。显而易见，“1946年8月6日”不会是毛–斯第一次谈话时间。第二，与斯特朗当时的作息安排不合。斯特朗于8月1日中午飞抵延安后，中央军委秘书长兼延安外事组组长杨尚昆下午即前来看望她，并与之详谈。

之后，他们又一起重新布置室内摆设。斯特朗在《中国人征服中国》中明确写道："在饱受上海和北平夏日里闷热恼人之苦后，一到延安，我就爱上了这儿的窑洞。头五天里，我除了睡大觉，几乎什么事也没干。"而8月6日，正好是其抵延后"头五天"的最后一天（抵延当日，即8月1日，她要会见杨尚昆，布置室内摆设，显然没包括在"头五天"里面），时年62岁的斯特朗正在休息，不可能与毛泽东见面。第三，与实际谈话次数不合。毛-斯谈话并非一次，而是两次。斯特朗在1947年第6期《美亚》月刊上发表的《毛泽东的思想》一文中明确提到，《来自延安窑洞的世界眼光：毛泽东访问记》是她在1946年8月先后两次采访毛泽东后写成的，而该英文版访问记是中文版《和美国记者安娜·路易斯·斯特朗的谈话》的母本。因此，谈话时间当不止一个。

三是斯特朗遗稿中未见当日的实时访谈记录文字。斯特朗在1947年第4期《美亚》月刊上发表的《来自延安窑洞的世界眼光：毛泽东访问记》，开篇第一句就阐明她到延安主要就是直奔毛泽东而去的。查华盛顿大学图书馆藏斯特朗遗存全部文献，在1946年8月2日至8月6日整整五天里，斯特朗只在8月6日那一天写有一篇题为《蒋介石耍花招令马歇尔丢脸》的文稿，没有与采访活动有关的任何文字。设若毛-斯第一次谈话真的发生在8月6日，作为在新闻界享有盛誉的著名女记者，对这么重要的访谈竟只字不写、片纸未留的做法实在令人费解。这正好从一个侧面印证了斯特朗"头五天里，我除了睡大觉，几乎什么事也没干"的说法，同时也强有力地反证其当天根本没有去拜会毛泽东。

带着上述疑问和困惑，笔者在查阅大量原始英文文献和时政新闻史料后，发现：（一）《谢觉哉日记》中关于延安地区1946年8月的天气记录，除17日、26日、29日等三天无记载外，在其余28天中唯有8月20日为"晨雨"，且日记中对其当天上午活动情况只字未提、唯记有"下午赴交际处宴蒙古参观团"事项。笔者推测，延安那场夏日山区"晨雨"估计确实太大太猛烈，使人难以出门办事或上班。（二）斯特朗遗稿中，在8月21日共有四篇文献，其中《毛泽东号召誓死保卫边区》《中共准备为国民党发动的内战奉陪到底》《苏美开战之谈纯属烟幕……毛泽东如是说》等三篇文献与《和美国记者安娜·路易斯·斯特朗的谈话》《来自延安窑洞的世界眼光：毛泽东访问记》在内容上的关联度非常高，而在谢觉哉无天气记录的那三天之次日（即18日、27日、30日），均无一篇文稿。据此，可以充分地推定毛–斯第一次谈话时间是“1946年8月21日”。（三）关于毛–斯第二次谈话，斯特朗在《来自延安窑洞的世界眼光：毛泽东访问记》的说明文字中专门指出，他们在谈话过程中涉及美国将大量的战后剩余物资以原成本价四分之一的超低价格让售蒋介石一事；在《明日中国》《中国人征服中国》等著作中，有多处记载表明正是毛泽东本人告诉她美国政府已把价值20亿美元的剩余战争物资售与蒋介石，时间就在美国公开发表声明宣布交易合约已经两国政府正式签立的那一天。经查，美蒋公开发表此项联合声明的时间是1946年8月31日下午4时，国民党“中央广播电台”当即播发了该联合声明。《新华日报》也以“本报上海三十一日专电”的形式发回新闻电讯稿。按惯例，延安新华广播电台在当天下午6时至7时的时事新闻报道节目中播发了这一爆炸性新闻。因此，可推知毛–斯第二次谈话的时间是“1946年8月31日”。上述结论，笔者在辗转联系上《斯传》原著作者特雷西·B.斯特朗教授后，已获得他的首肯。

（作者为中国人民解放军总装备部副编审）

羊是怎样走进中国传统文化的

王保国

中国传统文化与羊有着密不可分的关系，查阅有关“羊”的大量考古与文献资料，我们发现，“羊”已经远远不再是作为一种生物存在，而是作为一种观念或者说精神渗透进中国传统文化的方方面面，它甚至渗透进传统中国人的性格中，并在极大程度上准确地表达了传统中国人的思维方式和行为方式。

据考古发现，距今大约8000年前的裴李岗文化时期出现了陶塑羊的形象，长江流域在约7000年前的河姆渡文化时期也出现了陶羊。大量的考古报告表明，羊早在新石器时代已经是人类的伙伴。通过对字源、语源进行文化学研究，我们还能进而捕捉到大量关于羊与早期文化生成关系的信息。最早可见的文字资料卜辞表明，殷商时期已经“六畜”俱全。从徐中舒先生主编的《甲骨文字典》收字情况来看，以“六畜”为字根的字，其字数依次为：羊部45文；豕部36文；犬部33文；牛部20文；马部21文；鸡部3文。其中羊部字占明显优势。羊在六畜中占据头等地位，这就为中国古代人首先将情感价值投入并凝聚到羊身上提供了物质基础。殷商时期是我国传统文化生发的重要奠基时期，殷人对羊的特别关注也使羊对传统文化观念的塑成产生了深远的影响。

经历西周与春秋战国的文化整合和沉淀，最迟不晚于西汉，一些关于羊的文化观念最终定型，现将其荦荦大者列举于此。

羊食为養——羊与中国传统膳食

“養”字语源是“羊”。《说文·食部》：“養，供養也。从食羊声。”许慎把“養”字视为形声字，但分析“養”字的原始结构，它又是一会意字，乃一人献羊之象，其字根就是羊。与“養”字密切相关的另一个字是“羞”字，其原始意思与“養”相似。《说文·丑部》云：“羞，进献也。从羊，羊所进也。从丑，丑亦声。”两字比较，均有“持羊进献之象”。不过，前者意思倾向于由食物带来的滋养，所以有供养之意；后者则倾向于食物本身，所以“羞”乃“馐”的本字，是食物的总称。

中华民族自古以素食为主，所以，许慎在《说文》中说：“食，一米也。”但以米为食毕竟为果腹之需。因此，中国人在原始时代便有了家畜的喂养和食用。当时，豢养的家畜主要有羊、豕（猪）、犬、牛、马、鸡六畜，羊居首位，其原因在于“羊在六畜中，主给膳也”。正因为如此，意指膳食的“羞”字和意为供养的“養”字都把羊作为它们的字根。所以王筠说：“凡食品，皆以羞统之，是羊为膳主，故字不从牛、犬等字而从羊也。”

羊者祥也——羊与中国传统宗教信仰

羊被视为吉祥的象征渊源极早。《墨子·明鬼下》云：“有恐后世子孙不能敬𦒿以取羊。”这里的“羊”字就是“祥”的意思。出土的西汉铜洗，纹面“吉祥”二字常写作“吉羊”。许慎《说文·羊部》云：“羊，祥也。”《示部》“祥”下说：“福也。从示羊声，一曰善。”王国维《观堂集林》也说：“祥，古文作羊。”从古文“羊”“祥”通用可以看出，在古人心目中，“羊”显然是吉祥的象征。

羊被视为仁义祥物，原因应首先在于羊性温顺，易于驯养，并可为人们提供鲜美的滋味和丰富的营养。在崇尚甚至迷信自然的时代，羊的这种品格极易被神化，或被寄予种种美好的想象，或视为神物，或视为精灵。古代的祭祀活动将羊作为三大用牲之一，用以作为人、天沟通的使者，其原因也在这里。

正因为羊常常作为祭品出现，所以，羊实际上具有了宗教上的含义。日本美学家今道友信先生在《关于美》一书中指出汉语“美”字中的“羊”字一定要和《论语》中“告朔之饩羊”联系起来理解，是牺牲的象征。他说：“美比作为道德最高概念的善还要高一级，美相当于宗教里所说的圣，美是与圣具有同等高度的概念，甚至是作为宗教里的道德而存在的最高概念。”他的这种见解不无道理，在他看来，“美”是羊这种牺牲的衍化，因而具有一定的宗教意蕴。

羊被古人视为远古先民的仁义祥物，并被视为具有一定宗教意义的圣物，很自然地演化成了一些民族的图腾。古代西北地区有羌族，最初大约为西北地区一个牧羊为生的民族，《说文解字》云：“羌，西戎牧羊人也，从人从羊，羊亦声。”由于羊在羌人生活中具有重要地位，所以，古代羌人十分崇羊，长期以羊为民族图腾，其风习一直延续到今天。另外，瑶、侗、苗等民族也大致出于同样的原因以羊为民族图腾。

羊大为美——羊与中国传统审美取向

在研究中国古代人审美观念的形成中，“美”的字源学考察一直是国内外学者们关注的问题。国内学者臧克和在其《汉语文字与审美心理》一书中提出了较系统的看法，书中指出：我国古代人审美价值判断活动与饮食、与自身的繁衍、与物产丰盛的追求以及与初民的祭祀活动有关，古代审美价值取向的古文字符的字源涵义基本上来源于视觉的感受性和味觉的感受性。臧氏的看法是正确的，他从味觉和视觉两方面看到了“羊”与“美”的关联，但是不够全面，从中国古代的具体情况看，中国传统审美取向的形成与羊的确关系密切，“美”字不仅产生于对羊的味觉感受和视觉感受，同时还产生于对羊的精神感受。味觉感受和视觉感受是直观的，精神感受是意象的。它们尽管都是“美”产生的重要条件，但后者似乎更为重要。

“美”的真实含义是什么？许慎在《说文》中的回答是：“美，甘也。从羊从大。羊在六畜，主给膳也。”王筠则曰：“羊大则肥美。”段玉裁进一步说：

"甘者，五味之一，而五味之美皆曰甘。羊大则肥美。"许慎、王筠、段玉裁都试图从人们对羊的味觉感受上谈美的字源意义。

宋代的徐铉在整理《说文解字》时对许慎关于"美"的解释有个补充，他说："羊大则美，故从大。"他试图从人们对羊的视觉感受上谈美字意义的起源。这一解释应当是对许慎说法的一种补充，从段玉裁的解释中看，他似乎既赞同许慎的味觉说，也赞同徐铉的视觉说。

美的价值取向还来自对羊内在特质的认识，即人们对羊的精神感受。在传统文献里，羊常常被描述为具有各种美德的义畜。《毛诗注疏·小雅·无羊》里说："尔羊来思，其角濈濈。"郑玄笺注言："此者美畜产得其所。"这里，羊被郑玄视为美畜。《惠氏易说》云："尔羊来思，矜矜兢兢，不骞不崩，麾之以肱，毕来既升。"羊在这里又是坚强和顺从的形象。《春秋繁露》则说："羔有角而不任，设备而不用，类好仁者；执之不鸣，杀之不啼，类死义者；羔食于其母必跪而受之，类知礼者。故羊之为言犹祥与？"也就是说，在董仲舒的眼里，羊有角不触人，杀之而不悲啼，跪享母乳，知仁、知义、知礼，集美德于一身，所以是仁人君子学习的榜样。总之，羊的美德反映了人们对羊的精神感受和人们对羊秉性的人格化概括，而正是在这种感受和意象概括中，"羊"与"美"产生了联系，并最终导致"羊大为美"观念的生成。

"羊"成为"美"的化身，于是它的美德就具有了人格的意义，而"美"的意义也随之得到了扩展和引申，有了素质优良、价格贵重、完美淳良、巨大功业、志趣高尚、称赞褒奖等意思。

羊言为善——羊与中国传统道德标准

善的古字由"羊"和"誩"字组成，写作"譱"或"善"。其意为："吉也，从言从羊。此与義、美同意。"从字形来看，"善"为会意字，有"竞言羊"或"羊竞言"之意，但不论从哪个方面讲，善字都与羊字关系密切。"善"还有善良、慈善、正确等意思，但这些意思都是从对羊的认识中演化出来的。

"羊"与"善"的关系，同样来自人们对羊的味觉感受、视觉感受和精神感受。羊被视为“善”的化身，不仅在于它是人类优秀的生物伙伴和食物来源，更在于它的品格被人类认同，并融入人的价值观中。羊性情温顺、宽厚仁义、知礼有仪，其美德让人景仰，因此，受到中国传统道德观念的普遍推崇。羊作为人们祭天祭祖的牺牲，而且具有如此众多的优良品德，很自然地，这些品性也就成了人格化的道德准则。所以，徐中舒先生说：“盖人以羊为美味，故善有吉美之义。”从有关文献来看，人们很早已经把“羊”的“道德”视为人的道德准则和榜样。《诗经·召南·羔羊》序曰：“召南之国化文王之政，在位皆节俭正直，德如羔羊也。”为什么说人“德如羔羊”？孔颖达解释道：“《宗伯》注云：羔取其群而不失其类。《士相见》注云：羔取其群而不党。《公羊传》何休云：羔取其贽之不鸣，杀之不号，乳必跪而受之，死义生礼者，此羔羊之德也。”序成于汉代，疏制于唐代，从中看出，羊的品德至迟在汉代已经衍化为人格的道德标准。《后汉书·王涣传》也有类似的说法，其文云：“故洛阳令王涣，秉清修之节，蹈羔羊之义，尽心奉公，务在惠民，功业未遂，不幸早世。”所谓“羔羊之义”，说的也是人格化了的羊的优秀的道德品质。羊我为義（儀）——羊与中国传统礼仪法则。

羊被视为有仁、义、礼之德的动物，它的“德”是中国传统道德标准制定的重要参照。然而，在“以德治国”的传统中国社会里，道德标准在某种程度上往往具有“法”或“礼”的意义，于是，“羊”在字源学上，又与“義（儀）”“法（灋）”等礼法概念产生了紧密的联系。

关于“義”的含义，《说文》云：“已之威仪也。”朱骏声《通训定声》云：“经传多以仪为之。”因此，“義”实际上是仪则、法度的含义。就字形分析，“義”是由“羊”和“我”组成的会意字，其意为，“我”把“羊”置于头顶，人羊一体，羊的品质也就内化为“我”的品质，于是“我”就像“羊”一样有了仪则，有了法度。

“我”之为“羊”，为什么就有了仪则、法度的含义？从分析“法”的字源意义中可以找到答案。“法”的原文作“灋”，是个会意字。《说文》云：“灋，刑也。平之如水，从水、廌，所以触不直者去之，从去。”“灋”从“廌”，“廌”即“獬豸”，是神话传说中的神羊，有明辨是非曲直的本领。古典文献对此记载甚详，《尔雅翼·廌》云：“廌似山羊，一角，一名神羊，一名獬，东北荒中兽也。见人斗则触不直者，闻人论则咋不正者。”《后汉书·舆服志》云：“獬豸，神羊，能别曲直。”《晋书·舆服志》云：“獬豸，神羊，能触邪佞。”《述异记·獬豸》则说：“獬豸者，一角之羊也。性知有罪。”因为在古代法制文化中，“羊”（廌）是法度的象征，“水”有公平之意，所以，“灋”从水、从廌。这反映了“羊”与“法”的渊源关系。

文字是文化的重要载体，而文字所传递的往往又是人类文化最基本的或最原始的信息，分析文字的字源学意义，是把握文化最早脉动的重要途径。有赖于对文字字源意义的考察，使我们得以窥探到“羊”与中国传统文化深厚的渊源关系，以及文化生发时代的最原始意象。

揭示“羊”与中国传统文化的生成关系，我们不难发现，两者是一种双向互动的关系，当人们以自己的价值观审视羊，并向羊的所谓优秀品德学习的时候，人正在外化为“羊”；反过来，“羊”也正在外化为人。于是，羊就成为人化的羊，人则成为羊化的人。传统中国人思维特征和行为方式的形成过程体现了这样的生成关系。

（作者为郑州大学文学院教授、博导）

县令欧阳修

赵冬梅

“明主之吏，宰相必起于州部，猛将必发于卒伍”，语出《韩非子·显学篇》，强调基层历练对于高级人才培养的重要性。一个宰相没有过实实在在的基层工作经验，终归还是要差很多的。

北宋名臣之中，欧阳修的体会一定是极深的。在那个以锦绣文章博取进士科名，以进士科名决定官场前途的时代，欧阳修实在是太出类拔萃了。所以，他很年轻就进入中央成为皇帝的文馆侍从，本来是不可能再有基层县政经历了。他30岁出任峡州夷陵县（今湖北宜昌）令，则全然出于政治迫害，是当权者排斥异己的结果。然而，这段县令经历，后来却被欧阳修终生视若珍宝。

欧阳修初到夷陵，想要找一本《史记》或者《汉书》来打发时间，可是搜遍了夷陵县衙和私人书橱，竟然一无所获。《史记》和《汉书》是当时最常见的历史书，夷陵之偏僻落后，由此可见。联想到首都开封的繁华舒适，欧阳修倍感凄凉。但是，接下来所发生的事情，则让欧阳修彻底忘掉了个人的不幸。

找不到书，欧阳修就只好拿了“陈年公案”反复阅读，结果却读出了一身又一身的冷汗。但见其中冤假错案不可胜数，“无中生有的，颠倒黑白的，徇私枉法的，灭亲害义的，无所不有”。欧阳修惊呆了，夷陵这样一个荒凉偏远的小县竟然如此，那么，整个宋朝又当如何，是可以想象的。他放下卷宗，对天发誓：从此之后，对待任何事情都绝不敢马虎！就在那一刻，欧阳修完成了从读书人到政治家的伟大跨越。

欧阳修后来官至副宰相。他晚年回顾夷陵经历时，曾说，到今天30多年了，我遍历中央和地方，甚至做到了三公，都是拿“不敢马虎”这句话来自励的。今天别人看我，都以为我是因为文章写得好才有这地位；我自己看我自己，谅必是当时在夷陵那一句誓言的回报啊！

欧阳修做过开封知府，他的前任是著名的包青天包拯。包拯的作风是“以威严御下，名震都邑”，的确是“黑脸”的。欧阳修的作风却是“简单平易，一切按道理来，不追求赫赫之名”。有人劝他向包拯学习，欧阳修回答说：“每个人才能脾气不同，不能强求一律。”这是个很谦虚的说法。事实上，欧阳修对于地方官的“治民”施政，有着独到而深刻的见解，他认为，治民就像是医生治病。有的医生派头极大，说得天花乱坠，可是药到病不除，远不如衣着简朴、言语木讷而药到病除的。治民，不管他的才干是否出众、政策措施是否漂亮，但民称便，即是良吏。

判断一个官员是否是良吏好官的唯一标准，是老百姓是否觉得方便，这就是欧阳修的政绩观。这种政绩观的结果就是不求政绩。欧阳修当过好几个州的长官，从来没有像样的政绩，也不求声誉，治理风格宽松简单，不扰民。曾经有人向他请教“为政宽简而不荒废事务”的秘诀，欧阳修回答说，我所说的宽，是不苛刻急切地去满足上司的要求，我所说的简，是不要繁琐细碎什么都管。那么，欧阳修宽简治民的效果如何呢？“所至民便，既去民思”，在任时老百姓觉得方便，离任后老百姓怀念。

作为当时的文坛领袖，很多晚辈后生慕名求见，欧阳修也乐于接见，然而，他从不谈文章怎么写，却喜欢讲做官的道理。为什么呢？用欧阳修自己的话说，“文章止于润身，政事可以及物”。“润身”指增强个人修养，“文章”的作用其实也止于“润身”——当然，作为文章大家，欧阳修完全有资格这么说，那是他的谦虚，也是他的骄傲。所谓“政事可以及物”，是说政府的决策、官员的行为会影响到治下每一个老百姓的福祉，所以，拥有行政权力的人必须审慎，“对待任何事情都绝不敢马虎”——这是欧阳修践行终生的誓言。

（作者为北京大学历史学系副教授）

厚俸与薄禄的不同制度取向

杨　静

俸禄作为古时官吏的薪给，是官吏供给所需、发挥治国理政职能的物质基础。俸禄制度关乎财政、税赋、廉政等各个方面，历史上有着以明朝为代表的采纳薄俸的朝代，也出现了宋朝那样的主张厚俸的朝代。

历史上诸朝多以薄俸为长策

明朝官员俸禄以微薄著称，出现了一批清官廉吏。据史书记载，洪武年间通政使曾秉正去职时，竟然“贫不能归，鬻其四岁女”。吏部尚书刘崧，“兄弟三人共居一茅屋，有田五十亩。及贵，无所增益。十年一布被，鼠伤，始易之，仍葺以衣其子”。永乐时，户部尚书兼右副都御史秦纮任官四十载，“其妻菜羹麦饭常不饱……及卒，家无余资。未几，子孙有贫乏不能存者”。上述例子也说明了俸禄过低则官员基本所需不保，有悖于官之为官的显赫与殊荣。

明朝的皇帝几十年辍政不朝，国家机器正常运转主要得益于强大的官僚集团。历代皇帝都深感于官吏的重要价值，在薄俸政策背景下，对于官吏法定俸禄外的非法收入，如常例、家伙、耗羡等往往采取默认态度，并通过养廉银、养廉地、恩俸、赏赐等合乎法令的方式补充薄俸的不足。这样，官员的收入构成就由法定俸禄、默认的习惯收入、法定补充三部分组成。官吏的收入不仅仅限于法定的俸禄，出现了法外支俸的现象，使得法定的俸禄制度遭到进一步的破坏。

针对薄俸采取的补救措施，在一定程度上缓解了薄俸带来的问题，但并没有改变俸禄不足的局面。官场出现“大官贪污以求富，小官贪污以救贫”的现象。俸薄的官吏希求通过各种手段满足物质上的欲望，在默认的权利外寻求更大的刺激与满足。明初统治者力图以重典治吏，严刑惩贪，然人人不畏其法，仍继踵而为非，其原因就在于法定俸禄遭受制度性的破坏，纲纪废弛。官员供给在法定范围得不到满足，贪欲无限制。

可见，薄俸虽有利于减轻财政压力，轻徭薄赋，但官吏的基本所需得不到满足，不利于其发挥治国理政的才干。相比于官吏的收入构成，薄俸也足以致贪。

历代的政治家、思想家总结薄俸的历史经验，主张厚俸论者颇多

厚俸以养廉，从总体上看具有一定的合理性。在法定的厚禄中，官员的基本需求在法定范围内得到了满足，无疑可以抑制其追求法定范围以外的贪掠，从总体看有助于官吏廉洁自律。比如，汉代两位大臣张敞和萧望之根据“仓廪实而知礼节，衣食足而知荣辱”提出“今小吏俸率不足，常有忧父母妻子之心，虽欲洁身为廉，其势不能。请以什率增天下吏俸”。汉宣帝采纳此建议，诏令增俸，改善了汉初的薄俸状态。其结果提高了官吏的积极性，增强了官吏的廉政意识。清正廉洁之官大量涌现，史称“汉世良吏，于斯为盛”。但是厚俸以养廉不能绝对化。

宋朝是为数不多践行厚俸政策的王朝。王安石作为改革派的代表人物强调吏禄既厚，则人知自重，不敢犯法，从而达到省刑之效。厚俸给予官吏在合法的范围内利益的某种满足，使其安于职守，不作法律外的诉求。然而人欲往往是不断增长的，正所谓欲壑难填，官吏尽管取得了法律内的优厚待遇，却也仍然会追求法律外的更多利益上的满足。厚禄在满足官员基本需求的同时并不能满足官员的贪欲。就连赞成厚俸的赵翼也认为俸禄过厚其弊端不可忽视。他说，“究于国计易耗。恩逮于百官者惟恐其不足，财取于万民者不留其有余，此宋制之不可为法者也”。冗官

冗费致使支出庞大，加大了财政压力，加重了税赋负担，百姓不堪其苦。

可见，厚俸虽有利于官吏积极发挥职能、自重自律，但也会造成庞大的财政支出，加重百姓负担。较之官吏的贪欲，厚禄并不足以养廉。

总之，俸厚或俸薄都会引发一定的问题。

俸以养廉的理论前提是合理的俸禄制度

从历史角度考量，“吏不廉平则治道衰”，官吏的廉洁对于政权的维护与发展十分重要。“颁俸禄以养廉，禁贿赂以防奸”。要发挥俸禄对于廉政的重要作用，需要建立合理的俸禄制度。根据社会经济发展的水平确定合理的俸禄量，使官吏的治绩与其俸禄所得达到相对的平衡，使俸禄的支出与国家府库收入相符。合理的俸禄制度不仅有利于减轻国家财政负担，而且有利于维护官僚队伍的稳定与廉洁，实现真正意义上的俸以养廉。

树立合理的俸禄标准，建立合理的俸禄制度，需要注重综合为治。具体有以下三点：

第一，维持官员数量和俸禄标准的相对稳定，使俸禄总量控制在府库收入所能承担的合理范围内。

历史上的王朝在其发展过程中，往往都会面临俸禄日厚以及官吏数量日增而导致的越来越庞大的俸禄支出。俸禄的支出是以国家府库收入为前提的，其结果只能是通过征税赋、发徭役将之加诸百姓，这样就容易激发经济与政治的危机，引发社会动荡。为此，控制官员人数，规定合理化的俸禄计量标准具有深远的意义。这就要求：

其一，控制官员人数。“民少官多，十羊九牧”。“士大夫众则国贫”。冗官冗费是封建社会的痼疾，直接导致了俸禄总量的增加和国家财政的重负。《唐律》专设规定以控制官吏数量，禁止滥设。“署官过限及不应置而置，一人杖一百，三人加一等，十人徒二年”。宋太祖曾倡导“与其冗员而重费，不若省官而益俸”。通过精减官吏数量来提高官吏待遇，以免加重财政负担。

其二，规定合理的俸禄计量标准。俸禄的标准既要与府库收入相符合，也要根据当时物价的浮动及购买力水平而随时调整。同时，还要对俸禄的标准进行横向考察，即把官员的俸禄收入与当时其他社会群体的收入进行比较。只有这样才能衡量出官吏俸禄收入在社会经济中所占的比例与位置，对俸禄状况做出较为客观的认识，从而得出相对科学的俸禄计量标准。以宋明两朝为例，宋朝官员俸禄优厚，然其物价水平较高，其他阶层收入也高；明朝官员俸禄微薄，但明时物价低廉，官吏与其他阶层收入相差悬殊，官吏较之当时社会的其他阶层，已属高薪。

如上所述，俸禄关乎财政、税赋、廉政等各方面。“尔俸尔禄，民脂民膏”。讲求俸以养廉，需要综合为治。一方面要尊其位，厚其禄，保障人才清正为官之所需；另一方面要严格控制俸禄支出在财政中的份额，不可导致税赋太重。

第二，科学量化俸禄，依法规范俸禄，杜绝法外支俸。

俸禄历来是国家府库最主要的支出项目之一。正如唐人所说“养贤之禄，国用尤先”。明人也指出“国家经费，莫大于禄饷”。在寻求俸禄与府库收入平衡点的基础上，拟定合理的俸禄标准，量化官吏待遇，使得官吏财产透明化，既有利于官吏收入稳定与发挥才干，也有利于对官吏进行考课、监察，加强对官吏的廉洁监督。历史证明厚俸与薄俸都不是养廉的关键性因素，合理的俸禄是养廉的前提。养廉的关键还在于将俸禄的标准、收支及监督纳入法律的范围内，给俸禄配之以法律的制度保障，用法律来规范俸禄，杜绝法外支俸。廉政问题是个复杂的系统工程，俸禄只是其中条件之一，合理的俸禄制度只有依靠法律的保障，并与考官之法、考课之法、监察之法等法律制度相结合，才能发挥俸以养廉的目的，实现官僚队伍的稳定与廉洁。

第三，为政在人，培养官员廉洁自律意识。

“徒法不足以自行，徒善不足以为政”。俸禄太薄忽视了人的需要。厚俸养廉忽视了人的欲望。重法惩贪忽视了人的品行。我们以史为鉴讨论俸禄与廉政问题时，不可忽略人自身的作用。中国古代以诗书礼乐相尚，用以提高官员的人文素养，培养引导其树立与时代相适应的人生观、价值观、世界观。官吏廉洁奉公，不为俸禄厚薄等外界环境所动摇的一个关键因素在于个人的内在修为。“礼义廉耻”“三纲、八目（格物、致知、诚意、正心、修身、齐家、治国、平天下）”等传统价值观念已经深入其心，有助于其保持名节，克己奉公。宋苏辙就曾指出："若朝廷诚患吏贪，但使官得其人，则吏之受赇，自有分限。若犹未也，则虽重禄深法，不能禁矣。"因此选用品行好的人为官对于养廉尤为重要。为政在人，保持官吏的较高素质，有助于维持官僚队伍的稳定，发挥官员在治国理政方面的积极作用。

（作者单位为西北政法大学）

“六慎”与官德治理

于铭松

慎，即“慎独”。“慎独”是一种道德修养方法，更是一种极高的道德境界。慎独就是“不自欺”（陆九渊）、“处世当无愧于心”（袁采）、“暗室不欺”（康熙）。这里从“六慎”，即慎欲、慎交、慎微、慎权、慎嗜好、慎言行的角度，谈谈领导者的道德治理。

慎欲。关键是以义节制私欲。欲有色欲，有财欲。过度的欲望就是贪婪。要做到“欲而不贪”“以义制利”，如孔子所言：“不义而富且贵，于我如浮云。”《礼记》所谓：“傲不可长，欲不可纵，志不可满，乐不可极。”老子所言：“甚爱必大费，多藏必厚亡”“祸莫大于不知足，咎莫大于欲得”。毋庸讳言，在现实生活中，许多人都趋向于利，所谓“天下熙熙，皆为利来，天下攘攘，皆为利往”（司马迁：《史记·货殖列传》）。据传，昔日乾隆皇帝游江南，爬上了江苏镇江金山寺，只见江面上往来船只如梭，就问身旁的一位老和尚：“僧家，你在这里住了多少年啦？”老和尚答：“住了几十年了。”乾隆又问：“你既住了几十年，可否告诉我，你每天看见长江上有多少船只往来？”老和尚答：“只看到两条。”乾隆惊奇地问：“你这是什么意思？我现在看到的也不止两条船！”那老和尚不慌不忙地说：“人生只有两条船，一条为名，一条为利。”乾隆听后感慨不已。确实如此，多少人为了“利”穷极一生，甚至踏上不归路，而置“义”于不顾。

慎交。“得意的时候朋友认识你，失意的时候你认识朋友”。应慎重对待朋友交往，防止失去原则。关键是树立正确的情意观，与人民同呼吸共命运，不要与“损友”沆瀣一气。颜氏家训云：“是以与善人居，如入芝兰之室，久而自芳也；与恶人居，如入鲍鱼之肆，久而自臭也。墨翟悲与染丝，是之谓矣。君子必慎交游焉。”

慎微。《伶官传序》上说：“夫祸患常积于忽微。”说的就是因忽视小恶而最终铸成大错的道理。领导者应注重细节小事，在细微处自律，不能因为事小而放纵自己，“骄纵生于奢侈，危亡起于细微”“勿以善小而不为，勿以恶小而为之”“千里之堤，溃于蚁穴”。常怀慎独之心，保持官德的纯洁性。“不矜细行，终累大德”。明代福建某知府针对行贿受贿，公开挂联警示：“宽一分则民多受一分赐；取一文则官不值一文钱。”宋代某县令在审判偷窃一文钱的金库保管小吏时说：“一日一钱，千日一千，绳锯木断，水滴石穿。”领导者既要能把握大势，又不应当忽略细节。“门上有针眼大的孔，就能进斗大的风”。

怎样才能筑牢思想的堤坝？相信信仰的力量，找到精神依归，领导者才能抵御各种“病毒”的侵蚀。虽然一代人有一代人的历程，一代人有一代人的使命，但对共产主义理想的追求，投身于中国特色社会主义事业，是一代代共产党人的政治灵魂。近年来，我们有些干部，缺乏对信仰的追求，不信马列主义信鬼神，不问苍生问鬼神。千年骆马湖，一朝“马上湖”（因“骆马”谐音“落马”，遂有改名“马上湖”之说，下文石膏山之改名“仕高山”，出于相同的原因）；千年石膏山，一朝“仕高山”，已成为千古笑柄。

慎权。关键是端正权力观。领导，往往被人们认为是有“权”之人，这是事实。但作为领导本人必须弄清楚自己手中的权力结构，否则，就会出现不能够正确对待权力的现象。领导科学告诉我们，领导的权力起码由三种权力构成，即职位权、威望权和专长权。其中职位权是“给我的权力”，而威望权和专长权是属于你自己的权力。职位权可以被别人拿走，而威望权和专长权，别人是拿不走的，永远属于你自己。领导的威信从哪里来？靠上级封不出来，靠权力压不出来，靠自己或靠宣传吹不出来，靠小聪明骗不出来，只有靠真心实意地、尽心竭力地、坚持不懈地为人民办实事才能逐步地建立起来。

慎嗜好。领导者的情趣爱好，不仅仅是个人行为，更是具有相当影响力的社会行为，有时候甚至关系着国计民生，所以，领导者应慎重对待自己的嗜好。“玩人丧德，玩物丧志”，切勿大意。尤其不能降低格调，沉溺于声色犬马。须知“上求材，臣残木，上求鱼，臣干谷”“楚王好细腰，宫中多饿死”，所以“上之所好恶，不可不慎也”。领导者应看重自己的责任、身价、健康，防止滋长奢靡之习。赖昌星有句口头禅：“不怕领导讲原则，就怕领导没爱好。”现在，社会上一些不法分子拉拢腐蚀他人，最普遍的手法就是，以爱好为突破口，不动声色地一点点进逼，或诱之以财物，或诱之以女色，直至逼其就范。如果我们的领导者不加以警惕，不能对自己的爱好保持克制，就势必经不住诱惑而身陷泥潭，翻身落马。

慎言行。儒家经典《礼记》中《大学》篇云：“一言偾事，一人定国。”意谓国君说一句错话就可以使事业失败，谨慎处事就可以使国家安定，说明治国者必须谨言慎行。北宋王禹偁《待漏院记》中说：“一国之政，万人之命，悬于宰相，可不慎欤。”意思是说，一个国家的大政，数以万计的人的性命，掌握在宰相一个人的手里，说话办事，不谨慎行吗？北宋杨时《河南程氏粹言·论事篇》中收录其师程颐语：“天下之事，苟善处之，虽悔，可以成功；不善处之，虽利，反以为害。”宋代胡宏《胡子知言·文王》云：“行谨则能坚其志，言谨则能崇其德。”明代张居正《赠毕石菴先生宰朝邑叙》云：“惧则思，思则通微；惧则慎，慎则不败。”上述各论，讲的都是慎言慎行。

权力是神圣的，同时又具有两重性，弄不好还会出现异化。权力的特殊性，要求领导者应谨言慎行。毛泽东曾赞赏诸葛亮一生谨慎，把“惟谨慎”与“成大事”联系在一起，值得我们深思。邓小平也说过：“共产党员谨小慎微不好，胆子太大了也不好。一怕党，二怕人民，三怕民主党派，总是好一些。”国外有一气象研究所敦促员工尽力完善工作的口号是：“当我们做对了时，没有人会记得；当我们做错了时，没有人会忘记。”这都是出于对权力的高度负责和内心敬畏而提出的自律要求，让我们以此与广大领导者共勉。

（作者为中央社会主义学院中华文化教研部教授）

严复：强国必先铸民品

董永在

作为近代中国最著名的启蒙思想家和文化大师，严复可称得上是第一个传播西方现代思想的中国人。梁启超在《清代学术概要》中就认为，“西洋留学生与本国思想界发生关系者，复其首也”。严复认为，“群之治乱强弱，则视民品之隆污，主治者抑其次矣”。也就是说，一个国家强弱存亡很大程度上取决于民品的优劣，即民力、民智和民德的综合状况。如果民品恶劣，“则虽有善政，迁地弗良。淮橘成枳。一也；人存政举，人亡政息，极其能事，不过成一治一乱之局。二也。此皆各国所历试历验者”。张汝伦也指出：“严复的这个思想，已在现代政治史中得到充分证实。”这也是严复强国思想的核心所在。

民品是强国之基

严复在《原强》中写道：“是以西洋观化言治之家，莫不以民力、民智、民德三者断民种之高下，未有三者备而民生不优，亦未有三者备而国威不奋者也。”他运用“智”“德”“力”三个标准，说明了当时中国民族危亡的处境，揭示了自甲午战争中暴露出的种种败象：国防溃弱、官场腐败和人才凋零，在外的将士，“将不素学，士不素练，器不素储。一旦有急，……曳兵而走，转以奉敌”；而居庙堂之高的官吏，则“人各顾私，……于时事大势，瞢未有知。……其尤不肖者，且窃幸事之纠纷，得以因缘为利”。

要克服这种社会危机、实现国家富强，必须首先“鼓民力”“开民智”“新民德”。他还以日本为例，明治维新的领导者把增进民众知识、提高士兵的文化水平，看作是国家统一富强、发展近代工业和建造近代军队的重要条件。于是，他们在全国范围内兴办近代学校，普及教育，不惜一切努力提高就学率，鼓励私人出资办学，立足于从根本上改变日本的面貌。1912年，日本的就学率就达到95%。在高等教育方面，则采取高薪聘请外国教师和派留学生出国留学的办法培养学者。在推进日本富国强兵过程中，知识分子发挥了极大作用。

严复总结道：“故欲郅治之隆，必于民力、民智、民德三者之中，求其本也。故又为之学校庠序焉。学校庠序之制善，而后智仁勇之民兴。智仁勇之民兴，而有以为群力群策之资，夫而后其国乃一富而不可贫，一强而不可弱也。”也就是说，教育兴则民品优，民品优则国家强，国家强则不受欺。

民智是民品之急

严复认为，对于一个民族国家兴盛与社会经济发展来说，“民力”“民智”“民德”三者相辅相成，缺一不可。“徒力不足以为强且盛也，则以智。徒力与智，犹未足以为强且盛也，则以德。是三者备，而后可以为真国民。及其至也，既强不可以为弱，既盛不可以复衰”。

而三者关系中，严复早期认为“三者又以民智为最急”“民智者，富强之原”，为什么呢？主要是因为近代西方科技发达，而中国则在这方面大大落后于西方。因此，只有开民智，才能改变由于愚昧而产生的侵害民力的落后习俗，根据科学道理练筋骨、鼓血气、强体力；只有开民智，才能有效地传播自由、平等、民主、人权等现代意识，为现代社会奠定扎实的“民德”基础。他进一步指出：夫君权之重轻，与民智之浅深为比例。论者动言中国宜减君权、兴议院，嗟呼！以今日民智未开之中国，而欲效泰西君民并主之美治，是大乱之道也。

那么，如何开民智呢？严复认为，“欲开民智，非讲西学不可；欲讲实学，非另立选举之法，别开用人之涂，而废八股、试贴、策论诸制科不可”。他批评八股取士的科举制度是“锢智慧”“坏心术”“滋游手”。因此，“欲通知外国事，自不容不以西学为要图。此理不明，丧心而已。救亡之道在此，自强之谋亦在此。早一日变计，早一日转机，若尚因循，行将无及”。

民德是民品之帅

所谓新民德，就是创立议院，废除专制。严复认为中国积弱的基本原因是历代君王视臣民为奴隶，而臣民也以奴隶自居、自暴自弃、一盘散沙，缺乏凝聚力、责任感与爱国心。因此应该效仿西方民主制度，“设议院于京师，而令天下郡县各公举其守宰。是道也，欲民之忠爱必由此，欲教化之兴必由此，欲地利之尽必由此，欲道路之辟、商务之兴必由此，欲民各束身自好而争濯磨于善必由此”。严复在此一连串提出了五个“欲”，目的就是强调实行民主体制的重要性和紧迫性。

严复后期鉴于在学习西方过程中民德、官德的低劣，强调民德重于民智，提出并定格了“三民”的顺序，民德第一，民智第二，民力第三。他说：“居今而言，不佞以为智育重于体育，而德育尤重于智育。”并在1918年5月，严复应友人之邀为江西心远中学撰写校歌，这样写道：“天心欲启大同世，国以民德分劣优。我曹爱国起求学，德体智育须交修。”以德为先、德智体协调发展的这一思想，深刻地影响了近代中国直至现在。蔡元培、陈独秀、李大钊、鲁迅、毛泽东……几乎都受到严复这一思想的启迪。毛泽东将严复与洪秀全、康有为、孙中山一起并列为中国近代史上向西方学习的四大代表，其政治思想的启蒙贡献可见一斑。

2014年10月15日，习近平同志在文艺工作座谈会上也特别强调民德对于民族发展的重要性：“引导人们增强道德判断力和道德荣誉感，向往和追求讲道德、尊道德、守道德的生活。只要中华民族一代接着一代追求真善美的道德境界，我们的民族就永远健康向上、永远充满希望。”

总之，严复作为近代资产阶级启蒙思想家，堪称西方现代思想文化中国化第一人。今天，重温他为实现国家富强、民族振兴而筚路蓝缕的求索过程，仍然具有穿越历史时空的学术价值和意义。

（作者单位为武警指挥学院政治工作系）

“不致妨孤寒之路”

刘佰合

设立官卷，以“不致妨孤寒之路”，是清代建立官员子弟科举体制的根本意义所在

在科举考试中，由于官员掌握着体制内外的各种资源，其子弟（今所谓“官二代”）在和平民考生竞争时处于非常明显的优势地位，更可能因此徇私舞弊，这就和清朝廷开科取士、遴选真才的目标产生矛盾，对官员子弟参加科举考试进行规范和限制的官卷制度应运而生。官卷作为一种独特的制度，不仅体现了对官员的笼络与照顾，更是对该群体的约束和限制。

康熙皇帝在创立官卷的过程中起到举足轻重的关键作用，他于康熙三十九年（1700年）会试后敏锐觉察到科场存在严重问题，接连发出两个质问，一言“今年会试所中，大臣子弟居多，孤寒士子，未能入彀，如此欲令人心服，得乎”？再问“考取举人进士，特为得人耳。若或行贿夤缘而得之，则出身之本源不清，而欲冀他日之为忠臣良吏，得乎”？他提出“凡系大臣子弟，另编字号，令其于此中较阅，自必选择其文之优劣。大臣子弟，既得选中，又不致妨孤寒之路。如此，则于考试一事大有裨益”。此处所谓“不致妨孤寒之路”颇关紧要，体现了康熙帝对科举考试社会作用的深刻认识，也是清代建立官员子弟科举体制的根本意义所在。

一些大臣起初对康熙帝的方案很消极，康熙又令他倚重的李光地、张鹏翮等四人详议具奏，意在寻求支持。至十一月才确立了官卷制度的基本框架，直隶各省乡试在京三品以上及大小京堂、翰詹科道、吏礼二部司官，在外督抚提镇及藩臬等官，“子弟俱编入官字号，另入号房考试”，“会试满合字号、南北字号亦编官字号，每二十卷取一卷。云南等四省中额仍照现例行，不另编官字号”。后经更动调整逐步形成定制，“在京满州汉员文官京堂以上及翰詹科道、武官副都统以上，在外文官藩臬以上、武官副都统总兵以上，其子孙曾孙、同胞兄弟、同胞兄弟之子，皆编为官卷，其祖父伯叔毋庸编入”。应编官员范围后来呈现缩小趋势，逐步向高级官员集中，比如，吏礼两部因掌官员考核与科场事宜，其司员子弟一度列为官生，后皆取消。

官卷本为防止和纠正官员子弟侵占民卷中额而设，如何设计其录取方式也就显得非常重要。康熙时按照官民卷大约同等比例方式确定官卷中额。后来在实际运作过程中出现官卷录取过多过优的现象，违背了限制官员子弟的初衷，遂有减少官卷中额、甚至废裁官卷的建议，乾隆皇帝意识到官民分卷“立法之始，本为防弊，而彼时诸臣奉行者，不无偏袒子姓亲族之见，含糊具奏，分定中额，未免过多，遂使以怜恤寒畯之意，转成优幸缙绅之路，揆之情理，实未允协”，提出“中额贵有限制，而立法务在均平”的录取原则。按照该原则，各省乡试官卷按大、中、小省确定中额。该取中原则将定额录取与按比例录取结合在一起，官卷中数以定额为限，不得逾额多取，如官卷不敷，缺额则以民卷补足，相沿成为定例，仅在具体定额及比例方面偶有细微调整。

设立缜密的回避制度，很多考生因父兄或其他亲族做考官而丧失入场考试的机会，后为此短暂开设过“回避卷”

回避之法始于唐朝，至清已趋于缜密，有亲属回避、籍贯回避、命题回避、阅卷回避、磨勘官回避等规定，其中以亲族回避最为严苛周备，这里重点谈亲族回避。

顺治十五年（1658年）题准，“凡乡会试考官、同考官、监临、知贡举、监试、提调之子及宗族应试者”，“照例回避”，其后规定渐多，考官及其亲属范围逐步扩大，到光绪朝时堪称严密繁复。从朝廷立法角度论，这是要求考官子弟亲族回避以免嫌疑，而从考生方面来说，则意味着因父兄或其他亲族做考官而丧失入场考试的资格与机会。

雍正皇帝即位后对回避之法进行了较大改动，乡试从雍正元年、会试从二年开始考试回避官员子弟，此亦即回避卷之制，他认为“入闱各官为国家宣力，伊子弟反不得应试，殊属可悯”。回避官员子弟考试主要有两种形式，一是“另行考校”，如元年在午门内试以四书文二题、经文一题、表策各一题，从中取四人为举人。二是“一体考试”，即回避官生与其他考生一道入场考试，但另编坐号与字号，酌量取中入榜。乾隆九年，乾隆帝再改回避之法，他以“各科回避官生多寡不一，若遇人少之年，则入彀甚易，于科场条例亦不画一”为由，决定“自以照旧回避为是，嗣后不必一体考试”。乾隆九年和十七年，顺天乡试和会试回避卷先后停止考试，该制自产生到废止为时甚短，不过二三十年时间，可视为清代回避制度的另类插曲，但其意义却不应完全忽视。

清代官员异地为官，子弟多有随其生活者，在为官之地参加科举考试具有一定的合理性，但清代对官员子弟在其任职之地参加科举考试始终没有放开，明确规定“官员在现任地方令子弟等冒籍者，本生斥革，该员革职”。《钦定科场条例》虽然是在《冒籍》卷规定官员子弟不得在现任地方考试，其实质则是另一种形式的回避，即地域回避，立法本意在防杜官员借机滋弊，这也就意味着官员子弟必须回原籍参加考试。

清代对违例官员及其子弟处分极重，株连范围很大

清代关于官员子弟科举的各项规定日趋繁复细琐，官员及其子弟如敢于违犯条例，就要承担巨大风险，其惩罚具有两个特点，一是处分极重，再是株连范围很大。官卷凡出现以不应编入之人编入、应编入之人而不编入的情况，均应“由部指参议处”，处理人员株连范围很大，八旗官卷若混入民卷取中，“查系本家漏报，将本官革职、本生黜革”，如系佐领漏报，则将其降二级调用，参领降一级调用，都统、副都统及总管内务府大臣皆以失于查察而罚俸一年。对于不应编

入而假借冒充混入官卷者，或经查出与告发，照例治罪，本官革职、本生黜革，出结造送的教官州县均照循情例降二级调用，知府、直隶州、知州照蒙混造册例降一级调用，布政使降一级留任，巡抚与学政则罚俸一年。对应回避不回避而中式者的处罚是“本官革职、该生黜革”，江南与陕西乡试有关应回避的不入场官员，如匿报查出也是“本官革职”。对允许子弟在任官地参加考试的情况是零容忍，处分亦很严厉。

如何看待官员子弟科举制度

官卷之设，从表面看是对官员及其子弟的笼络及优待，因为官生中式比例要高于总录取比例，时有官卷过优之议，不断有官员试图将不应编入之人混入官卷，以致朝廷三令五申予以限制的状况也可说明此点。但若换一种角度审视，较之未设官卷之前，官员子弟的中式比例下降了；如果不立官卷，官员子弟与平民子弟一体应试，由于官员拥有更为丰富的资源和广泛的人脉，其子弟会有更高的取中机会，也就是说设立官卷、按比例定额录取的措施，实际上使官员子弟的录取比例及进取机会降低了。乾隆帝所谓官卷“既免滥取之弊，亦不致有妨孤寒”的说法正体现了推行官卷制的真正用意，也就是不与民卷争额，从这种意义上可以说官卷制是对官员及其子弟群体的约束和限制，制度设计者试图借此防止其利益借助于特权在科举领域恶性扩张，从而保证科举体系的平稳运行，亦利于统治基础的稳固。

官员子弟科举制度的核心本质是对特殊阶层的限制，这种限制同时在两个层次产生影响，一方面官员子弟的科举利益受到约束，甚至部分合理权利也被迫让渡，另一方面“不致妨孤寒之路”设计理念的实施，使平民获得了更多的进取和上升机会，这意味着社会基层的精英能够借助科举考试不断地流向统治阶层，在增强统治阶层活力的同时，更利于社会的稳定。

（作者为淮北师范大学副教授）

清代的铁帽子王其实不“铁”

刘文鹏

“铁帽子王”是一种俗称，在清代专指可以世袭罔替、永不降级的亲王、郡王宗室爵位。

清代宗室封爵按等级可以分为亲王、郡王、贝勒、贝子、镇国公、辅国公等十四级，其中唯亲王郡王可以称为“王”；按袭爵方式可分为“世袭罔替”、按次降级两类，按来源来说可分为功封、恩封两种，前者是指清朝开国时期军功卓著者，后者则指治国有为、皇帝降恩特封者。清初有礼亲王代善、睿亲王多尔衮、豫亲王多铎、郑亲王济尔哈朗、肃亲王豪格、庄亲王硕塞、克勤郡王岳托、顺承郡王勒克德浑八人，皆以有定鼎军功获封。清代中晚期又先后有怡亲王允祥、恭亲王奕訢、醇亲王奕譞和庆亲王奕劻四人，以恩封获得世袭罔替之荣。

清初“八大铁帽子王”的说法自乾隆时期才有，是后世之人对他们的尊称

清初“八大铁帽子王”的说法自乾隆时期才有，是后世之人对他们的尊称，而非入关之时即已具备。八王之得以入世袭罔替之列，经历了一个较长的曲折历史。

努尔哈赤时期，视八旗为私产，以嫡出子孙如代善、皇太极、多尔衮、岳托、豪格等分领各旗，其弟舒尔哈齐之子阿敏、济尔哈朗也先后领有一旗，称为大贝勒、和硕贝勒、旗主贝勒等。贝勒即“王”的意思，当时，封爵制度尚未定型，贝勒称呼、待遇也尚不明确和统一。

1636年皇太极登极称帝，建国号大清，开始正式颁行封爵制度。这年四月，皇太极下旨分叙诸兄弟子侄军功，册封大贝勒代善为和硕礼亲王，贝勒济尔哈朗为和硕郑亲王，墨尔根戴青贝勒多尔衮为和硕睿亲王，额尔克楚虎尔贝勒多铎为和硕豫亲王，贝勒豪格为和硕肃亲王，岳托为和硕成亲王（后坐事降为贝勒，崇德四年去世，追封克勤郡王），阿济格为多罗武英郡王，杜度为多罗安平贝勒，阿巴泰为多罗饶余贝勒。（《清太宗实录》卷二十八，天聪十年四月丁酉）这次分封有亲王、郡王七人，贝勒两人。另外，代善第三子萨哈廉原为贝勒，此前一直卧病，当时未能封王。就在皇太极分封诸王后一个月有余，萨哈廉病逝，皇太极前往祭奠，“入哭者四，悲恸不已”，随后追封他为颖亲王。此次分封基本奠定了后来所谓“八大铁帽子王”的基础。

顺治元年（1644年）十月，顺治帝登基，册封多尔衮、济尔哈朗辅政叔王，复豪格亲王爵位，册封先前坐事降级为郡王的阿济格和多铎为亲王，封岳托之子、多罗贝勒罗洛宏为多罗衍禧郡王，封皇太极第五子硕塞为多罗承泽郡王。这次分封中新增加的是硕塞，顺治八年又以军功被晋封亲王。硕塞死后，其爵位由子博果铎承袭，改称庄亲王。

即使有了这两次正式封爵，但清朝也仍未明确这些宗室爵位可以世袭罔替，以后各王爷贝勒的爵位或黜或降或改，其级别、名称还多有变更。所以，清初诸王的爵位在传承过程中，变动不居，没有制度化。直到乾隆四十三年（1778年），借为睿亲王多尔衮平反之机会，乾隆皇帝恢复诸王最初封号，并将爵位世袭罔替的制度明确颁行。

乾隆此次恢复清初诸王爵位名号的原则，一是凡有爵位名称变迁者，以各王去世时的爵位名号为准；二是后世子孙偶有错误以致降爵者，仍恢复原来爵位；三是凡生前犯谋逆一类的严重错误而被削爵、降爵、处死者，或后人因严重错误被削爵、黜宗室者，不再恢复。

也就是说在乾隆之前，各“铁帽子王”的爵位或降或削，并没有同时存在过。直到乾隆帝给他们厘清世系，恢复爵位名号，清初八大宗室王爵世袭罔替之制终于明确，“八大铁帽子王”的俗称也才终于形成。

铁帽子可以世袭罔替，但戴铁帽子的人可以随时更换，其实一点都不“铁”

清朝对宗室诸王的管理非常严格，即使是铁帽子王也有错必惩，动辄获咎，亲王、郡王的名号犹如铁帽子可以世袭罔替，但戴铁帽子的人可以随时更换，其实一点都不“铁”。

礼亲王代善死后，其王爵初由儿子满达海承袭，满达海也是英勇善战，功勋卓著，但顺治十六年，在他死七年后被追论，原因是清算多尔衮时，满达海占有多尔衮家财物，被严厉追论，其墓碑被推倒，爵位降为贝勒，亲王之封被削夺，转给代善的另外一个孙子杰书。嘉庆二十一年（1816年），礼亲王昭梿因为凌辱大臣，又在府内对下人滥用刑罚，结果被削爵，圈禁近一年。崇德八年（1643年），岳托的儿子、袭爵的罗洛宏因为嗜酒妄议，及在皇帝宸妃丧期内搞丝竹娱乐活动，被削爵。康熙二十一年（1682年），岳托后裔、平郡王讷尔苏因为殴毙、殴伤无罪之人也被削爵，爵位转给他人。

如何看待清代分封铁帽子王的历史意义

铁帽子王是好是坏，需要将其置于中国历史和清代历史的具体环境中去分析。

首先，这一制度彻底结束裂土分封制度，可有效维护大一统政治。

《清文献通考》将宗室爵位之封列入“封建”条目，意味着将其类比为中国传统历史上的分封制度。周代以来，分封制度在中国历史上绵延不绝，但受封者封藩就国，往往拥兵自重，形成对抗中央的势力，更多是扮演一个造成割据战乱的消极因素。

与以往相比，清朝的封爵制度对诸王的约束显得简约而严厉。宗室诸王有封号而无封地，亦无属国，只能在京城王府居住，不得随意离开，他们不能到地方任职，无法干预地方政务，更不能掌握军队。宗室王公的所有俸禄待遇、王府官员、护卫等全部纳入国家统一管理，由宗人府按规定给予。而且，清代宗室封爵，除非有特旨可以世袭罔替者，一般其爵位都只能逐代递减，待遇逐渐降低，使国家财政负担不致过重，也彻底消除了宗室诸王形成尾大不掉势力的各种潜在因素。

其次，就清代本身历史而言，世袭罔替的宗室分封制度，是树立中央权威、消除旗主政治的结果。

清初宗室诸王对中央的威胁不在于裂土分封，割据一方，而在于对八旗各旗当作私产加以控制，各拥旗众，可与中央分庭抗礼。

在统一女真各部的过程中，随着部众日繁，努尔哈赤将投附和征服的女真人逐渐整编成旗。随着诸子侄、孙子长大成人，努尔哈赤像分家产一样将八旗分给诸子孙。当时后金所有军国政务全由努尔哈赤与八旗旗主讨论决定。努尔哈赤之所以这样做，其中一个重要原因是担心死后诸子相争，同室操戈，兄弟屠戮，希望用这种家产均分、八王共治的格局来维持政治平衡，防止个人专权。

然而，这种格局使后来继位的皇太极受到很大掣肘，不但每天上朝处理政务时要与其他三大贝勒一起“南面而坐”，而且要先给几位兄长施礼。皇太极曾抱怨自己“不过一黄旗贝勒而已”。更严重的是，几大贝勒各拥本旗重兵，相互间矛盾日渐尖锐，使新兴的满洲力量时常面临分裂危机。

由此，从皇太极继位到多尔衮摄政，再到顺治皇帝亲政，清初皇帝集权政治发展的一个主要趋势就是提高皇室在八旗中的地位，削弱、阻断宗室旗主们的势力。不仅如此，清朝中央还极力弱化宗室旗主与各旗部众的关系，借鉴明朝的内阁、六部等官僚制度治理国家，取代八旗旗主政治。八旗管理被纳入到国家的官僚体制中，八旗不再是宗室旗主私产，宗室诸王的利益也用封爵制度规范下来。所以，仔细梳理会发现，乾隆时期确认的八大铁帽子王，代善、多尔衮、多铎、济尔哈朗、豪格、岳托六人本身就是当初的旗主贝勒，至于后来分封的庄亲王硕塞是皇太极之子，帝室后裔，而萨哈廉、勒克德浑一系，也是皇室的忠实追随者。

总之，清朝对宗室管理之规范与严格大大超过以往朝代。然而，这种封爵制度毕竟是以保证满洲宗室贵族世袭特权为目的的，其落后性不言而喻，随着革命爆发，民国肇建，清代的铁帽子王便永远地退出了历史舞台。

（作者为中国人民大学清史研究所副教授）

文化只有古今之别没有东西之分吗

郑大华

时下有一种观点颇为盛行，即认为文化只有古今之别，没有东西之分。其实，此种观点并不新鲜，五四时期的陈独秀、胡适等人就是这种观点的宣传者。

五四时期，不少学人认为，东西或中西的差异是“古今之别”，而非“东西之分”

1915年陈独秀在《新青年》第1卷第1号发表的《法兰西与近世文明》一文中，依据进化理论，把人类的文明划分为古代与近代两个时期，并认为东方的印度和中国这两种文明“虽无不相异之点，而大体相同，其质量举未能脱古代文明之窠臼”。尽管在生物时间上它们也属于“近世”，但从文化进化的程度而言，“犹古之遗也”，是古代文明。真正可称为“近世文明者，乃欧罗巴人之所独有，即西洋文明也；也即欧罗巴文明。移植亚美利加，风靡亚细亚者，皆此物也”。因此，东西或中西的差异是“古今之别”，而非“东西之分”。

继陈独秀之后，胡适也对东西文化之差异的实质作了“古今”的说明。他的《读梁漱溟先生的〈东西文化及其哲学〉》一文，不同意梁漱溟所谓东西文化走的是不同的“文化路向”的观点，而认为人类走的都是“生活本来的路”，因“环境有难易，问题有缓急，所以走的路有迟速的不同，到的时候有先后的不同”。比如，现在的欧洲民族，在历史上也曾有过1000年的黑暗时代，也曾十分迷信宗教，也曾极力压抑科学，也曾为卫道的热心烧死了不少科学家和独立思想的人。只是近300年来，“受了环境的逼迫，赶上了几步，在征服环境方面的成绩比较其余各民族确是大的多多”，成就了今日的特点：民主与科学。而中国和印度的落后，“也不过是因为缺乏那些逼迫和鞭策的环境与问题”。由此，胡适要人们相信，东西文化的差异是发展速度的差异，速度快的西方早已进入近代，而速度慢的中国和印度还停留在古代。

把东西文化之差异的“古今”性质表达得再清楚不过的是常燕生。1920年他在《国民》第2卷第3号发表《东方文明与西方文明》。在文中他将人们所列举的种种东西方文明的不同特征列了一张表：

东方文明的特色	西方文明的特色
重阶级	重平等
重过去	重现在
重保守	重进取
重玄想	重实际
重宗教	重科学
重退让	重竞争
重自然	重人为
重出世	重入世

常燕生关于东西文化差异的概括

常氏认为，人们所举的东西文化之上述不同特色并没有错，“但这两个关系是前后的，不是对峙的”。东方和西方不是自古以来就存在这种种差异，实际上“所谓东洋文明的几种要素，往往在古代西洋诸国里也可以找出来”。如“重宗教”，是古代民族所同有的，其他如重阶级、重过去、重保守、重玄想、重退让、重自然、重出世，无论东方还是西方，在古代“全是一样，并没有分别”。只是由于西洋文明已从古代进入现代，因而具有了上表所列的种种新的特色，而“东方文明从古以来并没有改变。我们现在所勉强可以叫作东方文明的一点东西，仍然就是几百年几千年以前的那点东西。所以古代文明所有的特质现在仍然保存”。据此，常燕生得出结论：“一般所谓东洋文明和西洋文明之异点，实在就是古代文明和现代文明的特点。”人们之所以会把这两种文明的差异说成是“东西之分”，一个重要的原因是，他们一方面“误以近代文明的特质当作西方文明的特点”，另一方面又“误以古代文明的特质当作东方文明的特点”。

就文化的民族性来考察，中西文化体现的是两种不同民族的文化特征，彼此并无高下优劣之分

实际上，上面所说的“古今之别”和“东西之分”，指涉的是文化的时代性和民族性。文化的时代性，是指为社会发展特定历史阶段上的一般状况所决定的文化之时代特征，它反映的是世界各民族在相同的时代或相同的社会发展阶段上的文化之共同要求。文化的民族性，是指体现在特定民族文化类型中，并作为基本内核而存在的民族文化心理素质的特征，它是形成民族文化的基础，具有与民族共存亡的超时代性。

民族性是不能作善恶之价值判断的，各民族文化之民族性没有高下优劣之分，都有存在的理由和意义。时代性是可以并应该做出价值之善恶判断的，文化的性质由时代性所决定，处于不同时代和历史发展阶段的民族文化因此而划分出先进与落后、优越与低劣。作为文化的两种属性，时代性与民族性既彼此联系，又相互依存。任何文化形态，既是一定时代的文化，又是一定民族的文化；既是特定民族在一定时代的文化，又是一定时代的特定民族文化，是时代性与民族性的集合体。如果借用哲学术语来表述，“时代性”体现的是文化的“时间”，“民族性”体现的是文化的“空间”，而任何文化都是“时间”和“空间”的统

一。我们很难想象，只有时代性而没有民族性，或只有时间而没有空间的文化的存在。

以文化的这两种属性分析东西或中西文化，从文化的时代性来看，五四时期讨论的是中国的传统文化和西方的近代文化，中国的传统文化在性质上属于古代，特别是封建时代的文化，而西方的近代文化是近代资本主义文化，它们是一古一今，在时代性上后者比前者具有不可比拟的优越性；但就文化的民族性来考察，中西文化体现的是两种不同民族的文化特征，彼此并无高下优劣之分。如前所述，文化是时代性与民族性的集合体，所以东西或中西文化既是“古今之别”，又是“东西之分”。然而陈独秀、胡适等人却不作如是观。他们虽然正确地认识到中国的传统文化和西方的近代化是“古今之别”，认识到它们分属于不同的历史时代，但拒不承认它们同时又是“东西之分”，体现的是两种不同民族的文化特征。常燕生在《东西文化问题质胡适之先生——读〈我们对于西洋近代文明的态度〉》一文时就一再声明：“我对于世界文化问题的意见，向来主张世界上并没有东西文化之区别。现今一般所谓东西文化之异点，实即是古今文化之异点，所以拿东西文化来作对称的研究，实在根本不成理由。”

我们既要承认在时代性上，认识到向西方学习的必要性，又要看到在民族性上，中国文化的独特价值和意义

把东西或中西文化的差异归结为“古今之别”，这有助于人们发现中国传统文化与西方近代文化的时代差距，从而认识到向西方学习的必要性和紧迫性，但它又容易导致人们对本民族文化的全盘否定，因为在时代性上，中国传统文化几乎比西方近代文化落后了整整一个时代。胡适等人也正是通过中西文化之时代性的比较而得出中国传统文化百不如人之结论的。反之，把中西文化的差异归结为“东西之分”，这有助于人们发现中国文化存在的价值和意义，从而增强民族自豪感和自信心，但它又容易促使人们滋长消极的文化自满情绪，拒不承认中国固有文化的落后，反对用西方近代文化对中国传统文化进行批判、改造和变革。五四时期，以杜亚泉、梁漱溟为代表的一些文化保守主义者就是以文化之民族性

的不同为理由反对五四新文化运动提出的向西方文化学习之主张的。

此后，在20世纪30年代和80年代等一系列的文化论争中，东西或中西文化的差异是“古今之别”，还是“东西之分”的问题又多次被提了出来，但总的来看，通过争论，人们越来越清楚地认识到，文化是时代性和民族性的集合体。

就文化之时代性而言，中国传统文化中那些集中体现了封建社会之时代特征的内容，诸如“别尊卑，明贵贱”的等级观念，“天不变、道亦不变”的历史观，“君为臣纲、父为子纲、夫为妻纲”的伦理道德，“罢黜百家，独尊儒术”的道统思想，重农抑商、鄙视科技的行为取向，重人治、轻法治，以及所谓“刑不上大夫，礼不下庶人”的特权思想，“民可使由之，不可使知之”的愚民政策，知足寡欲、乐天安命的人生态度，尤其是封建专制主义的政治思想等等，都是适应封建的政治和经济的产物，是传统文化中的糟粕，是封建统治阶级意志的反映，与现代生活显然是不相适应的。

但从文化之民族性来看，中国传统文化中所包含的那些能体现其民族特征的内容，诸如刚健有为，自强不息；求是务实，好学不倦，发愤忘忧，勤俭勇敢，刻苦耐劳，任劳任怨，坚韧不拔，不畏强暴，热爱和平，舍生取义，勇于进取；富贵不能淫，贫贱不能移，威武不能屈；三军可夺帅，匹夫不可夺志；先天下之忧而忧，后天下之乐而乐；天下兴亡，匹夫有责等，是中华民族在长期的发展过程中形成的优良文化传统，是传统文化中的精华。尽管它们也程度不一地打上时代的烙印，但从其精神实质来看，它们不仅适合于古代，也适合于现代，可以为我们批判地继承，成为未来新文化整合的基础。

因此，任何片面地强调文化的时代性或文化的民族性，只承认文化有“古今之别”，而否认文化又有“东西之分”，反之，只承认文化有“东西之分”，而否认又有“古今之别”的观点，都是错误的，我们既要承认在时代性上，中国文化的落后一面，有向其他先进文化学习的必要性和紧迫性，同时又要看到在民族性上，中国文化的独特价值和意义，从而树立起民族的自豪感和自信心。

（作者为中国社会科学院近代史研究所研究员）

一次历时88天的“整风学习的考试”

李东朗

1942年10月至1943年1月召开的西北局高干会，用整风精神澄清历史是非、检讨现实中存在的问题，有力地推进了西北局和陕甘宁边区的工作，对全党整风运动产生了示范作用。其召开的方式和体现的精神，在今天仍有一定的借鉴意义。

针对陕甘宁边区工作中出现的偏向和问题，中共中央决定召开西北局高干会

陕甘宁边区是抗战时期中共中央的所在地和敌后抗日根据地的总后方，在1941年抗日战争进入最艰苦年代之后，出现了一些影响边区工作和发展的问题。这些问题主要有以下几个方面：

一是边区的统一领导问题。1942年9月1日，中共中央为了战胜抗日根据地面临的严重困难，决定实行一元化领导，“统一各地区的党政军民工作的领导”。但是陕甘宁边区在党政军民关系中存在一些不协调的现象。同时，“内战时代的领导方法和工作作风”即主观主义、教条主义仍大量残存，官僚主义的作风也还不同程度地存在。

二是对西北历史问题存在争议。1935年“左”倾路线领导人在西北苏区实行

大规模“肃反”，刘志丹、张秀山、习仲勋等西北苏区的主要开创者和领导人被逮捕关押，200余名忠于革命的领导干部罹难，造成西北苏区即将倾覆的严重危机。中共中央恰在此时到达陕北，立即停止和纠正了这个“肃反”。但由于当时形势和条件限制，这次“肃反”没有被彻底否定，对被错误“肃反”人员的工作安排“存在着不公平”。这种情况，受到“肃反”迫害的同志颇不满意，“肃反”领导人也拒绝承认错误并推卸责任，由此导致思想波动，不时引发争论，影响工作。

三是为了防御国民党顽固派的军事进攻，中共中央调回八路军一二〇师三五九旅等部队，同时针对敌后抗战严重困难的形势，抽调一些干部到延安学习，结果边区脱产人员增加，财政困难，出现人民群众负担加重、各方面特别是军队因供给不足而不满意的现象，军政军民关系因此出现一些矛盾。

有鉴于此，1942年8月22日中共中央政治局会议决定，召开西北局高干会议，议题是整党、整政、整军、整财经、整关（党政军民关系）、整民（人民团体领导机关）、整学（学习），目的是整顿作风，理顺关系，加强陕甘宁边区的工作。

会议以整风的形式举行，在批评和自我批评中分辨是非，提高认识，解决问题

西北局高干会议于10月19日开幕，1943年1月结束，历时88天；陕甘宁边区党、政、军、民系统县团级以上干部266人与会，中央学习组、在中央党校学习的部分领导干部209人列席会议。会议的规模之大和时间之长在陕甘宁边区历史上都是空前的。会议主要内容如下：

第一，讨论西北苏区历史是非，总结经验教训。会议伊始，由西北局组织部长陈正人报告整党问题。但在接下来的讨论中，与会者纷纷要求用整风精神来研究西北苏区历史的经验教训，解决过去的争论，达到思想上的一致。大会主席团接受了这些意见，会议于是由整党问题的讨论转为结合西北革命历史进行整风的大会讨论。习仲勋、张秀山、贾拓夫、马文瑞、张邦英等46人在大会上发言，用自己的亲身经历来揭发和批判党内“左”倾错误领导给革命事业带来的危害，肯定以刘志丹为代表的正确路线和西北苏区的重大作用，对历史上的是非问题进行

了辨析。会议充满民主气氛，允许互相辩驳。执行“左”倾路线的一些领导人多次发言，解释问题或阐述个人认识，并且都有程度不同的自我批评。11月17日和18日，高岗代表西北局作了《边区党的历史问题检讨》的报告。这个报告由胡乔木、贾拓夫根据会议讨论的情况综合整理、经过许多人反复讨论，最后得到中共中央书记处的批准，实际上是代表中央对边区历史问题作出正式结论。

第二，检讨了抗战以来陕甘宁边区党内存在的主要偏向。从11月24日起，会议转入检讨抗战以来边区党内的思想倾向和在政策上、组织上存在的主要问题。林伯渠、陈正人等分别作了关于统一党的领导问题、关于整顿政府和关于整顿民众团体的报告。与会者结合这些报告展开热烈的讨论，70多人在会上发言，对思想上的主观主义残余、政策上的糊涂观念和组织上的闹独立性、自由主义与军阀主义现象的问题，对在党政军民相互关系中存在的缺点，进行了严肃的批评和深刻的自我批评。为了纠正存在的偏向和问题，会议在组织上作出四点决定：其一，边区一级的党政军民工作都统一于西北局领导；其二更加密切军队与地方的关系；其三，要克服党政军民各部门本身组织关系上存在的问题；其四，整顿党的组织，重新登记党员。为此，党、政、军三方面分别召开了地委、县委书记联席会议，专员、县长联席会议和军政干部会议，根据会议精神分别讨论和布置了各部门的工作。

第三，明确了边区今后的基本任务。这是大会的最后一个主要议题。当时，财政经济困难是陕甘宁边区面临的突出问题，也是引发党政军民矛盾的一个主要原因，但是解决这个困难的意见则各不相同。为此，毛泽东在广泛调查研究的基础上为会议撰写《经济问题与财政问题》的长篇报告，提出“发展经济，保障供给”和“公私兼顾”“军民兼顾”的经济工作方针，特别强调了认真做好经济工作在全局中的极端重要性。与会人员经过充分讨论，完全接受毛泽东报告中的意见，认为生产与教育是边区当前的主要任务，而“生产更有决定性”，明确发展生产是边区党的基本任务。为此，大会奖励了在生产、财经工作中成绩卓著的王震、习仲勋等22位同志和延安县、三五九旅、延安县南区合作社等集体，对六个假公济私贪污腐化的干部进行了处理。

会议取得了重大的成效，其成功的经验值得重视和借鉴

西北局高干会取得了积极的影响、重大的成效。

第一，解决了影响陕甘宁边区工作的重大问题。解决了边区党的统一领导问题，明确了边区当时任务的主要方向（生产与教育），边区党在思想上、路线上、政策上和组织上得到统一，“气象一新，各事均好办了”。陕甘宁边区后来发展的历史，对此做了充分的证明。

第二，推进了边区整风运动的深入发展。高干会是在边区开展整风运动的基础上举行的，会议清算了主观主义、宗派主义、党八股在边区党历史上的危害，用整风精神检讨了当时党内存在的各种不正确的思想倾向，对之开展了积极的思想斗争，在提高高级干部思想认识的同时向他们昭示了下一步开展整风运动所要克服的实际内容。

第三，对全党整风产生重要影响。会议揭发的“左”倾路线给西北革命和根据地造成的严重危害，震惊与会人员。毛泽东在整风运动中说，大部分同志深深懂得，党的路线正确与否对革命成败有决定的意义，加深了他们对整风运动重大意义和必要性的认识，提升了他们参加整风运动的自觉性。

西北局高干会之所以能够取得成功，主要原因有二。一是中共中央的高度重视和直接领导。毛泽东出席开幕式和闭幕式，在会议期间作了《关于党的布尔塞维克化十二条》和《经济问题与财政问题》的重要报告；任弼时自始至终参加并领导会议，做了代表中共中央意见的《关于几个问题的意见》的报告；朱德、刘少奇、陈云、彭真、叶剑英、贺龙、吴玉章、徐特立等领导人也在大会上作了重要讲话。二是把整风与边区实际存在的问题结合起来。毛泽东在会议开幕式的讲话中指出：此次会议“应该是整风学习的考试”。会议坚决贯彻了这个精神，实行广泛的民主，展开批评与自我批评，大检查、大整顿，着重从思想认识的角度检讨党内外所发生的一切问题，通过积极的思想斗争解决分歧，提高认识。西北局高干会因其重大成效而留名史册，其经验是一笔宝贵的精神财富，值得永远重视和汲取。

（作者为中央党校教授）

承续张载“哲学四句教”的义理

刘梦溪

宋代思想家张载（字横渠），一个非常了不起的大学者，关中人，他有名的四句教是：“为天地立心，为生民立命，为往圣继绝学，为万世开太平。”这四句话气象大得不得了。试想，“为天地立心”“为生民立命”，这是何等胸怀！张载讲的“为生民立命”，来源于孟子的思想，因为孟子讲过“正命”，即人要正常的生，正常的活，正常的死。不要让民众过不正常的生活。“为生民立命”的意思在此。最后的指向，是“为万世开太平”。这是张载很有名的“横渠四句教”。

但是大家不会太留意，张载还有另外的四句话，我叫它“哲学四句教”。这四句话是：

有象斯有对，对必反其为，有反斯有仇，仇必和而解。

这四句话讲的是哲学，是一种宇宙观，是对整个宇宙世界发为言说。这个世界上，有无穷无尽的一个个的生命个体，可以称作“象”，这些“象”，有动物的，有植物的，每个“象”都不同，真是万象纷呈。“有象斯有对”，说的就是各个“象”的不同。即使是美丽的女性，也有不同的美。所以古人有一种说法，叫作“佳人不同体，美人不同面”。西方也讲，世界上没有完全相同的两个生命个体。

“对必反其为”，是说一个一个的“象”，不是静止的，而是流动的，由于不同，其运行、流动的方向也不相同，甚至有时候运行的方向会相反，所以会出现“有反斯有仇”，发生互相间的纠结。这个“仇”字，古代的写法是“讎”，左边一个“隹”，右边一个“隹”，中间是个言论的“言”。隹是一种尾巴很短的鸟，“讎”字的本义是两只短尾巴鸟在叽叽喳喳地讨论、争论、辩论。人有人言，鸟有鸟语。这个“讎”字，也就是“校讎”的“讎”。我们都有过校书的经历，那是很难的事情，所谓无错不成书，很难一个字都不错。古人的“校讎”，更是一件大事。你拿这个本子，我拿那个本子，一点一点地校，互相讨论，争论得面红耳赤。“讎”字，形象地反映出校对中发生的讨论、争论、辩驳。但两只短尾巴鸟互相辩驳的结果，并不是这只鸟把那只鸟吃掉，而是达成共识，或达成妥协，求同存异，走向“仇必和而解”。

这个世界有差异，但差异不必然发展为冲突，冲突不必然变成你死我活，而是可以“和而解”的。你想，用这个思想来看待世界，不是可以减少很多不必要的麻烦吗？当然，不是一方的问题，而是彼此双方乃至多方的问题，所以需要沟通对话，需要多边商量。“有反斯有仇”，就是沟通、对话、商量、研讨，互相校正的过程。

而对话需要智慧，需要异量之美。前几年学界去世的一位长辈，人类学家、社会学家费孝通先生，他晚年也有过四句话：

各美其美，美人之美，美美与共，世界大同。

他讲的是文化问题，意思是说，世界上的各种文化，都有其长处，“各美其美”，是指首先要看到自己文化的长处，不自卑，不失重，不妄自菲薄。“美人之美”，是说光看到自己文化的长处还不够，还要看别人文化的长处。世界上各种文化都有其长处，是不言而喻的，问题是能否看到并且承认其长处。各种文化的优长，彼此互赏，相互吸收，众美和合，就是“美美与共”。如此的结果，“世界大同”并非不可以期待。

这四句话的关键是头两句，既要“各美其美”，又要“美人之美”。看到自己的长处相对容易，难的是看到别人的长处。中华文化当然有自己的长处，这些长处我们慢慢地会把它发掘出来，叫它在现代社会发用。但是，其他文化也有它的长处。美国的历史虽然短，但是美国文化的影响力岂能轻看。欧洲大陆的文化不用说，英、德、意、法、西班牙及北欧各国，各有千秋。日本、韩国的文化，也不能轻看呵。日本是世界上最讲究卫生的民族，也是一个长寿的民族。韩国近年的文化辐射力明显增强。所以，我们学习文化史也好，学习文化学理论也好，养成以雍容的心态看待今天的世界也好，费老的这四句话都非常重要。

这个世界能走向和解吗？21世纪已经过去十几年了，20世纪是纷争的世界，发生了两次世界大战。21世纪人类还要被这些灾难吞噬吗？人类不可以用自己的理智和智慧，使这个世界变得更好些吗？中国文化里面的“和而不同”的思想，就是要你正确认识这个世界的生存状态，正确认识人类自己，以寻找危机的解决之道。我主张这个世界应该更好些，应该更和谐，应该没有恐惧，应该有话好好说。

我国另一位大学者钱钟书先生，早年写了一部著作叫《谈艺录》，1948年该书出版的时候，他在序言中写下两句点题的话：

东海西海，心理攸同；南学北学，道术未裂。

在钱钟书先生看来，东西方文化虽有不同，但不论东方人还是西方人，其心理的指向常常是相同的。所谓人同此心，心同此理。比如说人类都不喜欢灾难，都喜欢美丽的东西，喜欢蓝天白云，不喜欢雾霾。人的原初的情感与理想期待，本来都是这样。只不过意向与行为的交错，造成了诸般的矛盾。钱先生的话启示我们，要透过人类生活的矛盾交错的困扰，看到心理期许的一致性规则，看到不同背后的相同。

更主要的是要明白，“不同”是“和”的条件。承认不同，容许不同，欣赏不同，才能走向和谐。如果一切都相同，穿衣相同，走路相同，思维相同，说话相同，那这个世界就令人窒息了。

（作者为中国艺术研究院终身研究员、中央文史馆馆员）

我们对中国古代法处在误解之中

马小红

近代以来，学者对中国古代法律有些纠结。为什么？因为中国古代的法律体系在1902年沈家本修律的时候解体了，我们目前的法言法语源自西方。在古代与近代两种不同的语境中研究法律史，如果我们不借助现在的法律语言来谈法治的话，我们就会和国际社会、国际学界脱轨，也难以在国际学界取得发言权或话语权。因此法律史学者一方面要复原中国古代法律的原貌，告诉诸位，中国古代法是怎样的；另一方面，我们还要解释清楚，古代的法在近代社会当中有一些什么样的影响，其与现代法律的关系是什么。这真是非常纠结的问题。

也许是因为如此，直至现在，我们对中国古代法仍处在深深的误解之中。误解来自两个方面，一是以西方标准来品评中国古代，认为中国古代没有“法”，至少是没有西方人引以为自豪的民法。二是近代中国在学习西方的法治时，简单将法家当成法治的传统资源，而批判儒家。

法家的“法”是“制度”的意思。翻译成现代汉语，法家就是制度家。我们要探究的是法家“法”的概念和我们现在“法”的概念，究竟是吻合的还是南辕北辙的？大家知道法家的“法”和君主专制主义相联系。我们现在所说的法和什么相联系？应该与民主制度相联系。所以在一些形式要件上，法家的法也许和我们现在的法有一些吻合，但在实质内容上两者却是水火不容的。那么当我们用现代的法治摒弃了法家君主专制主义的法的时候，中国古代的法还剩下什么？有人说中国古代的法就是刑。现在法史教材也说中国古代的法“重刑轻民”“以刑为主”。这也是一种误解。说中国古代的法“以刑为主”，那只是法家和秦始皇的“法”。自汉以后，中国古代的法是礼法结合、以礼为主的法。在此有必要说说礼在中国古代社会中的作用。

先说民法，中国古代没有成文的民法，一直为现代法学界诟病。那么中国古代社会靠什么解决家庭、婚姻、邻里间的纠纷，靠什么维系人与人之间的关系和秩序，从实质看中国古代当然也有类似现在民法的一些规定和原则。那么中国的民法在什么地方？中国古代的民法就在“礼”中。中国古代没有国家制定的民法，以现代法学的标准来看是一种缺陷。

历史地看问题，那未必不是古人的一种智慧。因为中国古代是农耕社会，是熟人社会。“五里不同风，十里不同俗”。风俗为民法之母，什么样的法能“统一”王朝所辖的生活于如此辽阔地域中却又风俗迥异的人们言行？在熟人社会中，还有什么比礼对人们言行的约束更合理、更简约，而且更有效的规范吗？

再说宪法，也有法学界的同仁认为，中国古代法就是制度的堆砌，没有精神、没有理论。大家知道，一个文明社会必有其相匹配的法。那么中国古代法文明是中华文明的黑洞吗？说到中国古代法就以“简陋、野蛮、残酷”来形容，那么野蛮、残酷的法，怎么能匹配辉煌的中华文明？其实，中国古代法与同时代其他国家和地区相比，并不简陋，也并不是缺乏理论与精神的支持。只是近代以来我们在法的研究中摒弃了礼，而礼恰恰是中国古代法的核心所在，是中国古代法制定的依据，是法的灵魂。中国古人愿意追问善法、恶法，用古人的话来说即“祥法”“虐法”。祥法、虐法的判断标准是什么？是礼。一般来讲，符合礼的法，就是善法，也是老百姓能够接受并遵守的法。礼的正当性是中国古代社会的共识，并不是统治者强加于人们的。为什么会有这样的共识，因为其产生于人们共同生活的经验中。就功能、性质而言，礼在中国古代社会起到了现在所说的宪法的某些作用。在统治者要求老百姓做顺民的同时，老百姓也可以依据礼来评判帝王，约束帝王。礼在中国古代几千年正是起着这种作用。春秋战国礼崩乐坏，统治者不守礼，《诗经》中就记载当时的老百姓骂道：“人而无礼，胡不遄死？”你连礼都不遵守了，还不如赶快去死。汉朝的时候礼教复兴。中国古代社会历经数千年，许多制度条文随着时代的变化而变化，或随着时代的变化而被废除了，但是镌刻在人们心目当中的礼始终没有变。礼在中国古代社会所起的就是创制、复制和修复的作用，这就类似宪法的作用，从这个角度讲我们不能说中国古代没有宪法。

民法、宪法、权利观念等等，中国古代没有这样的概念，但不是说没有可以比拟的因素，没有这样的资源。这些资源更多的需要从儒家而不是法家思想当中去寻找。比如儒家对礼的阐述。

儒家的思想凝聚了中国古代社会的共识，“共识”非常重要。我们现在法律上一些问题的产生，就是因为找不到共识。比如，我在明德楼课堂里告诉学生，“法”的目的在于维护每一个人的权利。你根据法律可以保障自己的权利不受侵犯，在保障自己权利的同时也要尊重他人的权利。等我出了门，打上车，出租车司机师傅会问：你是教什么的？我就很害怕，一般我会说是教历史的。为什么不敢说是教法律的？师傅会生气。司机师傅会说：“什么法律，不就是治理老百姓的吗？”一下子就回到了秦始皇时代，连汉朝都不到。知识分子讲的法，强调的是权利的维护。而许多掌握了公权力的人，讲法时则只强调秩序，讲的是法家的法。其实，我们今天寻找法治的传统资源，更应该讲儒家的法。

（作者为中国人民大学法律文化研究中心副主任、教授）

对“兄弟阋于墙外御其侮”的真诚觉悟

张记合

主持人

张记合

话题嘉宾

刘庭华（军事科学院原军史研究部研究室主任、研究员）

李东朗（中央党校党史教研部教授）

爱国主义奠定了抗日民族统一战线的政治思想基础，形成了前所未有的民族凝聚力

主持人：2015年是抗战胜利70周年。在艰苦卓绝的中国人民抗日战争中，民族觉醒和民族精神升华达到了全新的高度。正如毛泽东所说“这个战争促进中国人民的觉悟和团结的程度,是近百年来中国人民的一切伟大的斗争没有一次比得上的”。在共赴国难、奋勇抗敌中形成的伟大抗战精神，对抗战胜利起着什么样的作用?

刘庭华：抗日战争是中华民族由衰败走向复兴的历史转折枢纽，在这场关系到民族存亡的生死决战中，中华民族发扬了“兄弟阋于墙外御其侮”和“天下兴亡，匹夫有责”的爱国主义精神，空前地团结在抗日民族统一战线伟大旗帜下，

一致对外，共赴国难，奋勇抵抗，最终打败了日本法西斯侵略者，为中华民族的复兴开辟出了一条新道路。

毛泽东在全面抗战之初曾指出：以国共合作为主的抗日民族统一战线的建立，“这在中国革命史上开辟了一个新纪元。这将给中国革命以广大的深刻的影响，将对于打败日本帝国主义发生决定的作用”。抗战的历史证明，毛泽东的预言十分正确。可以说，抗日战争的胜利，就是抗日民族统一战线的胜利。爱国主义奠定了抗日民族统一战线的政治思想基础，形成了前所未有的民族凝聚力，而中国共产党倡导的以国共合作为主的抗日民族统一战线的建立、巩固和发展，则对团结全国人民坚持持久抗战、争取抗战的最后胜利，起到了核心主导作用。

李东朗：抗日战争是拯救民族危亡的伟大的民族解放战争，是一场与强大敌人的殊死决战。日本帝国主义侵略中国，是欺负中国落后和不统一。为了战胜日本帝国主义，中国共产党积极倡导和努力促成抗日民族统一战线，坚持、维护和发展这个统一战线，从而为全民族的抗日战争的发动、坚持和胜利奠定了基础。中国共产党是运用抗日民族统一战线的典范，它的成功实践彰显了统一战线作为“法宝”的巨大能量。

主持人：我们都知道，中国共产党积极倡导和努力促成抗日民族统一战线的建立，此外，还有哪些派别在倡导停止内战、合作抗日？为此又做出了哪些努力？

刘庭华：中国的民主党派，抗战前大都既反对国民党蒋介石的一党独裁专政，又不赞成中国共产党的政治主张，一直从事第三条道路的斗争。但是，在中日民族矛盾逐渐成为中国的主要矛盾的形势下，它们纷纷改变了自己的政治主张，或放弃反蒋，或放弃反共，都把反对日本帝国主义侵略作为自己的首要任务，并积极从事推动全民族的团结抗日活动。

中华革命党把自己的组织改为中华民族解放行动委员会，放弃反蒋斗争，主张联蒋抗日，号召“一切革命的党派，在目前民族生死的最后关头中，应该放弃其宗派的偏见，在反帝反日战争和土地革命两大原则下，形成巩固的联合战线”。可以说，这代表了所有民主党派的共同愿望。“七七”事变后，各民主党派纷纷发表宣言，呼吁全民族团结起来，一致抗日。中华民族解放行动委员会在宣言中说：“抗日的利益包括一切人民的利益，除汉奸外，全国上下，不分党派，无间朝野，为民族利益计，为自身及子孙计，都应牺牲其特殊利益、财产生命，团结一致，共同向战胜暴日的一个目标前进。”当国共两党结束了十年内战实现第二次合作时，各民主党派更是表示坚决支持和拥护，并积极加入到抗日民族统一战线中来。

国民党各政治、军事集团及地方实力派为争权夺利一直明争暗斗，闹独立，搞分裂，上演了一幕幕军阀混战的丑剧。但是，随着日军侵占东北，侵入华北，各政治、军事集团和地方实力派逐渐认识到只有全民族团结御侮，中国才能免遭灭亡，因而要求结束内战，团结抗日的呼声愈来愈高。

不少军事集团公开反对蒋介石“攘外必先安内”的内战政策，有的甚至主张联共抗日。以陈济棠、李宗仁为首的西南实力派集团发动“两广事变”，要求北上抗日。张学良、杨虎城发动“西安事变”，力促团结抗战。这都有力地促使了蒋介石国民党放弃“攘外必先安内”的错误政策，下定团结抗战的决心。到全国抗战爆发时，国民党各政治、军事集团及地方实力派全部都取归顺国民党蒋介石政府的态度，表示服从国民政府，团结一致抗日，同仇敌忾，英勇杀敌。

由合作破裂到再次合作，为促成抗日民族统一战线的建立，国共双方都做出了重大的让步和贡献

主持人：自国共第一次合作破裂到第二次合作开始，历时十年。由破裂到再次合作，其艰难性可想而知。为了促成抗日民族统一战线的建立，国共双方都做出了哪些让步和贡献?

刘庭华：为了促进抗日民族统一战线的建立，中国共产党表现出伟大的政治胸怀和宽宏精神，在对蒋介石国民党的政策上，由“反蒋抗日”变为“逼蒋抗日”，最后调整为“联蒋抗日”。

李东朗：中国共产党在“九一八”事变后就旗帜鲜明地提出坚决抗日的主张，号召全国民众“实行坚决的斗争，一致反对日本强暴占领东三省实行帝国主义压迫的战争”；指示全党加紧组织领导发展群众的反帝国主义运动，大胆地警醒群众的民族自觉，“真正地进行革命的民族战争”。1932年4月15日发布《对日战争宣言》，决心“以民族革命战争，驱逐日本帝国主义出中国”。据此，在东北极其

险恶的环境中，组织掀起大规模的抗日战争（东北抗联）。虽然在关内由于一直遭受国民党大军的“围剿”，抗日主张无法实施，但拯救民族危机之志始终不渝。

刘庭华：1933年1月，毛泽东、朱德以中华苏维埃临时中央政府和工农红军军事委员会的名义，向国民党军队提出停止内战，一致抗日的建议。1935年8月，中国共产党发表了著名的《八一宣言》，主张“无论各党派间在过去和现在有任何政见和利益的不同，无论各界同胞间有任何意见上或利益上的差异，无论各军队间过去和现在有任何敌对行动，大家都应当有‘兄弟阋于墙外御其侮’的真诚觉悟，首先大家都应当停止内战，以便集中一切国力（人力、物力、财力、武力等）去为抗日救国的神圣事业而奋斗”。12月，中国共产党又在瓦窑堡会议上确定了建立抗日民族统一战线的策略方针，在全国各界引起了广泛的反响。从此，停止内战，一致抗日的呼声成为势不可当的潮流。

李东朗：1936年3月的晋西会议，再次确定“党的任务是，准备开展大规模的民族革命战争，反对日本帝国主义的侵略。目前的关键，是建立统一战线——抗日的人民统一战线”。1936年，中国共产党中央在东征回师陕北的通电中，对国民党呼吁“停战议和，一致抗日”。其后，建议国共第二次合作：“只有国共的重新合作以及同全国各党各派各界的总合作，才能真正的救亡图存。”

刘庭华：1937年2月10日，中国共产党致电国民党五届三中全会，声明在政策上作出更大调整，保证“（一）在全国范围内，停止推翻国民政府之武装暴动之方针；（二）苏维埃政府改名为中华民国特区政府，红军改名为国民革命军，直接受南京中央政府与军事委员会之指导；（三）在特区政府区域内实施普选的彻底民主制度；（四）停止没收地主土地之政策，坚决执行抗日民族统一战线之共同纲领”。“七七”事变后，中国共产党立即发表抗战宣言，通电全国，呼吁“全中国同胞，政府，与军队，团结起来，筑成民族统一战线的坚固长城，抵抗日寇的侵掠！国共两党亲密合作抵抗日寇的新进攻”。7月15日，中国共产党又向国民党送交《中国共产党为公布国共合作宣言》，重申共产党的四项保证。

李东朗：这四点保证是中国共产党做出的重大的“带原则性的让步”。它彰显了中国共产党抗日救国的坚毅精神和顾全民族利益大局的博大胸襟，是中国共产党为中国抗日战争做出的重大贡献。

而国民党方面，随着民族危机的日益严重，1935年11月，国民党五大宣言在“最后关头”“自必决然牺牲”（抗日）。1936年7月，国民党五届二中全会表示“如遇有领土主权再被人侵害”即是其容忍的“最低限度”。在对日本退让酿成大祸后，国民党被迫逐步改变对日政策。

刘庭华：国民党作为中国当时最大和最有影响的党，在“九一八”事变后一直推行“攘外必先安内”的错误政策，丢失了东北三省和华北不少国土，遭到全国人民的强烈反对和谴责。但西安事变后，国民党蒋介石加大了准备抗战的力度，改组国民政府，调整内外政策，加紧抵抗日本侵略的军事准备，并开始国共第二次合作的谈判。“七七”事变后，国民党蒋介石进一步坚定了抗战的决心。7月17日，蒋介石在庐山发表谈话强调“如是战端一开，就是地无分南北，年无分老幼，无论何人，皆有守土抗战之责任，皆应抱定牺牲一切之决心”。8月13日，日军进攻上海，14日，国民政府发表《自卫抗战声明书》，宣称：中国决不放弃领土之任何部分，遇有侵略，惟有实行天赋自卫权以应之。15日，蒋介石下达全国抗战的总动员令，蒋介石国民党政府还开放了党禁，承认了包括共产党在内的其他政党的合法性，释放了政治犯，接受并实现了第二次国共合作，承认了共产党领导的陕甘宁边区政府的合法地位。

抗日民族统一战线的建立是实现全民族抗战的前提，而正面与敌后两个战场的战略配合是抗战胜利的基石

主持人：国共两党根据自身情况，开辟了正面和敌后两个战场，国民党担任正面的正规战，共产党担任敌后的游击战。在统一战线的旗帜下，两个战场是如何互相配合共同御敌的？有哪些比较经典的合作抗敌？

刘庭华：抗日民族统一战线的建立是实现全民族抗战的前提，而正面与敌后两个战场的形成，则是打败日本侵略军的重要保证。

“国民党担任正面的正规战，共产党担任敌后的游击战，是必须的、恰当的”。统一战线内的这种分工，既符合全国抗战军事战略上的需要，又符合国共两党和两军的自身情况。国民党掌握全国政权，控制全国资源，拥有200余万人

的正规军，且装备水平远远高于中国共产党领导的武装力量，理所当然地担负正面战场的正规战。中国共产党所领导的抗日武装力量数量少，装备差，但政治素质高，善于做群众工作，长于游击战和运动战，独立作战和生存能力强，适于担负开辟敌后战场、坚持敌后抗战的战略任务。两个战场缺一不可，在统一战线旗帜下，发挥各自的优长，采取不同的作战形式和手段，以抗击日本侵略军。两个战场的相互配合，构成了有利的战略布局。

主持人：前期抗战的主战场是正面战场，这期间，敌后战场积极配合正面战场体现在哪些方面?

刘庭华：敌后战场形成之后，主要在战略上积极地配合和支援正面战场。这种配合、支援主要表现在两个方面：

一是作战行动上的配合、支援与策应。当正面战场国民党军队与日军进行徐州、武汉会战时，八路军以主力一部挺进冀鲁平原，牵制日军第2军，威胁其后方，分散其兵力。同时，以晋冀豫、晋察冀边区部队破坏平汉、津浦的铁路交通，以支援正面战场。特别是1940年六七月间，当日军加紧政治诱降，并攻占宜昌，造成溯江而上威胁重庆之势时，八路军于8月在华北敌后战场，发动了有105个团20万人参加的“百团大战”，时间长达5个多月，歼灭日军4万多人，瘫痪了日军的主要交通线，把日军的主要注意力引到自己身上，减轻了正面战场的压力，极大地支援了正面战场。

二是战略、战役指导上的协商与建议。全国抗战开始后，当国民党当局准备研究全国抗战的战略方针和部署时，中国共产党中央提出了《确立全国抗战之战略计划及作战原则案》，并以周恩来、朱德、叶剑英为代表，参加在南京召开的国防会议，积极建议全国抗战应实行持久战的战略方针和外线速决运动战的作战指导原则。当国民党军与日军进行忻口、太原会战时，毛泽东和周恩来、朱德、彭德怀向第二战区司令长官阎锡山建议：要加强娘子关和龙泉关的防守，指出这是保卫太原和山西腹地的关键所在；战役部署上应将主力置于敌两翼，一部扼守正面阵地。然而，这些建议并未被接受，导致日军突破娘子关，威胁太原侧后，造成全线溃败、太原失守的危局。与此相反，在正面战场第五战区进行徐州会战时，周恩来、叶剑英等的建议，得到李宗仁的赞同，从而取得了台儿庄战役的重大胜利。此外，周恩来、叶剑英等还在国民党南岳军事会议上，介绍敌后战场抗战、特别是游击战的经验，并协助国民党开办游击干部训练班，培训游击战的指挥员。

主持人：在局部战争和后期抗战中，敌后战场逐渐成为抗战的重要战场。这期间，正面战场对敌后战场的配合有哪些？

刘庭华：在战略防御阶段，正面战场对敌后战场的配合、支援也是比较好的。正如毛泽东所说“国民党在1937年和1938年内，抗战是比较努力的，同我党的关系也比较好”。从“七七”事变到武汉失守，历时一年零四个月，正面战场先后进行了太原、淞沪、徐州和武汉四次大规模战略防御性战役，共毙伤俘日军25万余人，牵制日军70余万。国民党军为此付出了伤亡104万余人的重大代价。因而，正面战场为彻底粉碎日本帝国主义“三个月灭亡中国”的速战速决的战略企图，起了决定性的作用。同时，它在客观上则起到了掩护八路军、新四军和华南抗日游击队等在敌后实施战略展开的配合作用。

在敌后战场形成之初反击日军围攻的作战中，国民党军或直接配属八路军参加反围攻作战，或间接配合，都曾起到了积极作用。1938年二三月间，八路军第120师在反击日军对晋西北抗日根据地围攻的作战中，得到了国民党军傅作义部的积极配合，从而粉碎了日军的围攻，并收复了7座县城。4月，八路军总部指挥第129师、第115师第344旅和山西新军一部，在配属的国民党军2个军另3个师的积极配合下，粉碎了日军3万余人对晋东南抗日根据地的“九路围攻”，并收复县城17座。对配属作战的国民党军，毛泽东曾明确指示八路军总部和各师指挥员：“应采取爱护协助的态度，不使他们担负最危险的任务……力戒轻视、忽视、讥笑、漠不关心及把他们置于危险地位等错误态度。”

尽管抗战进入战略相持阶段后，正面战场在其最高当局消极抗战的错误政策引导下，“敌人来了招架一下，敌人退了袖手旁观”，但它仍然牵制日军兵力30%至40%，这对敌后战场在客观上也起到了战略配合作用。

不难想象，如果只有一个战场，那么日军就可以毫无顾忌地集中全力于一线作战，并且可以充分利用其占领区的人力、物力等资源，不断增强其战争力量，使其“以战养战”“以华制华”的战略图谋得逞。虽然两个战场的配合并未尽如人意，但两个战场都功不可没。两个战场抗战的历史告诉我们：一个民族、一个国家，要战胜强大的敌人，要独立、富强，屹立于世界民族之林，就必须团结一致，同舟共济。

在共同御敌过程中，国共双方也有斗争和摩擦，但抗日民族统一战线始终没有破裂

主持人：在抗战过程中，国共两党斗争过、摩擦过，有时甚至矛盾十分尖锐，如国民党发动的反共高潮，但统一战线却始终没有破裂，其原因主要是什么？

刘庭华：在抗战中，参加到统一战线中来的各阶级、政党、派别、军事集团，虽然也为各自的利益斗争过、摩擦过，有时甚至矛盾十分尖锐，但统一战线却始终没有破裂，其主要原因是中国共产党起了核心主导作用。共产党不仅倡导和推动了抗日民族统一战线的建立，实现了全民族的抗战，而且还有力地维护了统一战线的巩固和发展。

李东朗：对于抗日民族统一战线和国共合作，中国共产党有着非常清醒的认识和明确的主张。一是抗日民族统一战线是中国抗日战争发动、发展、坚持和取得胜利的基础和前提条件，而国共合作又是抗日民族统一战线的主干，因此明确提出对国民党“用长期合作支持长期战争”“使阶级斗争服从于今天抗日的民族斗争”两个基本理念，并强调“这是统一战线的根本原则”，积极推进和努力维护以国共合作为基础的抗日民族统一战线。二是坚持独立自主原则。保持党在政治上、组织上、思想上的独立性，坚持党对抗日武装和敌后根据地的领导权；对国民党又联合又斗争，与其联合抗日，并不懈努力，而对其反共、损害抗日的方面进行斗争。

与国民党的斗争，中国共产党秉持“以斗争求团结”的方针和“有理、有利、有节”的原则。在粉碎第一次反共高潮后，派人与国民党谈判，达成停止武装冲突、划区抗战的协议。皖南事变给中国共产党造成重大损失和极大伤痛，中国共产党在政治上、宣传上进行猛烈反击，但在军事上取守势，把反击限制在不破裂国共合作和影响中国抗日战争大局的范围，并且在打退第二次反共高潮后，仍配合了国民党的豫南会战。与此同时，提出“坚持抗战，反对投降；坚持团结，反对分裂；坚持进步，反对倒退”的政治口号，号召和动员国内外力量和各种因素制约国民党顽固派的反共倒退行为。从而对国民党顽固派形成有效制约，

阻止了时局逆转。

需要强调的是，这种应对对于有着长期遭受国民党屠杀和镇压历史、记忆深刻的中国共产党来说，殊为难得。正是中国共产党的理性而有节制的应对，维系了国共合作和抗日民族统一战线的局面。

抗战胜利的历史昭示我们，团结对中华民族来说是非常重要的，爱国、团结永远是中国人民的精神支柱和力量源泉

主持人：抗战胜利的历史对我们有哪些启示？

刘庭华：抗日战争的炮火硝烟已经熄灭70年了，所有中华儿女都十分怀念和珍惜抗战中全民族同仇敌忾、英勇杀敌的高昂民族斗志和民族凝聚力，十分怀念和珍惜抗战中全民族团结一致、舍身救国的高度爱国主义精神。在抗日战争时期，中华民族的爱国主义与中国古代历史上的“爱国须忠君”和近代“爱国排外”的狭隘民族主义，均有本质的区别。抗战胜利的历史昭示我们，团结对中华民族来说是非常重要的，爱国、团结永远是中国人民的精神支柱和力量源泉。今天，在建设中国特色社会主义的新的历史时期，我们仍然要继续高举爱国、团结的旗帜，调动一切积极因素，同心同德，艰苦奋斗，为实现祖国的统一与富强，民族的复兴和昌盛而不懈奋斗。

主持人：古往今来，任何一个有作为的民族，都以自己的独特精神著称于世。近代以来，中国人民为争取民族独立和解放进行的一系列抗争，就是中华民族觉醒的历史进程，就是中华民族精神升华的历史进程。这种民族觉醒和民族精神升华，在抗日战争时期达到了全新的高度。我们牢记这段历史并不是要延续仇恨，而是要以史为鉴、面向未来，我们应当大力弘扬伟大的抗战精神，从抗战精神中汲取营养，将伟大的抗战精神转化为实现国家富强、民族振兴的强大动力，奉献于实现中华民族伟大复兴的中国梦的追求之中。

（作者为《北京日报》理论周刊编辑）

明清士大夫休闲观蕴有积极因素

刘志琴

生活，是人类生存的基本需求问题。不同的国家、种族和地区的人们，生活需求相似，都需要吃饱穿暖，而理解各有不同，对于什么是生活？古今中外，从圣贤哲人到凡夫俗子，各有各的理解，各有各的说法。

读书、休闲是生活的主要内容，中外都有相似之处，其中尤以休闲是生活价值的关键所在

中国古人很早就有“生活”这一用语，最古老的书籍《尚书》述：“‘流’谓徙之远方；‘放’，使生活。”《孟子》说：“自作其灾孽，不可得而生活也。”东汉应劭的《风俗通义》记载，秦始皇释放燕国的人质太子丹，使他“可得生活”。在古人眼中，给犯人流放、释放人质回国，或诅咒对手自作孽不得活命，都称之为“生活”，这就是让人活下去，使生命继续存在，因此“生活”与“活命”是同一意义。

让生命延续，以求得生存，是生活的第一要义，从这层意义上说古今中外都相同。然而生存虽是生活的第一要义，可这是人类最原始的本能，是活命的最低需求。1943年美国心理学家马斯洛在《人类动机的理论》中提出人类生活需求

的五个层次，即生理需求、安全需求、社交需求、尊重需求和自我实现的需求。1954年又推出《激励与个性》一书，进一步提出求知与审美的需求，自此人们将生活的需要概括为五个或七个层次，更多的学者是将后两种归入自我实现的层次。因此生活需求的五层次论，成为当今最能反映人类自由发展的重要学说。

人类怎样才能达到自由发展？这有赖于人们在谋生之外有更多的时间由自己支配，发展自己的兴趣和爱好。通常是指“休闲”，这有两种内容：一是休息、娱乐；二是自行选择爱好，发展特长，增加智慧和才干。这看似非物质形态，却兼有创造物质和精神价值的双重功能。对于休闲，文化人是最敏感的阶层，他们常是有产有识之士，不愁衣食，不必为谋生操劳。读书、休闲是生活的主要内容，中外都有相似之处，其中尤以休闲是生活价值的关键所在，中西文明古国各有各的特色。

亚里士多德在《政治学》一书中，把休闲视为“科学和哲学诞生的基本条件之一”。他创立的学派称为“散步学派”，因为许多思想的生成，是在散步闲谈中撞击的火花。雅典的文化人多喜欢在野外聚会，社会交往和争论也多半在户外，甚至在喧嚣的街市或运动场上都能听到文人雅士的滔滔雄辩。不仅如此，“学校”一词源于希腊文，本意就是休闲，这就是说，学校是一个休闲场所，可以自由地追求知识，用现代语言说，这是快乐阅读。

明清士大夫对休闲的看法已蕴有现代因素，
而在中国思想史著作中几乎不置一词，
不能不说这是一种偏失

虽然古希腊思想家把休闲看作学习知识的条件，给予高度评价，但把休闲作为一门学问，以人的休闲方式、休闲心理和休闲观念为研究对象，才有100多年历史。马克思是始创者之一，他高度评价休闲的作用，在他笔下，“休闲”又译为“自由时间”，即非劳动时自由支配的时间。马克思预言未来的社会：“衡量财富的价值尺度将由劳动时间转变为自由时间，‘即增加使个人得到充分发展的时间’”。又说：“自由时间，可以支配的时间就是财富本身。”现代瑞典哲学

家皮晋尔认为，休闲是一种精神状态，是沉浸在创造过程中的机会和能力。美国心理学家凯利认为，休闲是人一生中最能持久发展的舞台。毫无疑义的是，随着时代的前进，对休闲的价值愈来愈得到重视。这是生命活动的最佳状态，人类发展自我的必要条件。因此在西方思想史上提倡休闲、享受休闲、高度评价休闲作用的思想家不胜枚举。被中国学者忽视的是，明清士大夫对休闲的看法已蕴有现代因素，而在中国思想史著作中几乎不置一词，不能不说这是一种偏失。

身闲心不闲，念念不忘进德明理，在明清士大夫中，“清闲”也是一种立身处世的境界

休闲，从字义的象形来看，“休”是人倚木而息；“闲（繁体字）”是倚门望月，都表现为一种宁静、安闲的状态，形象地表现了我们祖先对休闲的最初认识。在古籍中的用语，也是指非劳动时的休息状态，如：“民亦劳止，汔可小休。惠此中国，以为民逑。”“劳农夫，以休息之。”“劳而不休，亦将自息。”从先秦民歌《诗经》到政治家的高论，都是将休息看成劳动的补充，是恢复劳动力的手段。

明人说“休闲”，惯用的语词为“清闲”，别小看这一字之差，却有境界的不同。对“清”字，中国人是情有独钟，在汉语词汇中，许多美好的称誉，往往是清字当头：卓越的才能是清才，志行高洁的称清士，儒雅的文章称清文，廉洁奉公的官员称清官，纯洁的友情为清交，还有清秀、清名、清醇、清流等等，凡属令人敬重的人品、举止，物性、事理，几乎都要冠上一个“清”字。休闲以“清”当头，极大地提升了休闲的品位。

明代士大夫从对“清闲”的欣赏中，表现出类似古希腊哲学家的价值观：

“读书，最乐之事，而懒人常以为苦；清闲，最乐之事，而有人病其寂寞。就乐去苦，避寂寞而享安闲，莫若与高士盘桓，文人讲论。何也！‘与君一席话，胜读十年书’。既受一夕之乐，又省十年之苦，使宜不亦多乎？”

“春去春来，白头空自挨。花落花开，红颜容易衰。世事等浮埃，光阴如过客。休慕云台，功名安在哉！休想蓬莱，神仙真浪猜。清闲两字钱难买”。

他们藐视功名，浮云富贵，把清闲看成人生的最大快乐，不论是独坐空庭，或是谈学论辩，无拘无碍。可这要有相应的条件，那就是有一个清雅的环境，士大夫们最向往的是，“竹楼数间，负山临水；疏松修竹，诘屈委蛇；怪石落落，不拘位置。藏书万卷其中，长几软榻，一香一茗，同心良友，闲日过从，坐卧笑谈，随意所适，不营衣食，不问米盐，不叙寒暄，不言朝市，丘壑涯分，于斯极矣”！这里有喜逢知己，坐卧谈笑的，也有面壁沉思，自甘孤独的。无锡园林有一“忘言斋”，悬挂的一联是：“几年埋迹在丘樊，一室重关可避喧。窗外云峰常满目，主人终日复何言？”不论是动，是静，追求的是一种怡然自得的情怀。

静时，不是无所作为，“凭虚独得超然意，万物尽从静里观”。这是中国士大夫的思考方式，在明末风动一时，具有启蒙建树的李贽自称“四海闲人”，标榜“闲中无事，好与前辈出气”。前文所引“闲之中，可以进德，可以立言，可以了生死之故，可以通万物之理”。表明中国思想家与古罗马哲人一样，也是在清闲中思考万物之理，所不同的是思考的内容不一样。在古代西方引起人们激辩的是世界的本原是水，是火，是气，还是数？这是对哲学的探讨。而中国士大夫热衷的是三不朽，即立德、立言、立功。身闲心不闲，念念不忘进德明理，所以清闲在中国士大夫中，也是一种立身处世的境界。

晚明吏治腐败，党派纷争，皇帝不上朝，官员不理公务，相互间党同伐异，争名逐利，从中央到地方卖官鬻爵成风，但有一官半职，便贪赃枉法，人们不堪其扰。官僚机构千疮百孔，正如万历首辅方从哲所说，国家机构已到了“职业尽失，上下解体”的地步。士大夫们自幼接受崇尚名节的教育，眼看朝政的败坏，有人为虎作伥；有人置若罔闻；有人变成假道学；但也有一批修身养德之士，在浊浪翻滚的官场中，不愿同流合污，急流勇退。在这种背景中，很容易出现两种人，即隐士和狂人，这在明代形成一道风景线。

（作者为中国社科院近代史所研究员）

古代人才兴国的微型标本

张国刚

三家分晋之后，魏国成为战国首个崛起的大国。魏国崛起的原因是多方面的。就天时而言，当时的秦国还在沉睡，齐国国君大权旁落，楚国内乱不止，魏国四周无强敌。就地理优势而言，魏国横跨黄河南北，主要领地包括今日之山西南部、河南北部，以及河北和陕西的部分地区，都是当时经济文化最发达的中原区域。但最重要的还是“人和”因素，魏文侯、魏武侯父子两代国君，在开国之后数十年，积极有为，励精图治，讲信修睦，使魏国成为强盛一时的大国。

不拘一格识人、用人，调节好各方面的利益关系

先说外部的“人和”。在外交政策上，魏文侯致力于三晋结盟、营造和平的环境。韩国曾前来借师伐赵，赵国也曾想借师伐韩，魏文侯采取和事佬的态度。“韩借师于魏以伐赵。文侯曰：‘寡人与赵，兄弟也，不敢闻命。’赵借师于魏以伐韩，文侯应之亦然。二国皆怒而去。”开始韩赵都不满于魏国。后来，知道魏文侯是希望两家和平友好，“皆朝于魏”。魏国促成了三晋的结盟，自己因此成为盟主，“诸侯莫能与之争”。

在内部的“人和”上，首先是通过改革，化解矛盾；同时注意识人、用人，

儒法并用，不拘一格，调节好各方面的利益关系。

战国的改革自三晋始。三晋之中，魏文侯首用李克（一般认为李克即李悝）变法。李克（公元前455年—前395年）变法的宗旨是为了富国强兵，所谓“尽地力之教”就是国家鼓励垦田、激励农耕。他颁布的《法经》，“以为王者之政莫急于盗、贼”，即要有效保障百姓的生命权和财产权。《法经》曾被商鞅带到秦国，是商鞅变法的指导思想。《晋书·刑法志》说：“秦汉旧律，其文起自魏文侯师李悝（克），悝（克）撰次诸国法，著《法经》。”又说，“商君受之以相秦”。李克出自儒家，又是法家的鼻祖。钱穆《先秦诸子系年》的《序》中说，法家固然起源自儒家（“法原于儒”）。这是有一定道理的。儒家思想只要务实，用之于治国实践，就不能没有法制手段。汉代以后号称崇儒的政治家（唐太宗）、政论家（贾谊）莫不如此。而其源头则出自魏文侯的老师李克。

魏文侯治国用了两种不同类型的人才

《史记》和《资治通鉴》都津津乐道李克的一则轶事。一天，魏文侯向李克请教国相人选：“先生总是告诉寡人，家贫思良妻，国乱思良相。魏成与翟璜这两位大臣，先生看哪一位更合适担任国相？”李克没有说具体人选，只谈了谈自己对识人的看法：“居视其所亲，富视其所与，达视其所举，穷视其所不为，贫视其所不取。”也就是说，要细致地观察他的行为：居常看他亲近谁，富贵看他结交谁，显赫看他保荐谁，困顿时看他何事不为，贫穷时看他何利不取！李克说，凭这五条您就足以确定国相人选了，何必征求我的意见！魏文侯大喜，说先生回去吧，我知道选任谁做国相了。李克的这一套识人术在春秋战国时代不乏类似表述，后代也流衍甚广。其核心思想一是行胜于言，二是人以群分。

刚出门，李克就碰到了翟璜。翟璜笑眯眯地问，听说今天国君就选相一事征求您的意见，结果是谁啊？李克说，我猜测国君会选择魏成。翟璜刷地变了脸，愤愤不平地说：我哪一点比不上魏成？

魏成、翟璜的差别在哪呢？魏成把自己的绝大部分俸禄都用来搜罗人才，向国君推荐了卜子夏、段干木、田子方。这三个人都是大名鼎鼎的儒门高手。卜子夏是孔子的得意门生，在孔子最优秀的学生中，他以“文学”见长。有人甚至认为《论语》的编纂就出自子夏及其门人之手。子夏在魏国讲学授业，创立了一个“西河学派”，其中不乏经世英才。李克崇尚法治，兼习儒术，大概就受到子夏等人的影响。汉武帝之前，儒家思想不曾被统治者真正奉行过。有之，则从魏文侯始。魏文侯师从子夏学习经艺，向隐居不仕的段干木请教治国之道，聘著名儒商子贡（即孔子爱徒端木赐）的入室弟子田子方为客卿，引起当时诸侯震动，“文侯由此得誉于诸侯”。《史记·魏世家》记载说，秦人曾欲伐魏，有人提醒：“魏君礼敬贤人，仁爱国人，上下和合，未可图也。”

当然，翟璜也向国君推荐了许多优秀干才。比如，西河郡守名将吴起，治理邺地的能臣西门豹，攻打下中山国的大将乐羊，乃至太子的师傅屈侯鲋等。这些人都是杰出的文臣武将，各有所长。于是，我们就发现，魏文侯治国用了两种不同类型的人才。卜子夏、段木干、田子方有道德上的优势，儒家自律比较严，同时还有战略上的开阔视野，追求修身、齐家、治国、平天下。他们是帝王之师，“坐而论道者也”。而吴起、西门豹在不同岗位上各司其取，是分而任事者也。根据李克的说法，魏成推荐的人，国君以之为师；你翟璜推荐的人，国君以之为臣。你识人的眼界，还是比魏成差一截。翟璜认同了李克的说法，为先前的失态向李克道歉。

“国君不仅需要各行各业的干才，更需要能够帮助其提升境界和格局的指导者”

治国理政，需要各种人才。“五常异禀，百行殊轨，能有兼偏，智有短长”（《人物志》）。李克认为国君不仅需要各行各业的干才，更需要能够帮助其提升境界和格局的指导者。下面这两则故事可以说明这一点。

一次，魏文侯与田子方在一起吃饭，欣赏音乐。魏文侯说：钟声不和谐，左边的声音好像略高。田子方只是笑笑，没有吱声。魏文侯迷惑地问：你笑什么？难道不是这样吗？田子方说：“臣听说，为君者致力于辨官，不着意辨音。如今主公着意辨音，臣担心会忽略对官员的识辨。”田子方的意思是说，为君之道，无非用人任事，国君关注的重点当在用人当否，不宜对臣下的具体工作，作即兴式品头论足。田子方不愧是儒商子贡的高足，深谙领导艺术。

还有一次，魏文侯的嗣子魏击（约前432年—前370年）路遇田子方，下车伏谒施礼。田子方并没有还礼。魏击很不高兴，冲着田子方大声嚷道："富贵者骄人乎？贫贱者骄人乎？"意思是说，是富贵者可以高傲，还是贫贱者可以高傲呢？田子方平静地回应道，当然是贫贱者可以，富贵者不能。诸侯傲慢失其国，大夫傲慢失其家（封邑）。失去国家和封邑了，要想重新获得就没有那么容易了。我贫贱之人，言不听，计不从，拔腿就走，到哪里去不是贫贱呢！魏击，即后来的魏武侯，犹如被当头棒喝，赶紧向田子方谢罪。

田子方教导太子的道理也发人深省。有担当、有事业、对未来有期待的领袖人物，应该比他人更自律更克己。司马光《稽古录》卷十六《历年图序》，相当于《资治通鉴》的大纲。他在文中论及五种不同的人君：创业之君、守成之君、陵夷（出现危机谓之陵夷）之君、中兴之君、乱亡之君。这些人君的差别不全是因为才能有高下，更取决于其自我约束和自我管理能力的差异。司马光认为，同样是中等才能，能够自我约束，即可守住家业不坠，是为守成之君；倘若不能自修，就会出现衰败的危机，是为陵夷之君。领导首先要学会管理自己，说话、处事、为人，要比一般人更加严格要求自己，才能在更高的平台上，管理更宏大的事业。

魏文侯治国理政，不仅有成就，而且有经验。这些经验构成了中国古代明君治国的微型标本。

（作者为中国唐史学会会长、清华大学历史系教授）

巡视制度：历代相沿的监察制度

余少祥

巡视制度是中国每个朝代的君主都采用的一种监督行政官员的监察形式，目的是震慑百官，巩固和强化其统治地位，因此在国家监督体制中具有举足轻重的地位和作用。

古代巡视制度的几个特点

从监察对象看，古代巡视制度主要是针对各级官员，防止其对君主不忠、谋反或违法乱纪，为巩固和强化君权服务。从职能上看，巡察官员主要有五项职责：一是监督朝政，驳正违失；二是纠弹百官，察举非法；三是检查政务，考察民情；四是推鞫狱讼，审录冤枉；五是广施恩惠，举荐人才。如果要总结一下，中国古代巡视制度具有如下特点：

官员职责明确，有完备的法规依据和法规保障。如汉代的《刺史六条问事》隋代的《刺史巡察六条》唐代《巡察六条》以及明代的《出巡相见礼仪》《奏请差点》《巡历事例》等，都是专门的巡察法规。此外，中央巡察官员的权力直接来源于君主，只对君主负责，不受其他部门干扰，便于独立行使职权。

官员出巡具有很大的权威性。由于代表君主行使监察权，巡察官员能够“以小监大”“以卑督尊”，如汉代刺史的秩位只有六百石，却能监察二千石的地方长官。而且巡察官威势极大。在唐代，有“御史出巡，地动山摇”的说法。在明代，巡按御史虽然只有七品，但即便是三品以上的布政使、按察使等地方大员也“唯唯承命”，州县的一般官员更是“迎跪道旁，倘遇风雨，即知府亦陷膝泥中”。

出巡时间有充分保证。汉武帝时的刺史，每年8月下去巡察，年底结束，有四个月的工作时间。唐代监察御史出巡可达半年之久。明代巡按御史有大半年的时间在各自的巡视区视察。这些官员长期流动，一般不长驻一地，没有固定的办公场所，不是地方一级行政机构。而且愈到后来，出巡时间愈长，明清时的“巡抚”甚至成了地方一级行政长官。

注重对巡察官权限的设置。按照顾炎武的说法，中国古代监察官的特点是“人众、秩卑、权重、职广、位显”。“人众”是指其在政府机构系列中占有一定的比例，而且兼负监察职责的官员往往更多；“秩卑”是指其品级较低。明代监察御史秩正七品，同地方县官，给事中则只有从七品；“权重”是指其权限较大，具有相对独立性；“职广”是指其职责十分广泛；“位显”是指其地位非常显要。这样定位是保证巡察官员能够无所顾忌，不畏权贵，独立行使监察、惩处大权。

但是，从本质上看，无论是监察制度还是巡视制度都是“人治”而非现代意义的“法治”。尽管其制度有“法规”依据，在“朕言即法”的封建时代，“法”既不能代表人民的意志，也不能反映人民的利益。也就是说，它在本质上是为君主集权服务的，是为了帝王的“江山永固”，最终维护的是统治集团和官僚阶级的利益。由于巡视制度有惩治腐败的一面，在一定程度上得到了老百姓的拥护。巡视制度与西方以“分权”为特征的横向权力制衡也有不同，其权力来源是君主，是用“君权管臣权”，而君权是不受限制的。一句话，古代巡视制度是为维护君权而设置的，是“王霸之术”的一种具体形式。

巡视制度在防止中央和地方官员与君主离心离德、结党营私、贪污腐化等方面起到了一定的积极作用

在中国古代，由于生产力水平落后，交通信息不便，中央和地方以及中央各

部门之间不能及时沟通，巡视制度在防止中央和地方官员与君主离心离德、结党营私、贪污腐化等方面起到了一定的积极作用，在很大程度上调节了统治阶级的内部关系，缓和了社会矛盾，保障了国家机器的正常运转。首先，它有助于维护中央集权统治和国家统一。由于起到了中央对地方的监控作用，使得该制度成为我国古代社会长期沿用的一种重要的监察方式，加强了中央对地方的监控，有效地维护了封建专制主义的集权统治。其次，有利于防止官员贪污腐化。巡视制度注重实地考察，实地调查，主动出击，而不是坐等吏民检举，在一定程度上减少了官僚主义现象，提高了监察的实际效果。通过对一些不法官吏实行及时和有效的惩处，对遏制权力腐败有一定的震慑和警戒作用。再次，有利于加强对地方官员的考核，做到选贤任能。巡视制度打破了通过官方行文了解官场情况的局限性，扩大了信息来源，能够全面直接了解官员廉洁勤政的真实情况，有利于加强对官员的考核，做到选贤任能。由于是君主获取地方真实情况、进行决策的重要依据，巡视制度常常成为中央决策系统的重要组成部分。但是，不能因此夸大巡视制度对反腐的“重要”作用，甚至将之作为反腐的唯一手段或主要途径。事实上，中国历朝历代没有哪一个朝代真正解决了腐败问题。明太祖朱元璋对贪污60两银子的官员即“剥皮实草”“株连九族”，也没能阻止腐败官员“前腐后继”。阿克顿有一句名言：“权力导致腐败，绝对权力导致绝对腐败。”封建专制制度好比一堆垃圾，必定滋生苍蝇和蚊子。今天灭了苍蝇和蚊子，明天又爬出蟑螂，等抓完蟑螂，过几天又跑出老鼠。总之，防不胜防，抓不胜抓。因此，要根治腐败只能从制度上下功夫，改变过分集中的权力结构，使腐败没有机会。封建专制制度之所以腐败，根本原因是官员集立法、行政和司法权于一身，所有的事情“一言而决”。由于老百姓不懂专制与腐败天然共生，总是将希望寄托在好皇帝和清官身上，怎能不哭瞎眼睛呢？

中国封建王朝末期，巡视制度的“正能量”日趋减弱

实质上，巡视制度也会不可避免产生各种弊端。首先，由于赋权过重，导致巡察官员权力扩张，一方面干扰地方行政，另一方面助长其营私舞弊、贪污纳贿。东汉末年，刺史对地方行政已不仅是干预，而是直接成了郡县之上的行政

长官，以致天下大乱。明清时期，巡按御史贪腐更甚，他们公然索贿，“媚上剥下，有同贸易”，致“不肖有司应劾者，反以贿得荐，不应荐者，多以贿荐”。由于巡视制度百弊丛生，伍廷芳痛斥其非：“既需给以盘川，又累地方之供应。所带不法人役，时或狐假虎威，苛索抽丰，沿途骚扰，是为耗费病民之一害。”其次，巡察官常常成为朋党争斗的工具。这种现象唐宋即有，明清更甚。明熹宗时，魏忠贤阉党专权，许多巡察官投其门下，互相勾结，“权珰报复，反借言官以伸；言官声势，反借权珰以重”。康熙时，左都御史王鸿绪与少詹事高士奇“植党为奸”，招权纳贿，给事中何楷等“依附坏法”。乾隆年间，左副都御史仲永檀与大学士鄂尔泰家族“结党营私，纠参不睦之人”。再次，为了防止巡察官员腐败，皇帝又隔三岔五派遣私人心腹，监督包括巡察官在内的各级官员，如此“架屋叠床”“补丁之上再套补丁”，大大增加行政成本。如汉武帝经常派“绣衣直指”持节到各地，察看刺史和地方官员的工作。唐明时期，太监往往担当这类角色。到了清代，皇帝对手握重权的汉族大员不放心，往往派旗人充当这类角色。正如黄宗羲所言：“用一人焉则疑其自私，而又用一人以制其私；行一事焉则虑其可欺，而又设一事以防其欺。”事实上，这是帝制的必然，也是集权制解不开的死结。第四，巡视制度在“效用论”上存在边际效应递减的情况，即每用一次，其效用就会递减一分。一方面，庞大的官僚队伍形成了重重叠叠、错综复杂的关系网，影响和阻止了巡察官员发挥职能；另一方面，随着中央集权的削弱，地方势力就会坐大，巡视制度就逐渐流于形式。中国历朝历代末期，巡视制度的“正能量”日趋减弱也是这个道理。

可以看出，封建王朝时代的巡视制度在本质上是封建专制主义的产物。今天，作为人民当家作主的国家，我国的官员不是封建官老爷，而是人民公仆，我们主要是用好的制度和法律去制约权力，从源头上遏制腐败，使腐败没有藏身之地。对于历史上的巡察制度，我们可以“古为今用”，批判地继承其合理内核。同时，对于西方发达国家好的、行之有效的反腐做法，我们也要有勇气以“拿来主义”的姿态，吸取其精华，剔去其糟粕，“洋为中用”，为建设繁荣的现代化法治国家服务。

（作者为中国社科院法学所副研究员）

清代京官如何解决住房问题

张宏杰

清代京官在住房问题上不享有补贴。除了个别人享有皇帝的赐第外，京官解决住房问题主要有两种方式：一是自建或者自购。二是租房。清代实行满汉分居，满族京官多定居于北京内城，汉族京官基本上都居于外城。京官中有一些人在外城拥有自己的宅邸。比如康熙年间，昆山人徐乾学显贵一时，在宣南购买和自建了多处房产。乾隆年间官至礼部尚书的浙江富阳人董邦达，在米市胡同拥有一套很大的房产，地宅宽大，花园“花木竞秀，丘壑多姿”。然而这种情况在汉族京官中较为少见。因为北京地价昂贵，一般外地来京的京官很难有如此雄厚的经济实力。

租房更适合大多数汉族京官的生活状况。因为京官流动性很大，不断有人升转外放，或年迈返籍；又经常有父母去世、须回籍守制者，在北京一住数十年的人不多。另外，北京有大量会馆和民居房屋常年专事出租。从供需两方面来看，租房都是最佳的选择。

京官租房的第一个特点是要求住宅表面的体面。身为朝廷命官，住宅须配得上官制威仪，因此自然不能蜗居斗室。所以京官们虽然穷困潦倒，却多租住大宅，至少要一套像样的四合院，讲求宽敞气派。如果条件许可，带有花园的宅子最受欢迎。稍晚于曾国藩的李慈铭在京做官期间，租居位于保安寺街已故闽浙总督旧邸，有屋20余楹，有轩有圃，花木葱郁。这是当时京官的常态。

京官租房的第二个特点是周转率高。其中一个主要原因当然是因为三年一度的会试，使外城的房屋租主保持着周期性的流动。与此同时，随着仕途迁转，官员经常更换办公地点，收入水平也会随官位升迁而升高，因此对住房的要求也发生变化。这在清代京官的诗句中屡有反映。康熙年间的大学士陈廷敬曾说自己"五春三度移居日"。乾隆年间的钱大昕则说："客居燕台两寒暑，有似泽雉游樊笼。虎坊菜市三易寓，去住踪迹风转蓬。"嘉庆进士、后来官至体仁阁大学士的祁寯藻亦说："自我官京师，十年四徙宅。"这些诗句皆是写实，比如钱大昕于乾隆十七年（1752年）六月入都，开始寓神仙胡同。同年秋移居潘家河沿。十九年（1754年），又移寓横街。此后还在珠巢街、宣外大街等处住过。这种情形正如他在诗中所形容的那样："劳如车轴无停转，拙比林鸠未定巢。"

京官租房的第三个特点是集中于宣南即宣武门外地区，特别是宣武门外大街两侧以及菜市口的南部。这有三方面原因：一是清代中央六部均设在正阳门内。宣武门外离正阳门不远，在此居住上朝方便。二是中原及南方士子进京，通常的路线是由卢沟桥入广安门，故落脚宣南最为便利。三是明代宣南地广人稀，又有树有水，风景不恶，许多明代显宦在此遗有别业，可供京官租用。同时又有陶然亭、窑台以及历代遗留的古刹名寺等吟咏集会胜地，很对文人习气严重的京官们的胃口。故夏仁虎《旧京琐记》说："旧日汉官，非大臣有赐第或值枢廷者，皆居外城，多在宣武门外。土著富室则多在崇文门外，故有东富西贵之说。"四是传统时代官员多迷信，选择住房时多讲究风水。考察京官居住史，我们发现一个有趣的现象：位于菜市口大街的绳匠胡同（新中国成立后名菜市口胡同），居然住过清代史上30余位重要人物。清中前期的徐乾学、洪亮吉、毕沅、陈元龙等都曾寓居于此，晚清这里更是名人荟萃：同治的帝师、军机大臣协办大学士李鸿藻住过菜市口胡同7–11号；左宗棠住过16号；龚自珍1819年在菜市口胡同"休宁会馆"住过；"戊戌变法"六君子之一的刘光第住在29号；蔡元培于光绪年间任翰林院编修时也住过菜市口胡同……

这么多人选择这里，是因为人们传说这里是北京最有"旺气"、最能出主考的胡同。刘光第在家书中解释说："第于五月廿八日移寓绳匠胡同南头路西。此胡同系京师最有旺气之街道（即如今年主考，亦惟此街放得最多，此系地脉所管，街背南半截胡同次之）。第与同司主稿正郎汤伯温（名似瑄，江南人）同斋另院而共一大门。宅正对门则挥颜彬（广东正主考），宅斜对门则孔祥霖（云南主考）；宅左（隔两三斋门）则戴北春（陕西正主考）；宅后（隔一斋门）则（李）文田（江南正主考）。盖气旺则无事不旺也。”不过刘光第搬到这里却并未能帮助他成为主考。

（作者为清华大学历史系博士后）

持久抗战的真谛

陆卫明

抗日战争取得最后胜利的原因较多，其中一个很重要的因素就在于持久抗战战略的成功实施。持久抗战，这是国共两党在抗日战争时期共同的战略主张，但是，持久抗战的真谛是什么？双方的立论基础与理论内容却不尽相同，典型地反映出两条不同的抗战路线，也导致了两个战场不同的抗日结局。

共产党的持久抗战理论

早在1935年12月27日，毛泽东同志在陕北瓦窑堡党的活动分子会议上作报告《论反对日本帝国主义的策略》，就指出："中国革命战争还是持久战，帝国主义的力量和革命发展的不平衡，规定了这个持久性。我们说，时局的特点，是新的民族革命高潮的到来，中国处在新的全国大革命的前夜，这是现时革命形势的特点。这是事实，这是一方面的事实。现在我们又说，帝国主义还是一个严重的力量，革命力量的不平衡状态是一个严重的缺点，要打倒敌人必须准备作持久战，这是现时革命形势的又一个特点。"

1936年7月，毛泽东在与埃德加·斯诺的谈话中说道，一旦中日爆发战争，中国可以通过持久抗战争取胜利。1937年7月，朱德在《实行对日抗战》一文中也指出，中国的抗日战争“将是一个持久的艰苦的抗战”。洛川会议以后，刘少奇、张闻天、周恩来、彭德怀等人纷纷发表文章，阐述持久抗战的观点与方法。1938年，毛泽东集中全党智慧，发表《论持久战》《抗日游击战争的战略问题》等著作，系统地阐述了中共关于持久战的战略思想。主要内容有：

第一，中国能够并且必须经过持久抗战取得胜利的客观依据。他指出：“中日战争不是别的任何战争，乃是半殖民地半封建的中国和帝国主义的日本之间在20世纪30年代进行的一场决死的战争。全部问题的根据就在这里。”在这场中日战争中，中日双方存在着四个基本特点。一方面，敌强我弱决定了抗日战争只能是持久战。另一方面，敌小我大、敌退步我进步、敌寡助我多助，加上中国已经有了代表中华民族和中国人民根本利益的、在政治上成熟的中国共产党及其领导的解放区和人民军队。因此，最后胜利又将是属于中国的。

第二，抗日战争的三个阶段的发展进程。他指出：抗日战争将经过战略防御、战略相持、战略反攻三个阶段。其中，战略相持阶段，“是整个战争的过渡阶段，也将是最困难的时期，然而它是转变的枢纽”。这是中国抗日战争能否取得最后胜利的最关键的阶段。

第三，实行持久抗战的具体的战略方针。这就是主动的、灵活的、有计划的防御战中的进攻战，持久战中的速决战，内线作战中的外线作战。这是一套系统的以弱胜强的作战方针，充满了军事辩证法的智慧。

第四，持久战的基础在于广大民众。“兵民是胜利之本”“战争的伟力之最深厚的根源，存在于民众之中”。他指出，争取抗战胜利的唯一正确道路，是充分动员和依靠群众，实行人民战争。

国民党持久抗战的主张

在全面抗战爆发之前，国民党内一些军事战略家已经看到第二次中日战争无法避免，提出中日一旦开战，中国可以在对日作战中实施持久抗战。蒋百里就多次向国民党政府建议，以“拖”的战略拖垮日本。1935年春夏，蒋介石也曾构想中国对日“至和平绝望时举全国力量从事持久消耗战，争取最后胜利”。李宗仁于1936年4月在广州对记者发表谈话中提出“焦土抗战”：“利用我广土众民、山川险阻等优越条件来困扰敌人，作有计划的节节抵抗的长期消耗战。”1937年全面抗战爆发后，8月7日，国民政府召开国防会议正式决定“全面抗战，采取持久消耗战略”。此后，蒋介石多次宣扬“今次抗战，利于持久”。“要以持久战、消耗战，打破敌人速战速决之企图”。不过，国民党政府的持久抗战思想并不系统，主要散见于蒋介石的多次演讲和文章中，主要内容如下：

第一，等待国际形势改观，依赖外力取胜。

在蒋介石看来，当时的中国积贫积弱，没有现代化作战的条件，如果贸然与对中国侵略蓄谋已久的现代化国家日本作战，结局只是败亡而已。这也是“九一八”事变以来他奉行对日“不抵抗政策”与所谓“攘外必先安内”政策的重要原由。全面抗战爆发后，他甚至坦言：“现在如单就军队力量比较，当然我们不及敌人，就拿军事以外两国实际国力来较量，也殊少胜利把握”，“我们的着眼点，并不在此”。这是国民党持久抗战理论的基点。

对蒋介石持久抗战的真谛，胡适一语道破天机。他说：凡涉和战大计，总不外“苦撑待变”四字。“‘苦撑’是尽其在我，‘待变’是等候世界局势变得于我有利之时”！胡适的“苦撑待变”四字真言，深得蒋介石持久抗战之精义。1941年12月，太平洋战争爆发，对国民党政府来说无疑是望眼欲穿的特大喜讯，蒋介石认为“抗战政略之成就，至今已达于顶点”。从此，他就不再怀疑抗战最后胜利问题，于是把更多的精力转移到对付共产党方面去了。

第二，以空间换时间，积小胜为大胜。

从等待国际局势改观这个战略基点出发，蒋介石与国民党政府所谓持久抗战的具体方策就在于争取时间，即“以空间换时间，积小胜为大胜”。这是国民党“持久抗战”战略的核心内容。

1938年2月7日，蒋介石在《抗战必胜的条件与要素》的演讲中明确说：“我们现在与敌人打仗，就是争时间。我们就是要以长久的时间来固守广大的空间，要以广大的空间，来延长抗战的时间，来消耗敌人的实力，争取最后的胜利。”在他看来，中国幅员辽阔，有极大的回旋余地，敌人一时无法全部占领广大土地。战争本来就是为了争取时间与空间。“以空间换时间”实质是一种拖延战术，其目的是在等待外援，等待国际形势的改观。对此，李宗仁也明确指出："根据我的分析，我们抗战的战略重心便是以空间换时间，以待世界局势的转变。"

第三，以西南为抗战大后方。

1935年8月11日，蒋介石在峨眉训练团对川滇黔三省各级干部演讲中指出："我敢说，我们本部十八省哪怕失了十五省，只要川滇黔三省能够巩固无恙，一定可以战胜任何的强敌，恢复一切的失地，复兴国家，完成革命。"1938年11月19日，国民政府举行国防最高会议，决定将首都迁移到重庆，标志着这一战略构想正式付诸实施。向以四川为中心的内陆地区退却，这是国民党"持久抗战"的重大战略部署。

国民党政府与蒋介石之所以确定以四川为中心的西南为大后方这个战略布局也是有一定根据的。首先，整个西南地区地处内陆，地形复杂，易守难攻，利于持久。其次，东南地区沦陷后，中国海岸被敌封锁，通过沿海及中越铁路的国际交通线均被切断，如能保有西南，尚可确保滇缅公路这条国际交通线，获取源源不断的美英军需。其三，四川气候温润，物产丰饶，地广人众，享有"天府之国"的美誉，也利于持久。因此，以四川为中心的西南被蒋介石看作"抗战之策源地"和民族复兴基地。应当肯定，蒋介石国民党把西南定为抗战后方基地，把内地大量工业、企业、商业、学校及战略物资迁入西南，对持久抗战、拖垮日本，起了一定作用。

第四，"二期抗战"的战略阶段构想。

武汉、广州失陷后，中日战争陷入相持阶段。1938年11月，国民党召开第一次南岳军事会议，蒋介石在会上提出抗战进程分为两个时期，武汉失守以前为第一期，即向内陆退却时期；武汉失守以后为第二期，即转守为攻、反败为胜时期。他说"第一期的任务，在于尽量消耗敌人的力量，掩护我们后方的准备工作，确定长期抗战的基础，完成我们第二期抗战战略与政略上的一切部署。第二期任务，就要承接前期奋斗的成绩，实施我们第一期中所部署的一切计划，与发挥我们抗战的力量，以达到抗战胜利与建国成功的目的"。这就是国民党政府与蒋介石对抗战发展进程的总体构想。对此，陈诚阐释道："即在战略上初期之

‘以空间换时间’，第二期之‘积小胜为大胜’，以配合盟军之整个战略。”

蒋介石“二期抗战”的阶段性战略构想，并不认为需要有一个战略相持阶段，而是企图径直由战略防御转到战略反攻，而事实上，战略相持阶段，恰恰是整个抗日战争时期最为关键的阶段，因而并没有反映抗日战争发展规律，缺乏具体的战略指导价值。

国共两党持久抗战思想的区别

上述可见，针对抗战“亡国论”与“速胜论”甚嚣尘上的现象，国共两党中不少有识之士在持久抗战的总的战略方针上达成了共识，对抗日战争的胜利具有重要的指导价值。但是，仔细考察国共两党关于持久抗战的战略主张，可以发现，两者的确存在不少区别，甚至是本质差异。

第一，持久抗战的理论基点不同。

依赖外力取胜，是国民党政府与蒋介石持久抗战的基本依据。这正如朱德所指出的，它“把战争胜利寄托在日苏战争和太平洋战争上面，不寄托在自己的政治改革、军事改革和抗战努力上”，存在着侥幸心理，把抗战命运寄托在英、美、法、苏各国与中国“共同一致来打日本”之上。理论基础并不扎实，无异于把持久抗战这座理论大厦奠基于流沙之上，所以说，这是一条不发动民众的片面的抗战路线。

事实上，任何战争都是交战双方政治、经济、军事、人心以至外交的总体战，争取外援固然重要，但这不过是外因，决定性因素在于内因。对此，毛泽东指出：“战争的胜负，固然决定于双方军事、政治、经济、地理、战争性质、国际援助诸条件……还需加上主观的努力，这就是指导战争和实行战争，这就是战争中的自觉的能动性。”这种“自觉的能动性”主要是指人民战争之伟力。

中共关于抗日持久战的理论主要奠基于发动民众起来抗日，实行全面的抗战路线，认为“战争的伟力之最深厚的根源，存在于民众之中”，只要积极动员人民起来抗日，就会使日本侵略者像一匹野牛冲入火阵。正如洛川会议所强调的，要打倒日本帝国主义，关键在于使已经发动的抗战成为全面的全民族的抗战。主要依赖外援还是发动民众，这是国共两党关于持久战理论的不同基点，实质上反映出了两条不同的抗战路线。

第二，持久抗战战略战术原则的差异。

蒋介石关于抗日持久战的战略战术原则，过多重视阵地防御作用，轻视运动战和游击战，这是一种消极防御的战略战术。蒋介石在1937年8月18日宣布的五项作战原则中，强调了阵地战的基本方针，说："我们要固守阵地……这是我们抗倭胜利唯一要诀""要多筑工事，层层布防，处处据守"，并着重指出："敌人的利器是飞机、大炮、战车，我们的利器是深沟、高垒、厚壁。"

为实施阵地战，蒋介石还制定了有进无退的"连坐法"，命令部队"誓死拼命，坚强抵抗""持久死守"，不许后退。在敌强我弱的条件下，历代高明的军事家都主张实行积极防御的方针。而国民党正面战场在抗日战争的战略防御阶段，却实行消极防御的作战方针，忽略了敌强我弱的根本特点，与日军争一城一地的得失，以无数将士的血肉之躯去填入敌人的火海，造成重大损失，这与持久战略的目标相背离，对持久抗战不利。

毛泽东早在1936年与斯诺的谈话中就曾经预测，在未来的对日作战中，"中国军队要胜利，必须在广阔的战场上进行高度的运动战，迅速地前进和迅速地后退，迅速地集中和迅速地分散。这就是大规模的运动战，而不是深沟高垒、层层设防、专靠防御工事的阵地战"，主要实行运动战，辅之以阵地战。抗战开始后，毛泽东又系统地提出"在全体上，运动战是主要的，游击战是辅助的；在部分上，游击战是主要的，运动战是辅助的"。尤其是把敌后游击战提到了战略高度，这是一大发明，其根本原因在于当时的中国是处于进步时代的大而弱的国家。这是一种积极防御的战略战术。事实证明，中共敌后根据地的广泛开辟和人民武装力量的迅速壮大，与毛泽东这一军事战略战术原则密不可分。

第三，持久抗战战略阶段划分上的区别。

蒋介石把持久战略分为两个阶段，称抗战第一期为战略防御时期，把抗战第二期称为转败为胜的反攻阶段，否认战略相持阶段的存在，这是基于"等待国际局势改观"的指导思想而制定的战略计划，自然难以认识把握抗战进程和规律。蒋介石"二期抗战"阶段说没有也不可能揭示抗战的真实进程和发展规律，反映出其理论的偏颇与战略短视，缺乏对抗战的指导价值。

对蒋介石“二期抗战”的战略阶段划分，毛泽东在《论新阶段》一文中曾作过批评：“如果承认持久战或长期战争又不赞成三个阶段，那末，所谓持久与长期就是完全抽象的东西，没有任何内容与现实，因而就不能实现任何实际的战略指导与任何实际的抗战政策了。实际上，这种意见仍属于速胜论，不过穿上‘持久战’的外衣罢了。”

毛泽东根据中日双方的不同特点进行科学考察，预测中国抗日战争必然经历战略防御、战略相持、战略反攻三个阶段。事实证明，这是富有洞察力的真知灼见。他对持久战特别是战略相持阶段的种种特点的论述，对指导抗日战争的胜利起到了重要作用。

（作者为西安交通大学人文社会科学学院教授、博士生导师）

三山五园是清帝“视事之所”

赵连稳

紫禁城是明清两代帝王的皇宫，是明代皇帝处理日常朝政的地方，到了清代，皇帝居住和处理朝政转移到了皇家园林，特别是北京西郊三山五园皇家园林之中。所以，三山五园皇家园林成为事实上的政治中心。皇城内的紫禁城，仅是象征意义上的政治中心。

皇帝在哪里，哪里就是政治中心，嘉庆帝明言：“朕驻跸圆明园，既系紫薇禁地”

清帝在辽、金统治者营建的行宫别苑基础上，从康熙朝至乾隆朝陆续修建起了一批皇家行宫苑囿，主要有香山静宜园、玉泉山静明园、万寿山清漪园和圆明园、畅春园，俗称“三山五园”，这里不仅是清帝居住和游憩所在，更是理政的场所。

康熙二十三年（1684年）开始修建的畅春园是清朝皇帝在西郊的第一处常年居住、避喧听政的离宫。据《日下旧闻考》记载，畅春园坐北朝南，园区南部为议政和居住用的宫殿部分，大宫门正北的大殿“九经三事殿”，是皇帝上朝听政的地方，东路的澹宁居是康熙理政、引见与读书之所。康熙帝每年约有一半的时间居住在畅春园，直至康熙六十一年（1722年）病逝于园内清溪书屋。

雍正至咸丰五代皇帝的150年间，有138年在圆明园理政，每年的春、夏、秋三季皇帝都在圆明园，冬季有一个月左右的时间在紫禁城。每年的元宵节前夕，皇帝、宫眷和大臣从紫禁城前往圆明园，随同前往的还有象征皇权的25方玉玺和皇帝的金椅等。清朝的军机档案也存于圆明园。除了每年的重大祭祀、节日活动外，皇帝已不再回到紫禁城居住。圆明园成为清朝的实际政治中心。

皇帝所在便是朝廷所在，在清帝理政场所旁边建有政府办公机构。如圆明园宫廷区就有各部院衙门和朝房，如军机处、内阁房、六部朝房、都察院、翰林院、理藩院、南书房、银库、清茶房、膳房、堂档房、造办处、升平署、宫内他坦、八旗营房等。圆明园内军机处的直房在出入贤良门外御河之南，称军机堂，右边为满章京直房，左边为汉章京直房。政府机构都集中在圆明园办公，奏事、传谕相当方便。

颐和园是光绪帝和慈禧太后处理朝政的地方，特别是从1903年起，慈禧每年大部分时间在颐和园度过，为便于理政，专门在东宫门内建了一个宫殿区，由殿堂、朝房、值房等组成，以仁寿殿为中心。仁寿殿规模与形式和圆明园的“正大光明”殿相仿，南北对称地排列着九卿六部的朝房，为清代军机、六部、九卿的值房。

清帝有时还在香山的静宜园和玉泉山的静明园理政。乾隆皇帝在香山静宜园建有勤政殿，乾隆到香山74次，约220天。静宜园后面的致远斋则是乾隆日常理政较多的一个场所，致远斋东边的小院便是军机处办公地点。玉泉山静明园是三山五园中清帝理政时间最少的园子，其中的廓然大公、含晖堂、清音斋、创得斋、华滋馆等处，是清帝“视事之所”。

从康熙帝召集大臣商讨立储，到慈禧和光绪帝推行新政，很多国家大事都发生在这里

清帝在三山五园理政的内容，大凡有常朝视事、御门听政、引见大臣、任命官吏、策试选士、阅试武举、筵请王公大臣、勾决人犯、接见外国使节等日常政务，一句话，内政外交均在这里处理。

康熙二十六年二月，9日之内3次驾临畅春园，其中一个工作便是决定曹禾担

任国子监祭酒。康熙五十四年十一月十三日至十五日，康熙在畅春园内的西厂阅试武举，根据成绩将前3人列为一甲，12人列为二甲，其余155人俱为三甲。康熙晚年，最让这个雄才大略的皇帝头痛的事情是立储问题。康熙四十七年十一月十四日，康熙帝在畅春园召集大臣商讨立储问题，不欢而散。

乾隆时期，每年正月则在圆明园正大光明殿宴赏来京朝贺的少数民族王公、首领。席间还表演庆隆舞、喜起舞等，典礼隆重。乾隆皇帝经常在静宜园栖云楼和章嘉国师畅谈。道光帝在静明园“廓然大公”审讯新疆分裂势力头目张格尔，并在圆明园正大光明殿赐宴凯旋将士。

光绪二十四年（1898年）四月二十八日，光绪帝在颐和园仁寿殿接见康有为，两人就变法之事谈了4个小时。是年四至九月，光绪帝19次到颐和园向慈禧汇报请示变法事宜。9月16日，局势十分危急，光绪帝于玉澜堂接见袁世凯，让他支持变法。1898年9月21日凌晨，慈禧太后从颐和园赶回紫禁城，在一番斥责光绪帝忘恩负义后，将光绪帝囚禁于中南海瀛台，变法失败。以后慈禧太后每到颐和园，都把光绪幽禁在玉澜堂。

光绪二十七年（1901年）八月二十日，慈禧太后还在西安，就发布懿旨，表示要“卧薪尝胆”，变法图强，清末新政由此开始，十一月，慈禧和光绪帝回到北京，驻跸在颐和园，以后的颐和园又成为推行新政的中心。

为了上朝的方便，清帝把御园周围的土地划给王公大臣，建起大小不等的园林。如大学士明珠在畅春园西修建了自怡园，而位于畅春园和圆明园之间的澄怀园先是赐给大学士索额图，后又赐给大学士张廷玉。澄怀园东南侧的淑春园赐给了大学士、首席军机大臣傅恒。乾隆四十七年把淑春园南部赐给和珅，和珅将其改为十笏园。咸丰元年，恭亲王奕訢获得赐园春和园，次年，改为朗润园。咸丰皇帝给七弟奕譞修建了蔚秀园，作为退朝休憩之地。

三山五园是清帝接待外国使臣，处理外交事务的地方

清帝常常在圆明园“正大光明”殿接待外国使臣。雍正五年，雍正皇帝接见了葡萄牙使臣麦德乐；乾隆五十八年，安排马嘎尔尼在宏雅园（即明代勺园）居

住了5天。乾隆帝八十整寿时，朝鲜、安南、暹罗、琉球、廓尔喀五国遣使朝正庆贺，乾隆帝在圆明园宴请各国使臣，并命人带领游览圆明园。嘉庆二十一年（1816年），英使阿美士德率领约600人的使团来华，原定在圆明园朝见清帝，但是由于礼节纠纷未能实现。咸丰十年（1860年）9月，英国外交官巴夏礼等人被载垣、僧格林沁囚禁在集贤院一个多月。英国首席代表额尔金以清政府"不讲道义，不顾国际法"，将捕获的英法"侨民"18人虐待致死为口实，照会清政府："圆明园者，英法侨民所受痛心疾首惨刑而死之地也。（英国）誓必毁为平地。"随后便有火烧圆明园的事件发生。咸丰帝临出逃避暑山庄前，曾在圆明园勤政殿和大臣商讨对策，开了4个小时的会议，决定留下恭亲王等人与洋人谈判。当他在途中听到圆明园被焚毁的噩耗之后，口吐鲜血，旧病复发，不到一年就死于热河。晚年的慈禧太后常常在仁寿殿接见外国使节，使节的太太们有时还能够获准参观慈禧的卧室。在颐和园东门外设有外务部公所，光绪二十八年至三十四年，慈禧在颐和园接见外国使节少则几次，多则十几次。

三山五园并非只是清帝的避暑胜地、游玩场所，更是清帝处理天下大事的地方，是清朝的政治中心。

（作者为北京联合大学教授、三山五园研究院研究员）

戴胄直谏明断案

林　乾

戴胄是唐太宗时期的著名大臣，明习律令，品性坚贞刚正，颇有治事之才。戴胄曾多次犯颜直谏，依据法律匡正皇帝的判决，折狱能析秋毫，言若泉涌，太宗更加倚重他。贞观七年戴胄去世，太宗为之辍朝举哀，因其宅舍简陋容不下祭丧，下诏为之立庙。房玄龄、魏征与他关系友善，每到其生前所居之处，辄流涕不已。

贞观元年，戴胄与唐太宗之辩被天下传为佳话。当时，通过玄武门之变登上皇位的唐太宗急于建立自己的干部队伍，于是大张旗鼓，在全国招贤纳士。一时间，多年不得志的人，包括原来在隋朝做官者无不趋之若鹜。然而，选拔官吏的部门压力很大，因为他们无法一一核查每个人填报的履历真伪。情况反映上来后，唐太宗专门发布敕令，内容是自敕令发布之日起，伪造资历或官阶者自首免死，如果不自首，被查出来或被他人告发，一经核实，杀无赦。

敕令发布不久，有人举报徐州司户（即主管民事的官员）柳雄伪造在隋朝的做官经历，蒙蔽朝廷才做了现在的官。有人劝柳雄自首，他却抱着侥幸的心理回答说："伪造官阶的人肯定不只我一人，朝廷岂能一一查实？"最终竟不肯自首。自首期过后，大理寺查实柳雄伪造官阶罪名属实，按照太宗敕令，大理寺卿将柳雄判处死罪。

这时，戴胄作为次长官——大理寺少卿，坚决反对这样的判决，并按照大唐的基本律法判柳雄为流刑。案子呈上去后，唐太宗怒不可遏，下令法官去执行死刑。戴胄坚守法律，反复与唐太宗争辩，达四五次之多。

唐太宗对戴胄说："朕刚刚发布敕令，不自首者处死。你却断为流刑，这不是让朕失信于天下吗？难道你受了柳雄的贿赂要卖狱？"戴胄毫无退让，跟唐太宗争论说："臣为天下人捍卫律法，不敢有一毫之私，更不能玷污法律。陛下既然把案件交给大理寺审理，就要按照我大唐律法来判。柳雄伪造官阶，没有死罪，应该断以流刑。"唐太宗更加气愤地说："你遵守律法，将朕置于何处？我这个做天子的还有什么颜面？皇帝还有什么权威？"戴胄回答说："法者，国家所以布大信于天下也；言者，当时喜怒之所自发。陛下因为有人在选官时舞弊作假，就发一朝之忿，而发敕令杀人，这将置大唐国法于何地？陛下收回成命，表面上有损皇帝权威，实际上这才是让律法为天下臣民所信守，彰显国家的大信啊！"

戴胄一番话，浇灭了太宗的一朝之忿。唐太宗承认自己的做法不妥，对戴胄说："法有所失，公能正之，朕何忧也！"柳雄最后被判处流刑。

《唐律》有《辄引制敕断罪》一条，实际解决了"权大"还是"法大"的问题。该法律规定：诸制、敕断罪，临时处分，不为永格者，不得引为后比。"辄引"是擅自引用。制和敕，是皇帝的命令。如果法官在审判时擅自引用皇帝的制、敕，而这些制、敕只是临时处分、不为永格，即没有载入法典中，这种情况下导致罪有出入者，以故失论。这条规定表面上是约束司法人员，实际是约束皇帝的个人行为不能超越国家的根本大法：皇帝因为某件事下达指示，司法官员就援引作为判案的依据，这是禁止的，因为这样的"皇言"没有上升到法律层面。如果援引导致罪有出入，要以故失论，属于主观故意，要加重惩罚。

戴胄对法律坚守的事例，还涉及一个大人物——对唐代立法做出突出贡献的长孙无忌。长孙无忌与唐太宗李世民是布衣之交，在玄武门之变中起到关键作用，加之其妹又是皇后，故地位尤为尊崇。史书记载，太宗时常召长孙无忌到寝宫议事，对其礼遇为其他群臣所不及。贞观元年，长孙无忌拜为左仆射即宰相。

一次，长孙无忌奉召入宫议事，由于事出急迫，竟然忘记把随身携带的佩刀解下来，而是直接进入东上阁门。等办完事出门，监门校尉才发觉。这件事情在当时影响太大了，一时人们议论纷纷。唐太宗只好按程序把案子交给臣僚议罪。尚书右仆射封德彝认为：校尉失察，罪当死；长孙无忌误带刀入殿，应徒二年，罚铜二十斤以折罪。唐太宗认为所议恰当，想要采纳。但大理寺少卿戴胄不同意，他反驳说："校尉是因为长孙无忌牵连而致犯法，不应该重判。如果援引他们二人所犯的是过失犯罪，那么从情理上来看是没有任何差别的，而对他们判处的结果却是生与死之间，这完全不同，臣非常冒昧，仍坚持原来的意见。"因戴胄固守原议，一再犯颜谏阻，唐太宗最后赦免了监门校尉的死罪。

回过来看，长孙无忌"不解佩刀而误入阁"案，因为长孙无忌身份贵重，所以不能完全按照法律条文来判决，而要由只有皇帝才能行使的"八议"予以特别处理。《唐律》在解释"议"字时指出：议者，原情议罪者，谓原其本情，议其犯罪。因而戴胄提出，唐太宗可以援引"八议"之条，赦免死罪。但监门校尉职位低贱，不属于"八议"适用的范围，因此，完全按照法律条文来判处的话，就是死刑。这样就出现了问题：监门校尉与长孙无忌所犯罪行完全一样，而且校尉是因为长孙无忌所误在前，即牵连犯罪，但判决却有生死之间的本质区别，这在情理上又行不通。于是，才出现了文中的判决结果。

（作者为中国政法大学教授）

“打秋风”：明清官场公开的敛财怪象

郑金刚

众说纷纭：“打秋风”起源考

提起“打秋风”，很多人都知道，《红楼梦》里的刘姥姥，故作愚状、出丑露怯，就是因为年关将近，生活窘迫（“秋尽冬初，家里冬事未办”），想通过周瑞媳妇家的关系到荣国府去“打秋风”。她最后得了王熙凤送的20两赏银，满意而归。

“打秋风”说白了就是利用各种关系、巧立名目向他人索要财物。至于为何称之为“打秋风”，却是众说纷纭，源头已难以考证清楚。明代戏曲家汤显祖的《牡丹亭》中，尚未发迹的书生柳梦梅曾称“你说打秋风不好，‘茂陵刘郎秋风客’，到后来做了皇帝”。这不过是戏谑之语，虽然明清时期人们也称“打秋风”的人为“秋风客”，但实际上“打秋风”与茂陵刘郎（汉武帝刘彻）毫无关系。

根据清人考证，早在宋代大书法家米芾的书札中就出现过“抽丰”二字，意思是指看到别人家丰裕而去索要钱物（“盖彼处丰德，往抽分之耳”），因此也称为“分肥”“抽分”。大概是因为“抽丰”与“秋风”音近，明清时期民间开始称“打抽丰”为“打秋风”，以显得更为委婉、风雅一些。

还有一种观点，认为“打秋风”的说法最初可能是源自于唐代士子游走公卿权贵募敛财物的行为。五代王定保所著《唐摭言》中，曾记载有一个名叫李敬的仆佣，因为其主人科场不顺而生活穷困，他的朋友劝他换个官场得意的主家，以便也能够跟着四处“打风打雨”。这里的“打风打雨”，说的就是唐代参加科举考试的士子，大多会在考前奔走于权贵公卿之门，既是为了托关系以求得达官贵人推荐，同时也有不少生活窘迫的士子借机募取一些生活费。“风雨”与“丰裕”同音，因此“打风打雨”就是“打丰裕”。到了明清时期，不少衙役往往在入秋后以做棉衣为借口向富户敲诈钱财，“打风雨”也就被称为了“打秋风”，甚至当时京城民间俗语中还将“打秋风”与“撞太岁”并举，称巧借名目索取钱物为“打秋风”，依仗官府权势敲诈为“撞太岁”，两者叫法不同，借口索取财物的目的则一致。

清代，胡可泉任苏州知府时曾在衙门口贴有一副对联：“相面者、算命者、打抽丰者，各请免见；撑厅者、铺堂者、撞太岁者，俱听访拿”，将“打秋风”和看相、算命等招摇撞骗等同看待，由此可知，“打秋风”名虽雅致，其实却并无半点风雅可言。

形形色色：明清社会的“打秋风”怪象

明清时期，官场、民间“打秋风”的陋习一度盛行。清代风流才子李渔，诗词戏曲俱有文名，但是科举屡次失利，为了维持家人体面的生活，早年间就开始奔走于权贵富户之家，依靠募取馈赠维生。康熙初年，李渔组建了一个家庭昆曲戏班，日常开销甚巨，更是常年带着家眷来往于苏杭、金陵，以各种借口索取财物，有时甚至在友人家一住数月。按照李渔自嘲的说法，是大半生“终年托钵”“卖赋以糊口”，其实就是四处“打秋风”，他自称“打秋风”的足迹“三分天下几遍其二”，堪称是古往今来最出名的一个“秋风客”。

与民间“打秋风”的陋习相比，明清官场上往来奔走的“秋风客”，不仅数量更多，“打秋风”的名目也是层出不穷。清人萧奭在《永宪录》中描述当时官场“打秋风”的“盛况”说：每当有官员外放任职，就会有昔日的老师、同门、亲朋等各类人等络绎来访，名为拜会探望，实则只是为了上门索取一些馈赠。风气所至，明清官场非但不以“打秋风”为怍，反而成为了一个不成文的潜规则。地方官员上任后需要应付各类“秋风客”，未上任之前则可以四处“打秋风”，借机敛财。例如，道光十八年，曾国藩会试高中，当年返回湘乡老家后就开始外出四处拜客，名义上是向各地亲朋故友报喜，主要目的还是按时俗到处“打秋风”。据曾氏日记所载，道光十八年年底到道光十九年十一月，将近一年的时间内，曾国藩一共外出四次，拜访的对象形形色色，既有各地曾氏同宗、亲朋故旧，也有本地地方官员与乡绅，还有不少外地的湘籍客商，遍及湘乡周边十余州县，拜访过的人家达到1200人之多，共计获得各家馈赠折合白银将近1500两，可谓收入颇丰。

此外，明清官场最为常见的“打秋风”方式，是官员亲属、家丁之类巧立名目、向下级衙门强索财物。如果说曾国藩这样的“准官员”，借着拜客、以文会友的名义“打秋风”是属“巧取”的话，那么明清官场更为普及的“打秋风”方式，则是明目张胆的“豪夺”。明代海瑞任淳安县令时，总督胡宗宪之子路经该地，索要财物不得，一怒之下竟将县里负责接待的驿吏倒吊了起来。海瑞知道后，佯装不认识总督公子，派人搜检其行装，将里面的金银充入县库。胡宗宪位高权重，他的儿子一路游玩，到处收受地方官员馈赠的财物，在当时官场不过是平常事，只是遇到素以刚直不阿著称的海瑞才未如愿以偿，但是明清官场像胡公子一样“打秋风”敛财之人比比皆是。如按《明史》记载，曾经同样在海瑞那里碰壁的都御史鄢懋卿，每次外出都“与妻偕行，制五彩舆，令十二女子舁之，道路倾骇”，所到之处“要索属吏，馈遗巨万”。

明清官场“秋风病”肆虐，各级官员一边穷于应付上司、同僚处来的“秋风客”，一边巧立名目向下属索要财物。上行下效，一般的衙役也经常以节庆、生日、衙门添置物品等种种借口，向当地富户“打秋风”，以致官场内外无处不秋风，怪象丛生。

各取所需：权力私有化催生出“秋风病”

“打秋风”不过是为了借口索财，自然难免会让人看不起，甚至嫌恨。李渔自命是风流才子，一生携妻带妾四处“打秋风”，固然有不少达官权贵赏识他的才学，慷慨解囊，但是毕竟也有不少碰壁的时候，因而也常常自感羞愧，觉得自己“面目堪憎”。至于那些被上门“打秋风”的人，往往是拒之不便、施之不甘，虽然厌恶却又无可奈何。明代靖江一位郭姓县令有“打油诗”：“马驮沙上县新开，城郭民稀半草莱。寄语江南诸子弟，秋风切莫过江来。”明清社会厌憎“打秋风”之情，于此可见一斑。

既然“打秋风”遭人厌，为何明清社会遍地“秋风”起？个中缘由，其实不难理解。下面分类来谈：

贪图小利，刘姥姥式的“打秋风”。传统社会讲人情、重面子，于是不少人或是为生活所迫，或是贪图小便宜，只要能和权贵、富户攀上一星半点关系，便找各种借口上门求取财物。坦率地说，这类刘姥姥式的“打秋风”只是民间一种陋习，固然让人嫌憎，但毕竟主人还可以婉拒，尚且不至于“秋风”成害。

各取所需，变相索贿式的“打秋风”。传统社会里，本是“一人得道，鸡犬升天”，而明清时期中国专制集权制度发展成熟，高度集权于上，官员的考绩、升迁完全操之于上司之手，因此各级官员对于上司的亲朋故旧、亲随家丁都是竭力逢迎，慷慨馈赠，同时视向属吏“打秋风”为生财之道，索求无厌。显而易见，明清官场这类“打秋风”，不过是让家属、亲信等人为掮客变相索贿而已。上级借“打秋风”敛财，下属借“挨打”行贿，各取所需，奔走在明清官场上各色“秋风客”，其实是在编织着一张遍布官场上下的关系网。

恃仗官威，敲诈勒索式的“打秋风”。明清社会，地方官府里上至官员家属、下至衙门的书役、差役，都会经常找到各种借口向本地乡绅、富户索要钱财，被“打秋风”的富裕人家，惧怕官府权势，只好馈赠财物以花钱免灾，不仅无法拒绝，甚至没有讨价还价的余地。显而易见，这类“打秋风”实际上就是一种赤裸裸的敲诈勒索，是官大于民、权高于法的直接后果。

因此，从根本上说明清官场“打秋风”的盛行是官员权力私有化的必然结果。大小官员视手中权力为私有之物，亲属故旧也视之为生财之道，再加上官大于民、权高于法，于是官场内外“秋风”处处，肆虐成灾。官场如此，上行下效，民间难免形成陋习，“秋风切莫过江来”也就只能是一厢情愿的幻想。

（作者单位为西北大学历史学院）

“一篇持久重新读，眼底吴钩看不休”

曹应旺

毛泽东一生著述丰富。《毛泽东选集》四卷中的二、三两卷是抗日战争时期的著作。从数量上看，其中绝大部分内容是：研究如何抗击日本帝国主义，争取民族解放和民主革命的胜利；从质量上看，毛泽东著作中一些重要代表作基本上是在抗日战争中形成的。这里重点谈一谈毛泽东关于抗日战争方面的两篇重要代表作：《论持久战》和《抗日游击战争的战略问题》。

《论持久战》是把握全局、预见未来、克敌制胜的战略性著作

《论持久战》是1938年5月26日至6月3日毛泽东在延安抗日战争研究会上的讲演稿。文章总结了抗战以来的经验，深入分析了敌强我弱、敌小我大、敌退步我进步、敌寡助我多助的矛盾特点，批驳了“亡国论”和“速胜论”的错误观点，阐明了中国不会亡，也不能速胜，抗日战争是持久战，最后胜利属于中国的道理。

第一，《论持久战》是在知己知彼的基础上写出来的。

比如，毛泽东分析：日本军队的长处，不但在其武器，还在其官兵的教养——其组织性；而中国的情况，他指出：“日本敢于欺负我们，主要的原因在

于中国民众的无组织状态。”所以，“动员了全国的老百姓，就造成了陷敌于灭顶之灾的汪洋大海，造成了弥补武器等等缺陷的补救条件，造成了克服一切战争困难的前提”。再比如，毛泽东分析了卢沟桥事变以来日本在10个月侵略战争中是弱于战略、强于战术，“敌人的战略战役指挥许多不行，但其战斗指挥，即部队战术和小兵团战术，却颇有高明之处，这一点我们应该向他学习”。

文章分析抗日战争的持久战需要经过战略防御、战略相持、战略反攻三个阶段。他指出：“这个第二阶段是整个战争的过渡阶段，也将是最困难的时期，然而它是转变的枢纽。中国将变为独立国，还是沦为殖民地，不决定于第一阶段大城市之是否丧失，而决定于第二阶段全民族努力的程度。如能坚持抗战，坚持统一战线和坚持持久战，中国将在此阶段中获得转弱为强的力量。”毛泽东在文中还分析了怎样进行持久战的问题，阐明能动性在战争中的作用，战争和政治的关系，实行持久战的战略所应采取的具体作战方针、作战原则和作战形式等。他指出：在第一和第二阶段即敌之进攻和保守阶段中，应该是战略防御中的战役和战斗的进攻战，战略持久中的战役和战斗的速决战，战略内线中的战役和战斗的外线作战。在第三阶段中，应该是战略的反攻战。整个抗日战争中，中国将不会以阵地战为主要形式，主要和重要的形式是运动战和游击战。

第二，《论持久战》是把握全局、预见未来、克敌制胜的战略性著作。

历史事实证明：《论持久战》是把握全局、预见未来、克敌制胜的战略性著作。一是抗日战争确实是按照战略防御、战略相持、战略反攻这样三个阶段发展的。二是《论持久战》预测战略相持阶段：日本威胁南洋和威胁西伯利亚，将较之过去更加严重，甚至爆发新的战争；日本地主资产阶级的野心是很大的，为了南攻南洋群岛、北攻西伯利亚起见，采取中间突破的方针，先打中国；日本打了中国之后，如果中国的抗战还没有给日本以致命的打击，日本还有足够力量的话，它一定还要打南洋或者西伯利亚，甚或两处都打；“欧洲战争一起来，它就会干这一手；日本统治者的如意算盘是打得非常之大的”。太平洋战争的爆发，完全证实了这一预见的正确性。

《论持久战》进一步发展了《论反对日本帝国主义的策略》提出的建立广泛的抗日民族统一战线的思想，把坚持统一战线作为夺取抗日战争胜利的政治路线；更是进一步发展了《中国革命战争的战略问题》的军事思想，从实际出发、从特殊性出发来研究抗日战争的规律，把坚持持久战的战略作为夺取抗日战争胜利的军事路线。

第三，《论持久战》从思想上武装了很多人。

毛泽东本人很看重《论持久战》这部著作。据何其芳回忆，1961年1月23日，应毛泽东之邀，何其芳到中南海毛泽东住处讨论写《不怕鬼的故事》的序文，其间毛泽东谈起国家大事时说："第一次大革命为什么没有成功，是因为缺少舆论准备。抗日战争时期，有《论持久战》和《新民主主义论》，就有了准备。"

抗日战争时期，毛泽东的《论持久战》影响了很多的人，也从思想上武装了很多的人。林默涵回忆在《解放》周刊读到《论持久战》的情景时说："我看到的时间也就是1938年七八月的样子。我是在武汉郊区的山上一口气读完的。越看心里越亮堂，越看越高兴。中国不会亡，但也不会速胜。我从心底里呼出了这句话。""当时奇怪得很，仿佛自己换了个人一样，由茫然变得有信心了。"于是，林默涵1938年去了延安。他回忆说："毛泽东的《论持久战》是那一年发表的，它在最关键的时刻发挥了最关键的作用，指出了抗战的前途和国家的命运，也使我的思想产生了一次最大的变化。我就是因为看了《论持久战》，才萌发了去延安的愿望。"

叶剑英元帅在抗日战争胜利20周年时重读《论持久战》，曾作《七律·重读毛主席〈论持久战〉》诗一首，最后两句是："一篇持久重新读，眼底吴钩看不休。"

《抗日游击战争的战略问题》堪称《论持久战》的姊妹篇

《抗日游击战争的战略问题》产生于1938年5月。这篇文章深入分析了持久战中的游击战不只是战术问题，还有它的特殊的战略地位，堪称《论持久战》的姊妹篇。

第一，提出了全部抗日游击战争的战略纲领。

毛泽东在文章中指出："敌人在我们这个大国中占地甚广，但他们的国家是小国，兵力不足，在占领区留下了很多空虚的地方，因此抗日游击战争就主要地不是在内线配合正规军的战役作战，而是在外线单独作战；并且由于中国的进步，就是说有共产党领导的坚强的军队和广大的人民群众存在，因此抗日游击战争就不是小规模的，而是大规模的；于是战略防御和战略进攻等等一全套的东西都发生了。战争的长期性，随之也是残酷性，规定了游击战争不能不做许多异乎寻常的事情，于是根据地的问题、向运动战发展的问题等等也发生了。""这就是抗日游击战争虽然在整个抗日战争中仍然处于辅助的地位，但是必须放在战略观点上加以考察的理由。"

毛泽东研究问题和解决问题向来重视从客观存在的实际出发，从特殊性出发。对抗日游击战争的研究亦不例外。毛泽东指出："抗日游击战争的战略问题，本来是密切地联系于整个抗日战争的战略问题的，许多东西二者都是一致的。然而游击战争又区别于正规战争，它本身有其特殊性，因而游击战争的战略问题颇有许多特殊的东西；抗日战争的一般战略问题中的东西，决不能用之于特殊情形的游击战争。"

毛泽东深入研究了抗日游击战争的六个具体战略问题：一是主动地、灵活地、有计划地执行防御战中的进攻战，持久战中的速决战和内线作战中的外线作战；二是和正规战争相配合；三是建立根据地；四是战略防御和战略进攻；五是向运动战发展；六是正确的指挥关系。他在文中指出："这六项，是全部抗日游击战争的战略纲领，是达到保存和发展自己，消灭和驱逐敌人，配合正规战争，争取最后胜利的必要途径。"

第二，认定抗日战争根本上是农民的战争。

毛泽东从中国的广大人口在农村，五个人中就有四个是农民的特殊国情出发，认定中国要走农村包围城市和采取游击战争的武装斗争道路。毛泽东认定抗日战争根本上是农民的战争，只有把广大农民发动起来、组织起来，并在很大程度上发挥游击战争的威力，才能打败日本侵略者。1936年7月16日，毛泽东同美国记者斯诺谈话时就谈到了这一条。他说："除了调动有训练的军队进行运动战之外，还要在农民中组织很多的游击队。须知东三省的抗日义勇军，仅仅是表示了全国农民所能动员抗战的潜伏力量的一小部分。中国农民有很大的潜伏力，只要组织和指挥得当，能使日本军队一天忙碌二十四小时，使之疲于奔命。”

正因为中国革命是农民的革命，抗日战争是农民的战争，所以毛泽东指出：“不要把‘农民’这两个字忘记了；这两个字忘记了，就是读一百万册马克思主义的书也是没有用处的，因为你没有力量。”农民打日本的主要战争形式是游击战。毛泽东对抗大的学员们说：现在在抗战，“游击战争”四个字，是制敌的一个锦囊妙计，要下决心到敌人后方去进行游击战争。毛泽东又将中国革命的三大法宝之一的武装斗争称作游击战争，并对即将开赴华北抗日前线的陕北公学的学员们说：你们不要看轻这“游击战争”四个字，这是我们十八年艰苦奋斗中得来的法宝。

在中国革命道路上开创了一般和个别相结合的生动范例。

在这篇文章中，毛泽东将重视武装斗争同重视农村包围城市、重视农民、重视游击战争结合起来，这是毛泽东在中国革命道路上开创的一般和个别相结合的生动范例。这一结合在抗日战争中发挥了巨大效力。

这篇文章对纠正抗战初期党内外存在的轻视游击战争的战略作用，寄希望于国民党军队的正规战争的错误认识，发挥了极其重要的作用，指导和促进了抗日游击战争广泛而迅猛的发展。

（作者为中央文献研究室研究员）

鉴古明今的八大法制观点

张晋藩

法制秩序的状态和国家的兴衰密切相关。中国古代经历了很多盛世，盛世的标准和它的一个动力就是法制，没有不讲法制的盛世。中国古代的思想家、政治家对法制的论断很多具有超越时空的价值，中华民族法制的历史不仅源远流长而且经过了4000多年的发展一直没有中断。所以人们经常说中华民族的文明对世界有着影响，其实中华民族的法制文明对世界的法制发展同样有巨大的影响。中国古代思想家提出了很好的观点，具有警世恒言的价值，这里我从鉴古明今的角度提出以下几点：

第一，不能以私害法。

私是私心杂念的私，不能以私心、私利、私权来危害法律。这个话是慎到说的，“法之功，莫大于私不行”，“立法而行私，其害也甚于无法”。商鞅也讲过，以私害法者国必亡。立法之后，绝不能以私利、私心来危害到法律，否则就伤害了“治功大定”的法律价值。

第二，“法之能行，自上守之”。

这个话是商鞅讲的，就是针对反对变法的旧贵族势力说的。与“法之不行，自上犯之”相对立的是“法之能行，自上守之”。上守法，法律就能够获得执行。举汉初的一个例子。汉文帝出行的时候马被人弄惊了，这个人犯的罪叫犯跸罪，由廷尉审理，判处罚金四两。汉文帝非常恼火，认为判得太轻。廷尉说，你要是不把这个犯人交给我，你愿意怎么判怎么判，你交给我了，“廷尉，天下之平也。一倾天下皆为之轻重”。廷尉作为国家最高司法官，执法是否公平公正影响到全天下的司法。这个话也说服了汉文帝。所以法之能行，自上守之。汉文帝守法、遵法，带来了文景之治。贞观时期也是一样，唐太宗遵法、守法，整个天下、整个国家都遵法。史书说，“王公贵族皆至清谨”不敢触犯法律，因为皇帝遵法。

第三，德法互补互用。

公元前1000多年，西周建立了政权以后，思想家、政治家周公提出“明德慎罚”的法律思想。他为什么会提出德呢？就是鉴于商亡的教训，认识到民的作用、民的功能、民的价值。他说“民之所欲，天必从之”“人无于水监，当于民监”。可见，“明德慎罚”是重民的结果。从“明德慎罚”到“德主刑辅”，再到唐律中“德礼为政教之本，刑罚为政教之用”，并且将其比喻为自然现象的“昏晓阳秋”般永恒和不变。这说明德法互补互用是中国古代控制社会的二元手段，以德为主宰的中国古代法制体现了中华民族理性的法律思维。

第四，治法和治吏的兼顾。

唐朝有位诗人叫白居易，他说：“虽有贞观之法，苟无贞观之吏，欲其刑善，无乃难乎。”贞观时期的法律是好法律，而且有一批良吏如房玄龄、马周、魏征等。所以贞观法律能够实行。到白居易时代所面临的官吏群体不行了，君子少小人多，所以他发出“虽有贞观之法，苟无贞观之吏，欲其刑善，无乃难乎”的慨叹。关于法和吏的关系，历代多有议论。如明末的王夫之，他说：“任人任法，皆言治也。”任人就是任官，可是单纯任人，是“治之蠹也”，单纯任法，也是“治之蠹也”。结论就是，择吏而授之与法，选择良吏把法律交给他让他去执行。法与吏统一，治法与治吏结合，这是古人治国理政的重要经验。

第五，“官民知法，互不相欺”。

这来自法家的思想，法家主张法一定要让大家都知道。商鞅变法时，“妇人婴儿皆知商君之法”。皆知商鞅之法，就是说商鞅变法的时候使老百姓都知道法制。让老百姓知道法律有什么好处呢？商鞅的话非常有价值。“官知民知法，故不敢以非法遇民”，当官的知道老百姓知道法律，所以不敢以非法来对待百姓；反过来也讲，“民知官知法，故不敢以非法干官”，老百姓知道官也知道法律，不能用非法来干犯他。官与民都知法，能够做到互不相欺。

第六，“援法断罪，罪刑法定”。

这个思想最早是法家提出来的。到了公元3世纪的晋朝，被法律化。刘颂提出，判罪的时候都应该有法律令的正文，如无正文，依附《名例》断案，《名例》的内容类似于现在的刑法总则，《名例》也不载，皆勿论。至唐律明确规定，断罪的时候一定要详细地以法律条文来判断，如果执法官不引法断罪的话，这个官要笞三十。这可以说是中国古代的罪刑法定制度。除此之外，还从另一方面做了一个补充规定，那就是断罪不如法的惩罚。中国古代的罪刑法定比资产阶级革命时期提出的罪刑法定主义早了1000年。

第七，中国古代的考课制度与考课法。

中国古代很早就实行对官吏的考课，考课就是考核。宋朝的思想家、文学家苏洵讲过一句话，“有官必有课，无课是无官也”。有官一定要考课，不考课就没有官了。“有课必有赏罚，无赏罚是无课也”，考课是和赏罚密切联系在一起的。战国始实行考课，到了唐朝考课制度化了。一年一考，四年一考，而且有法定的标准，很明确、很细致，所谓四善二十七最。到了清朝的时候，标准简化，变成了“六法考吏”。“六法”就是浮躁、才力不及、老、病、疲软、不谨。地方官三年一考，叫“大计”；京官三年一考，叫“京察”。古代的考课制度有法、有标准、有制度。考课制度起到什么样的作用呢？一个是选拔官吏，罢黜那些贪腐的官，使得惩贪和奖廉联系在一起，奖勤和罚懒联系在一起，这是考课制度很大的一个长处。考课有一系列的制度，有一系列的标准，在一段时期维持了官吏的素质。

第八，“奉法者强，则国强；奉法者弱，则国弱”。

韩非说：“国无常强，无常弱。奉法者强，则国强；奉法者弱，则国弱。”这句话表明，法制秩序的状态和国家的兴衰确实有密切联系。中国古代经历了很多盛世，如西周的“成康之治”、汉初的“文景之治”、唐朝的“贞观之治”、清朝的“康乾之治”。唐朝的魏征做了一个形象的比喻。他说国家好像是一匹奔马，骑在马上的骑手就是皇帝，皇帝手中拿的鞭子就是法律，这样就把法律工具主义更加形象化。既然古代的法律是君主手中的鞭子，这个法律必然受到君主的影响。遇有开明的君主就能够发挥法律治世功能，遇到昏君那就没有办法发挥法律的治世功能。历史事实也确实如此。法律工具主义不仅影响了整个古代社会，也包括近代社会。想起用法就把法拿出来，不想用法就把法收起来。要树立依法治国的法律权威主义的观念，就必须肃清法律工具主义的残余影响。

（作者为中国政法大学终身教授）

曾国藩的领导力：并非权谋，而是理念

宫玉振

不少人心中的曾国藩，往往是“权谋”的形象。曾国藩因此也成为官场权谋的代名词。事实上，曾国藩领导力的核心，并非权谋，而是理念。

曾国藩“非有超群轶伦之天才，在并时诸贤杰中，称最钝拙”

曾国藩并非天资聪明之人。左宗棠对曾国藩的评价是“才略太欠”，是个“书憨”，即书呆子。梁启超也说曾国藩“非有超群轶伦之天才，在并时诸贤杰中，称最钝拙”，他没有超群绝伦的才华，在当时的杰出人物中，被认为是最笨的一个。

曾国藩对自己也很有自知之明，他评价自己“生平短于才”“自问仅一愚人”。曾国藩在给家里写信时也说，“吾兄弟天分均不甚高明”。他曾以读书、做事为例，“余性鲁钝，他人目下二三行，余或疾读不能终一行；他人顷刻立办者，余或沉吟数时不能了”。曾国藩的作战指挥也是如此，“行军本非余所长，兵贵奇而余太平，兵贵诈而余太直”。

曾国藩“自以秉质愚柔，舍困勉二字，别无入处”。他认为“天道忌巧”，他相信“惟天下之至诚，能胜天下之至伪；惟天下之至拙，能胜天下之至巧”。

梁启超认为曾国藩的成功，恰恰就是这个困勉拙诚的功夫，“而困而知，而勉而行，历百千艰阻而不挫屈，不求近效，铢积寸累。受之以虚，将之以勤，植之以刚，贞之以恒，帅之以诚，勇猛精进，坚苦卓绝。如斯而已，如斯而已”。民国学者萧一山也说曾国藩“不尚机权，惟务质实”，这是曾国藩人生哲学的核心，是他一生得力之处。

以“忠义血性”为核心理念来激发天良，改变人心

曾国藩是以书生从戎，他所面临的环境非常险恶。一方面是太平军的所向披靡，势如破竹。另一方面，曾国藩所处的时代，又正是封建王朝的末世。整个统治集团中，官吏渎法贪冒，柔靡浮滑；士子不知廉耻，唯利是求。流波所及，军队之中，将帅贪婪平庸，士卒望敌而走。用曾国藩的说法，这些人都已经丧尽天良了。

在曾国藩看来，可怕的不是太平军的造反，而是人心的陷溺、人欲的横流。军事的失败只是一种表象，其背后是价值体系的崩溃，“无兵不足深忧，无饷不足痛哭。独举目斯世，求一攘利不先，赴义恐后，忠愤耿耿者，不可亟得……此其可为浩叹也”。没有兵不必要深忧，没有饷不值得痛哭。唯独放眼向这个世界看去，竟然很难找到一个见了有利可图的事情不奋勇争先、见了急公好义的事情唯恐落人之后的人。这是真正令人深深叹息的现象。

要扭转这种局面，在曾国藩看来，当务之急，是以“忠义血性”为核心的理念来激发天良，改变人心，号召那些“抱道君子”，以“舍身卫道”“杀身成仁”的精神，以“打脱牙，和血吞”的刚毅，以“志之所向，金石为开”的信念，投身于挽狂澜的事业中。也正是在“舍身卫道”“忠义血性”的驱动下，曾国藩的湘军表现出了异于任何军队的战斗力。

曾国藩在《湘乡昭忠祠记》回顾湘军成功的原因时说过一段非常精彩的话：君子之道，莫大乎以忠诚为天下倡。世之乱也，上下纵于亡等之欲，奸伪相吞，变诈相角，自图其安而予人以至危，畏难避害，曾不肯捐丝粟之力以拯天下。得忠诚者起而矫之，克己而爱人，去伪而崇拙，躬履诸艰，而不责人以同患，浩

然捐生，如远游之还乡，而无所顾悸。由是众人效其所为，亦皆以苟活为羞，以避事为耻。呜呼！吾乡数君子所以鼓舞群伦，历九载而戡大乱，非拙且诚者之效欤？

这无异是对曾国藩与湘军成功之道的最好总结。可以说，他的信念、他的抱负、他强烈的救世意识，以及他执着地将自己的理念付诸行动所形成的强大感召力，便是他的领导力的核心。

曾国藩理念的核心，就是传统的儒家思想

曾国藩理念的核心，其实就是传统的儒家思想。儒家的理念，用宋代理学家张载的话说，就是“为天地立心，为生民立命，为往圣继绝学，为万世开太平”。这一理念早就在那里了，然而一般的儒生却只是想、只是说，而不敢做、不去做。曾国藩与一般儒生不一样的是，他坚信“天下事在局外呐喊议论，总是无益，必须躬自入局，挺膺负责，乃有成事之可冀”。

毛泽东对曾国藩这一点非常佩服。他认为中国历史上有两种人，一种是办事之人，一种是传教之人。而曾国藩是“办事兼传教”之人。毛泽东认为，中国历史上只有两个人可以达到这样的境界，一是清朝末年的曾国藩，一是北宋时期的范仲淹。这两个人成事的根本，就在以“传教”来达成“办事”的结果，也就是通过理念的传播与践行成就了事业。

一生三变：曾国藩从“儒”到“法”再到“道”的理念变迁

曾国藩的朋友欧阳兆熊曾说，曾国藩“一生三变”：做京官时以程朱为依归，办理军务一变而为申韩，咸丰八年再出而以黄老处世。

程朱，即程颢、程颐兄弟与朱熹，是理学的大师；申韩，即申不害与韩非子，是法家的代表；黄老，即黄帝与老子，是道家的别称。欧阳兆熊的这段话，很好地点出了曾国藩的领导力从“儒”到“法”再到“道”的理念变迁，也是其从理想到现实再到成熟的螺旋式成长轨迹。

曾国藩在北京为官的时候，是以理学为自己的修养之道。理学对其领导力的形成起到了至关重要的作用。理学何为？理学就是要“学做圣贤”。曾国藩一生以“做圣贤”为自己的追求，他的格言是“不为圣贤，便为禽兽”。

理学对曾国藩的另一个影响，就是“卫道”的强烈使命意识。“士不可以不弘毅，任重而道远”。曾国藩正是以“卫道”为旗号，与太平天国对抗，把一场军事的战争，变成了一场文化上、价值上的“卫道”的战争。

在中国文化中，儒家一直扮演着主体的角色，儒家为中国人提供了理想的人格和价值追求，是一种正面的导向。但是，儒家也带有明显的理想主义色彩，过于相信道德的力量，因而理想主义色彩过浓的儒生，往往是“迂远而阔于事情”，无法把事情做成。因此，对于必须在现实世界中把事情做成的曾国藩来说，只靠儒家的价值理念，显然是远远不够的。

曾国藩出来统帅湘军、带兵打仗，“一变而为申韩”，开始运用法家的理念施为。法家与儒家有很大的不同。如果说理解儒家的核心是一个“德”字，那么理解法家的核心其实就是一个“利”字。法家相信人的本性是求利的，社会从本质上来说是围绕着利益而展开的。

除了利益，法家信奉的还有实力。所谓的“力生强，强生威，威生德”。法家认为权势才真正具有让人屈服和顺从的力量，人的行为也只有通过强制的力量才能改变，在法家眼中，除了实力之外，没有什么是真正可以靠得住的。此外，法家还强调争夺。法家认为这个社会的本质就是争夺，就是弱肉强食。争什么？争利益。靠什么争？靠实力。

可见，与儒家相比，法家的思想非常现实。它把社会的本质血淋淋地展现在人们面前。这就使得曾国藩一方面有着儒家的理想，但他的理想不再是一种理想主义；它使得曾国藩能够透过表面的温情脉脉，看清深层次的利害，对人情世故有更清醒的理解，从而达到所谓的“巨细周知，表里洞彻”，这无疑是他能在为官从政过程中始终保持着清醒而明白的意识的关键因素。

但是法家也有自身的不足。法家最大的问题是什么？就是过于强势、过于冷酷、过于霸道、过于刻薄、过于自是、过于以自我的利益为中心。如此的逞强、霸道、自是，一定会招致别人的敌意与对抗。所以曾国藩在湖南和江西带兵时，就陷入了极度紧张的人际关系中。他所到之处，与官场冲突不断，以至于到了“通国不能相容”的地步，最终被皇帝罢免了兵权，被迫回家守制，曾国藩也因此跌到了人生的最低谷。

挫败一度使曾国藩陷入无尽的焦虑抑郁之中，他不明白为什么自己一心一意想做事，所到之处，官场却总是跟他作对，甚至连朝廷都对他弃之如敝履。正在他焦头烂额、走投无路的时候，他的朋友欧阳兆熊一席“岐黄可医身疾，黄老可医心病”的话，使他突然意识到，也许问题并不在别人，而在自己。

挫折使曾国藩有了一个自我反省并得以真正脱胎换骨的机会。近一年的自我反省对曾国藩的人生观产生了极大的影响，于是曾国藩“咸丰八年再出而以黄老处世”。黄老就是道家。道家与法家相比最大的不同在哪里？如果说法家的特点在于一个“刚”字，那么道家的特点便是在一个“柔”字。法家之弊是逞强，是刚愎自用，是自以为是。道家的“柔弱”“不争”，恰恰是要打破人的自矜、自伐、自是、自彰，从过分的自我之中走出来。

如果说儒家给曾国藩以理想的追求，法家给曾国藩以现实的眼光，那么道家就给曾国藩以真正成熟的心态。欧阳兆熊说曾国藩“一生三变”，曾国藩其实是把儒、法、道三家的精髓完美地结合在了一起。他既有儒家的理想与追求，又有法家的清醒与现实，还有道家的成熟与灵活，从而达到了真正的圆通无碍的境界。这便是曾国藩领导力的最大特色，也是他最终能够成就事业的根本原因。

（作者为北京大学国家发展研究院教授）

民间写史的境界

王艳勤

民间写史作为一种文化现象，在事实上参与了历史通俗化、历史知识社会化的工作。既然关涉历史，民间写史是否要遵守历史书写的一般原则呢？在相关热议中，史学工作者达成了如下共识：一方面承认不能以学院史学的标准要求民间写手，另一方面坚持认为能否尊重历史真实和坚持何种历史观是决定民间历史作品生命力的重要因素。

有关历史作品的争论首先涉及的是真实性，民间写史就时常生存在这样的语境当中

有关历史作品的争论首先涉及的是真实性，民间写史就时常生存在这样的语境当中。尽管专业史家在面对史料的取舍、史实的叙述、历史的评价与针砭时，也难以完全剔除主观因素，但他们还是提醒读者：民间写手“普遍没有受过专业训练，没有足够的学术涵养，因此不可能展现客观的历史”“别把这些通俗读物所写的事情当成历史那回事”。然而，在“另类”当中读出历史的一些粉丝，却将其作为窥视历史的一个门径，并相信这当中反映了历史的真实。他们常将民间写史和历史题材电视剧进行比对，认为前者近乎正史，而后者一概戏说；前者尊

重的是历史真实，后者听从的是艺术号令；前者以叙述历史事实为旗帜，后者以虚构情节为卖点。这种观点正确与否是次要的，关键在于他们在历史真实和艺术真实当中首要重视的是历史真实。

民间写手更愿意将历史写作的科学要求与诗性表达结合起来，使历史更好地面向大众

尽管史学工作者毫无异议地将一些作品定性为历史小说，但民间写手“当年明月”对自己的文字有清醒的定位：不是小说，不是史书，是明史札记。编辑的推荐是“真实再现晚明历史，颠覆传统历史观念”。确实，从民间写手的自我表述来看，尊重历史事实是民间写史的底线。民间写手并无意拆除事实与虚构之间的界限而将历史等同于虚构，只是他们更愿意将历史写作的科学要求与诗性表达结合起来，他们要用另外一种写法来呈现历史，使历史更好地面向大众。应该承认，历史写作的方式是多样的而不是单一的，如果说守卫历史真实是历史书写的基本原则和底线，那么尊重历史的文学品质，在历史意识与现代书写之间保持巧妙的均衡，不失为历史书写的一种境界。

但也需要看到，有的民间写手并未就此止步，他们坚持在历史书写中融入自己的感情，这种“以心证史”的方式被称为心灵历史，而“当年明月”等人也荣获了“新派历史天王”的尊称。从知识论的角度讲，过分注重历史的故事性和趣味性会损害历史的真实性和客观性。因此，专业史家在客观与理智以及学术规范的把握上则值得民间写手借鉴。毕竟作为知识的历史是严肃的。历史真实固然不应该成为限定民间写史的樊篱，但对历史应当保持起码的敬意和同情，这也是民间写史避免流于媚俗、史观飘忽的基本保障。

关系民间写史走向与前景，除了对历史的敬畏，还有历史观

到目前为止，由网络走红的民间历史作品大多保持帝王史观，写作对象多是王朝历史，因此频频受到美化帝王历史的质疑。历史是人民创造的，在帝王将相

之外应当关注平民的历史。因此，一直以来学院史学便倡导新史学、微观史。与此同时，平民百姓书写底层生活史事实上已成为民间写史的另一个声部。2003年，陈文将自己的小学作文本、介绍信、病历、工资单等，连同五万字的书面记述一起，出版了个人史《吃饭长大》，被称为“中国人口碑历史的先锋试验版本”。之后侯永禄的《农民日记》、萧一湘的《天堂脚印》、邹洪安的《个人史：草根百姓的一生》相继加入到这一声部的历史合唱中。然而从目前读者的反应来看，这类作品受欢迎的程度远远比不上帝王将相的历史。看来，尽管我们不能低估读者的智慧，但大众读史确实需要引导。

相对于帝王史观，男性中心史观更值得警惕。与学院史学一样，民间历史叙事的主体依然是男士，历史舞台的主角也是男士，history（历史）就是“his”“story”，历史叙述成了男人故事会。在帝王将相的历史中，“戏不够，美人凑”，女人成了历史的花边和点缀。女性在历史书写中集体失声，比平民缺席帝王历史更为可憎。在历史当中寻找女性的身影可能比在历史当中倾听平民的声音更加困难，但对于作为人学的历史书写来说，缺少她们就是不完整的。

总的来看，民间写史与学院史学之间的对立只是表象，它们在历史叙述与历史分析的问题上、在历史通俗化的目标上、在历史书写的标准上尽管不能重合，但至少是有共同语言的，通过对话，由对立走向共谋，是二者共同的历史任务。

（作者单位为中南民族大学民族学与社会学学院）

抗战期间牺牲了多少共产党将领

朱成山

长期以来，对于抗战期间牺牲的中共将领群体的考证与认定问题，在人们的认知乃至学术研究上一直是个空白，由此导致很多人认为，在抗日战争期间，中共部队只牺牲了1位将领，而国民党部队却牺牲了100多位将领。这种认识误区直接影响到人们客观、理性地认识中共在抗日战争中的作用及其评价，甚至影响到客观评价中国在世界反法西斯战争中的地位和作用。

仅东北抗联就有70位以上的中共将领在抗战中献出了宝贵的生命

如何界定这个在整个抗日战争期间发挥了重要作用的群体呢？这首先需要我们把中共领导的抗日部队的发展置于整个抗日战争的大背景下来考察。1931年9月18日，日本发动“九一八”事变，中国开始了局部反对日本帝国主义入侵的艰苦抗战，一直到1945年8月15日，日本宣布无条件投降为止，中国整整经历了14年的抗战。在这14年中，中共领导下的抗日部队逐步由散兵发展到正规军，特别是在1937年后，中共抗日部队逐渐发展成为包括国民革命军第八路军（简称“八路军”）、国民革命军陆军新编第四军（简称“新四军”）、华南抗日游击队、东北抗日联军等在内的部队。

在抗日战争的艰难岁月里，在血与火的洗礼中，这支人民军队战斗在华北、华中、华南、东北等广袤国土上，与日本侵略军进行了殊死搏杀。从1931年“九一八”事变到1937年卢沟桥事变，再到全国全面抗战路线的形成，直到1945年抗日战争的胜利，中共领导的抗日部队除坚持了游击战等敌后战场作战、开辟抗日根据地外，在抗日战争最艰难的时刻坚持人民战争，紧密配合国民党的正面战场作战，为打败日本侵略军建立了不可磨灭的功勋，许多人为此献出了宝贵的生命。据不完全统计，从1937年到1945年8年的全面抗战中，中共领导的八路军、新四军、华南抗日游击队人员损失共584267人，其中伤290467人，牺牲160603人，被俘45989人，失踪87208人。当然，这里面还没有包含1931年至1937年间的军人伤亡，也没有包含东北抗联的伤亡。

那么，在14年抗战中，有资料可查的中共抗战先烈中到底有多少位是将领呢？笔者经过初步考证，在与国民党部队牺牲的同等级别的将领对比研究中发现，仅东北抗联就有70位以上的中共将领在抗战中献出了宝贵的生命。由于受到资料的限制，笔者以为，实际上远远不止70位中共将领。

多种原因造成人们对抗战期间牺牲的中共将领群体认识的缺失与失真

造成人们对中共将领群体认识的缺失与失真的原因有很多，不仅仅有今天学术研究上的空缺与偏差，同时还有历史造成的种种原因。总体来说，主要有以下几个方面：

第一，抗战中牺牲的许多中共部队高级军官，本来与国民党军队将领级别相当，但并没有被授予同等的军衔。

1937年8月22日，国民政府军事委员会宣布红军主力改编为国民革命军第八路军，辖3个师、每师编制1.5万人，师辖两个旅，每个旅辖两个团。国民党当局又于1937年10月12日宣布，将湘、赣、闽、粤、浙、鄂、豫、皖8省边界地区的中国工农红军游击队和红二十八军等部，改编为国民革命军陆军新编第四军，下辖四个支队。取消红军番号，将红军改编为国民革命军，这是中共在民族危难关头为促成国共合作而向国民党做出的重大让步之一。由于部队编制的减少，许多位中共部队的高级军官，实际上被降了几级使用。有些人后来在抗日战场上牺牲了，但历史并没有给他们“正名”，恢复应有的将领身份。

红军经过改编后，就八路军而言，与改编前相比人数虽未减少，但编制级别却大大降低，主要表现在，由原来的三个方面军改为三个师，有的军级编制降为营级编制，如原红二十九军改编为第一二九师特务营，原红三十军改编为第一二九师炮兵营，原红军独立第一师和陕北独立团改编为第一二〇师特务营。在此次改编过程中，大多数红军干部不得不降级使用，许多高级将领“官降三级”，甚至“官降四级”。方面军总指挥当师长，军团长当旅长，军长当团长。如红二方面军总指挥贺龙任第一二〇师师长，红二方面军副总指挥肖克任第一二〇师副师长，官降四级。如红十五军团军团长徐海东任第一一五师三四四旅旅长，红六军团军团长陈伯钧任第一二〇师三五九旅旅长，官降四级。如红一军团第二师师长杨得志任第一一五师三四三旅六八五团团长，红十五军团第七十八师师长韩先楚任第一一五师三四四旅六八八团副团长，官降三级、两级不等。这就导致后来在抗战中牺牲的中共部队的将领，许多本来与国民党军队中将领级别相当，应当是将领，但并没有被授予同等的军衔。如1938年4月18日牺牲的叶成焕烈士，红军改编时由师政委改任团长。如果根据国民政府当时授予旅长以上为少将的规定，叶成焕烈士理应为将军，这还没有考虑军衔追加的问题。

第二，国民党为了限共、防共，没有给共产党将领以同等待遇。

抗战期间，国民政府为了拉拢人心，以求壮大自己的力量，试图削弱共产党，独享抗战胜利成果，对国民党将领甚至对一些坑害人民的土匪授予将领等职，而对共产党高级将领却极其苛刻。如1943年任命甘肃土匪马步芳为国民革命军第四十集团军总司令，1949年5月18日，再次任命其为代理西北军政长官，同时他获得了陆军中将加上将军衔。1941年2月，苏鲁战区游击纵队副总指挥李长江率所部8个支队投靠国民党，被国民政府授予少将军衔，等等。

第三，抗战期间，中共部队在军衔制上没有形成一个系统的制度和管理体系。

纵观整个抗战期间，中共部队在军衔制上没有形成一个系统的制度和管理体系，这是造成抗战期间中共领导的部队一直没有统一的军衔，乃至军官牺牲后也没有进行军衔上的追加和认定的一个重要原因。

中共部队从初创到抗战初期在待遇方面都是平等的。正如毛泽东在《井冈山的斗争》一文中指出的，红军“从军长到伙夫，除粮食外一律吃五分钱的伙食。发零用钱，两角即一律两角，四角即一律四角”。这种办法在军队中实行了很长时间。因此，那个时候军队内部还没有明确的等级观念，官兵待遇基本上是一样的。因此，从中共领导人的谋略上看，也就谈不上实行军衔制的问题。

“七七”事变以后，为了国共合作和促成全民族统一战线的形成，又因为当时国民党军队是有军衔的，并且已经有了比较完整的军衔体系，所以中共部队在这个时候提出了军衔问题。1939年4月2日，八路军以总司令朱德和副总司令彭德怀的名义，给毛泽东和中央书记处发电，正式提出了在我军内实行军衔制度的建议，并正式发文对军衔的评定标准做了明确规定。此后，有一部分中共将领被授予了军衔，如当时的第一二〇师师长贺龙、副师长肖克被授予了中将军衔，第一二〇师参谋长周士第、第三五八旅旅长卢冬生等被授予少将军衔。实际上，中共部队在这一时期被授予军衔的只是少数人，这部分人大都是需要经常与国民党打交道或搞统战工作的人。尽管1939年的这次授衔工作，有具体的措施，也有部分人员被授予了军衔，但是，由于历史的原因，这一次授衔工作最后还是没有真正在中共部队内普遍实施。1942年4月24日，党中央做出了“军队中暂不规定等级军衔”的决定，标志着中共部队的第一次授衔工作宣告结束。

在第一次授衔工作结束后，党中央又进行过两次纯属临时性的授衔。一次是在1945年9月，为了与苏联红军在军衔上一致，从而能够更好地开展工作，党中央给临时派到苏联的六位派出人员授以军衔。另一次是1946年，为了便于中共部队派往各地的军事调停处的代表能与国民党的代表平等工作，进行了临时性的授衔。但在国民党发动了全面内战之后，这部分中共将领被授予的军衔也就自动被取消了。

第四，中共部队一直没有按照国际惯例，追加在抗战中牺牲的将领军衔。

二战中，无论是国民政府，还是苏联、美国等都曾对在战争中阵亡的将士嘉奖的同时，普遍追加了军衔，就连加害国日本的军队也不例外。如，1937年8月29日，侵华日军第三师团步兵五旅团步兵六联队队长仓永辰治步兵大佐，在入侵上海吴淞铁路码头的作战中，被中国军队击毙，死后被追晋为陆军少将。1939年6月17日，侵华日军华中派遣军第十三军十五师团步兵团团长田路朝一陆军少将，在安徽南部的一次战斗中，被中国军队击毙，死后被追晋为陆军中将。国民政府方面，如第七十九军中将军长王甲本在衡阳保卫战中壮烈殉国，国民政府追赠为陆军上将；南京保卫战中牺牲的萧山令等几位少将，后均被国民政府追赠为陆军中将，等等。但对于中共领导的抗日部队牺牲的将领们来说，截至目前，没有对他们进行过军衔上的追加。

第五，新中国成立后首次授予军衔时，对抗日战争中牺牲的中共将领仅仅追认为烈士，并没有进行军衔上的追加。

1955年在全国授予军衔的时候，只是对在战争中幸存下来的中共将领进行了军衔授予。从此，中国人民解放军有了自己的10位元帅、10位大将、57位上将等等。但对在抗日战争中牺牲的官兵仅仅是追认为烈士，并没有进行军衔上的追加，贻误了追加抗战期间牺牲的中共将领军衔的最佳时机，留下了历史的遗憾。

认定与考证抗战期间牺牲的中共将领群体意义重大

毫无疑问，所有抗日的党派，所有抗日的阶级、阶层，都对抗日战争做出了自己的贡献。其中，中共领导的人民军队，在抗日战争中担负着敌后战场作战的任务，人民军队在敌人后方所进行的游击战争，有着伟大的战略作用。在这中间有许多的中共将领献出了宝贵的生命。从职务上来讲，他们有的是师长，有的是旅长，有的是团长，但他们对于抗日战争的胜利做出的贡献则是巨大的。全面定位这个群体有利于进一步理解中共在抗日战争中的中流砥柱作用，更有助于理解中共领导的人民军队作用。

据史料记载和部分官兵的回忆，在许多中共开辟的根据地中，当地老百姓平时都称中共高级指挥官为将军。如1938年11月牺牲的范筑先，历任连长、营长、团长、参谋长、旅长等职，建立了中共鲁西南抗日根据地，生前在鲁西南一带被称为“范将军”。再如1937年9月9日升任为中共东北反日联合军第五军军长的柴世荣，被东北当地老百姓称为“神兵天将飞将军”。有的中共部队领导人，不仅仅是老百姓，就连国民党人也认为他们是将军，如1939年底，苏中根据地负责人管文蔚及惠浴宇、陈同生等同志，应国民党人李明扬的邀请，去泰州访问李明扬时，李明扬公开打出了“欢迎四将军”的标语。

在抗战中牺牲的中共将领作为一个特殊群体，理应给予他们应有的定位。正如徐向前在1955年授军衔大会上说的：“我们这些人是幸存者，许多战友牺牲了，如果他们不牺牲，元帅、将军应该是他们的。”

在国际上，通常把一国在战争中牺牲的将领数量，作为考察其在战争中贡献度大小的重要数据之一。考证与认定抗战期间牺牲的中共将领群体，就可以改变战后几十年来一直认定的中共在抗战中牺牲的将领数量偏少的偏见，还原历史本来面目，也在一定程度上有利于人们理解中国人民抗日战争在世界反法西斯战争中的地位，即中国人民抗日战争为世界反法西斯战争的胜利做出了巨大民族牺牲。

在20世纪90年代，笔者曾写过一篇论文，吁请学界要正确认识与评价抗战先烈群体定位的问题。在那篇文章中，我表达的主旨是要从历史阶段论出发，从国家利益和民族利益至上的角度，正确认识与评价国民党部队在抗战中牺牲的先烈们，实事求是地恢复他们的历史地位，褒奖他们的历史功绩。今天，我把在抗战中牺牲的中共将领群体的考证与定位问题提出来，同样吁请学界加强对他们的重视和研究。我以为，无论是从学术研究由宏观走向微观、由关注个体到群体的层面上来讲，还是从扩大视角和提升历史认知，深入理解和认识中国人民抗日战争是世界反法西斯战争的重要组成部分而言，均具有非常重要的理论意义和现实意义。

（作者为中国人民抗日战争史学会副会长、
侵华日军南京大屠杀遇难同胞纪念馆馆长、研究员）

为什么说共产党是抗战中流砥柱

张海鹏

近年来，有些所谓网络“国粉”片面夸大蒋介石、国民党政府的作用，似乎只有国民党政府领导了抗战。有的博文认为“蒋介石在抗战中的地位无人可以替代”“纵观中国近现代史，蒋介石才是真正的民族英雄”。有人甚至攻击共产党是中流砥柱的论断，认为只有国民党是抗日的。这种认识是不客观的，是不能反映抗战历史真相的，是对历史不负责任的。

推动建立并坚持抗日民族统一战线是共产党中流砥柱作用的有力证明

抗日战争是一场伟大的民族解放战争，是近代中国唯一一场胜利了的对外战争，是近代中国历史从“低谷”走向“上升”的标志，是中华民族走向复兴的枢纽。抗日战争的胜利是在民族统一战线的共同认识下实现的。离开了抗日民族统一战线，抗日战争的胜利是难以想象的。抗日民族统一战线是中国共产党全力推动的。由于民族大义当前，这个主张得到了全国民众和各政治团体的支持，也得到了执政的中国国民党的支持。在抗日民族统一战线旗帜下，实际上存在两个领导中心，国民党是一个领导中心，共产党也是一个领导中心。少了一个，抗日战争获得胜利是不可能的。

1931年日本发动“九一八”事变，一个月占领我东北全境。全国人民抗日热情高涨，政府仍然采取不抵抗政策，加紧围剿江西苏区。日军继续挑战长城内外，侵略军进驻北平西南郊的丰台，中华民族面临空前的民族危机。1935年8月1日，红军还在长征途中，中共发表《八一宣言》，主张组成抗日民族统一战线，抵御日本帝国主义的侵略。从此，抗日民族统一战线成为共产党的基本主张，推动民族的团结和国事的进步。蒋介石置全国人民抗日热情于不顾，命令张学良东北军和杨虎城的第十七路军继续围剿刚到西北不久的共产党和红军，并且到西安督战，这不仅激起了西北人民的抗议，也激起了东北军和第十七路军将士的民族大义，这导致后来张杨发动事变，扣押蒋介石，要求蒋介石停止内战，一致抗日。共产党出于民族大义，不顾血海深仇，和平处理了西安事变。1937年“七七”事变后十天，蒋介石在庐山发表谈话：“如果战端一开，那就是地无分南北，年无分老幼，无论何人，皆有守土抗战之责任”，表示了抵抗日本侵略的决心。经过国共两党谈判，国民党在9月22日正式发表了《中共中央为公布国共合作宣言》的文件，蒋介石随之发表《对中国共产党宣言的谈话》，事实上承认了中国共产党的合法地位，确立了国共合作组成抗日民族统一战线的方针。抗日民族统一战线是确保抗战胜利的根本方针。推动建立抗日民族统一战线，始终坚持抗日民族统一战线，共产党是主动积极的，国民党是被动接受的。从这个角度说，共产党是抗日战争中的中流砥柱，难道没有道理吗？

敌后战场的存在是共产党中流砥柱作用的又一证明

八年抗战，是靠两个战场来支持的，是靠两个战场的配合取得胜利的。这就是正面战场和敌后战场。两个战场做战略配合，共同抵抗日本侵略。无论少了哪一个战场，民族战争取得最后胜利都是不可想象的。国民党掌握了政府，它有几百万军队，可以调动全国资源和人力。正面抵抗日军的进攻，当然非它莫属。1938年10月武汉失守以前，正面战场的形势还是好的，虽然首都丢了，上海、武汉、广州都丢了。面对强敌，这个代价是不得不付的。

武汉失守以后，正面战场的形势就不那么好了，国民党政府还有求和的表示，日本也有诱降的策略。国民党副总裁汪精卫害怕日本的强大，主张退让，对抗日低调，大敌当前，却从事“和平运动”（对日投降活动），终于在1938年12月公开响应日本近卫首相对国民政府的诱降声明，走上了背叛国家、投降日本帝国主义的道路，在南京成立伪政府。上百万国民党军队投降日本，成为在中国土地上帮助日本打仗的“伪军”。如果没有敌后战场的存在，中国抗战是支持不下去的。这一点，只需要看到，侵华日军的一半或者一半以上都用来对付八路军、新四军和共产党领导的敌后根据地就可以了解问题的所在。

敌后战场是共产党领导的八路军、新四军开进日本军队占领的地方，在敌人的后方建立的战场。共产党没有掌握国家政权，不掌握国家军队，不能调动国家资源和人力。陕甘宁边区等抗日根据地都是很穷的地区，出产也不丰富，人口甚少。共产党领导的军队抗战开始不过几万人，到抗战胜利也不到百万。开头一年多，国民党政府还给八路军、新四军拨付军费，此后就由共产党自己筹措军费了。共产党所领导的军队和根据地，创造性地把游击战上升为抗战战略，拖住了侵华日军的一半以上。在敌人后方，不可能有阵地战，不可能有大部队展开，用游击战方式打击敌人，极为艰苦。在敌人的眼皮底下建立抗日根据地，与暴日相周旋，与西南大后方相比，其艰苦程度是可以想见的。设想，没有敌后战场，没有共产党领导的根据地，侵华日军全部压在国民党政府军队上，国民党政府能够坚持两年以上吗？正是因为八路军、新四军和共产党领导的根据地拖住了侵华日军半数以上，才分散了正面战场的压力，使得正面战场可以从容组织抵抗。说共产党是抗日战争中的中流砥柱，难道不是历史事实吗？

正面战场虽然败仗居多，牺牲惨重，但在阻滞日军迅速灭亡中国的图谋中还是起了重要作用。这方面也应该如实评价。因此，对正面战场作战的军人，我们要肯定他们的功绩，高度评价他们的牺牲精神。但是如果离开了敌后战场对日军的牵制，离开了敌后根据地对日本占领者的骚扰和打击，正面战场坚持的时间是极为有限的。

反过来也一样，只有敌后战场，没有正面战场，抗战坚持到胜利也是完全不可能的。正是两个战场的战略配合，才把日本军队的大部分拖住在中国，使它既不能迅速灭亡中国，也不能把更多兵力投放到太平洋战场，投放到亚洲其他地区。这是中国战场对世界反法西斯战争做出的巨大贡献。

两个战场的战略配合，这就是中国民族解放战争的特点。这个特点，在世界反法西斯战争的东方战场和西方战场，都是唯一的，在亚洲和欧洲，没有哪一个国家有这种情形。法国号称欧洲强国，国家正规军队有100多个师，编制师的数目甚至比德国多，但德国攻入法国，不到两个月，法国就投降了。法国未能形成两个战场对德作战，是一个原因。后来戴高乐在英国组织流亡政府，法共在国内组织了抵抗，但是毕竟颓势难挽。

在抗战的整体大局中，国民党、共产党都起着领导作用，不承认其中任何一个中心发挥的领导作用，都不是历史主义的态度

我们要追问：抗日战争究竟是谁领导的呢？一些网上活跃的“国粉”马上会答复：是国民党。这个回答不完全符合历史事实。国民党政府可以领导正面战场，可以领导敌人未占领的大后方地区，却领导不了敌后抗日根据地，也领导不了敌后战场。反过来，共产党领导不了正面战场，领导不了大后方地区。抗日战争的全面领导是通过国民党、共产党两个领导中心来分别实施的。

说国民党是领导中心，是因为它掌握政府。这个政府是民族战争所必需的、国际国内承认的统一政权，它指挥着国家军队，担负着正面战场的作战任务。必须要有蒋介石、国民党参加，才可能利用国家政权的力量推动全国抗战的开展，才可能有全民族的抗战。没有蒋介石、国民党的参加，单凭共产党的力量，在当时的历史条件下也是难以独立支撑全国抗战大局的。抗战后期，蒋介石与国民党政权的国际联系作用也不可忽视，他们代表中国与苏联、美国、英国等，谈判废除《辛丑条约》和治外法权，蒋介石作为中国首脑出席开罗会议，做出了从日本手中收回台湾等地的决定以及参与建立联合国，这些成绩离开了国民党政权也是不行的。我们要尊重这些基本的历史事实。

说共产党发挥了领导作用，是抗日战争中的中流砥柱，是因为它倡导、推动

并始终坚持了抗日民族统一战线，使民族战争所必需的国内团结能够维持下来，而且，共产党还指挥八路军、新四军，动员敌后地区的广大人民群众，担负着敌后战场的作战任务。从这些来说，共产党是中国抗日战争的领导中心，是符合历史事实的。

共产党推动国民党抗日，监督国民党抗日，批评国民党在抗日大局上的动摇，都是从民族战争的共同利益出发的。幸好，国民党在共产党和全国人民的监督下没有放弃抗战的旗帜，把抗战坚持了下来，否则抗战前途不堪设想。共产党的这种监督作用，是在抗日民族统一战线的旗帜下进行的，这也是一种领导作用。没有这种领导作用，抗战往前进行是极为困难的。

客观地说，在抗日战争的整体大局中，国民党、共产党都起着领导作用。这个作用，都是全局性的。不承认其中任何一个中心所发挥的领导作用，都不是实事求是的态度，都不是历史主义的态度。承认国民党的领导中心，没有削弱、更没有否定共产党的领导中心的全局性作用。承认共产党领导中心，也没有否认国民党政府领导中心的地位。双方这种都是全局性的领导作用，是通过各自的领导能力来实现的，是在又统一、又矛盾的斗争中来实现的，是不能相互取代的。这种情形，是近代中国历史进程所决定的，是20世纪20年代中国近代历史开始走上上升趋势所决定的。否定任何一方都不符合历史事实。

国共两个领导中心历史地位发生着此消彼长的变化

必须指出：在抗日民族统一战线内部又统一、又斗争的过程中，国共力量的消长发生着变化，总的历史趋势是国民党政权的力量由盛转衰、中国共产党领导的人民力量由弱转强，并且历史性地改变了国内政治力量的对比。国民党这个领导中心的作用由大变小，共产党这个领导中心的作用由小变大。抗战初期，国民党这个领导中心的作用稍微大些，抗战中后期，共产党这个领导中心的作用就越来越大了。

最明显的标志至少有两个：一个是1941年皖南事变的发生，国民党反共达到高潮，共产党进行了有理有利有节的斗争，高举抗日民族统一战线的大旗，赢得了民心，赢得了民主党派的支持，两个领导中心的政治天平开始倾向共产党一边；再一个是1944年豫湘桂作战的失败，大后方批评重庆国民党政府声浪高涨，重庆、贵阳、昆明的大学教授、工商界知名人士对国民党政府明显失望，两个领导中心的政治天平再一次大幅度偏向中共。共产党领导能力和声望明显上升，国民党政府领导能力和声望明显下降。这是对抗日战争中国民党、共产党的领导地位和作用的切实说明，也是为什么抗战胜利后不久，国民党就垮得那么快，中华人民共和国能够迅速成立，近代中国历史开辟了新纪元的原因。

国民党的传统观点是不承认共产党在抗战中的领导作用，认为共产党"游而不击"，这是不值一驳的。现在一些"国粉"与国民党的传统观点相呼应，全面美化国民党抗战，否认共产党抗战，是历史虚无主义的表现，只要回归历史事实，抗战时期的领导作用是不难搞清楚的。

战时日本人怎样评价国民党和共产党

抗战时期，中国人民的死敌怎样评价国民党和共产党呢？这里举几个战时日本人的例子。

对于中国共产党实行持久战战略方针，日本侵略者极为敌视。曾做过日本首相、身为大将的阿部信行在1940年写道：立足于四川盆地的重庆政府，对日本来说已不足为虑，但是共产党的力量却延伸到中国四百余州，一举手一投足都极为深刻地影响到中国的命运，无论何时都主张对日抗战，阻挡了日本将中国殖民地化的"进路"，因而成了所谓"东亚新秩序"的头号大敌。阿部信行的看法很简单：重庆国民党政府已不足为虑，主张对日抗战的共产党是日本的头号大敌。

1944年，中华民族的持久抗战历经艰难曲折，已看到胜利的曙光，中共中央及时地发出了积极为战略大反攻做好准备的号召。日本华北方面军参谋部加紧研讨所谓中国形势和"剿共方针"，在研究报告中论及中国抗战历程时，突出提到了"中共以毛泽东名义"提出的持久战"三阶段论"，不得不承认："彼我抗争的经纬与国际战争、政治局面的推移，大体上就是沿着上述阶段过来的"；并且，"中共必然实施大反攻的概率很大"。这也不只是在华北的日军高层的看法。日本情报机构“大东亚省总务局总务课”，在同年编撰的《中共概说》中称：“对于第二次国共合作以后中共迅猛发展的步骤，大有注意的必要。”因此，该机构在这年专门编印了《毛泽东抗战言论选集》，将《论持久战》等5篇毛泽东著作全文译出，向日本当局“提供反映国共统一战线、抗日中国动向的宝贵资料”。

《抗日战争研究》1995年第2期发表了原载日本《This is读卖》杂志三笠宫的文章。三笠宫是昭和天皇的弟弟。1943—1944年，三笠宫亲王化名若杉参谋，广泛考察中国战场以后，对中国派遣军总司令部干部发表了讲话：《作为日本人对中国事变的内心反省》。他在这个讲话中列举日本自甲午战争以后侵略中国的事实，揭露日本军人的残暴行为，说日本对中国是“无所不取，掠夺殆尽”，特别指出共产党的军队“对民众的军纪也特别严明，决非日本军队所能企及”，在这种情况下，中共若不“猖獗”，“那将成为世界七大奇迹中的第一大奇迹了吧”。他还说：“在我看来，这样的日本军队，是无法与中共对阵的。”

以上三则例证，都是反映1940年后的历史事实，表明日本侵略者高层是怎样评价共产党、怎样评价国民党的，这也从反面说明了共产党是抗战时期的一个领导中心，共产党是抗战时期的中流砥柱。

（作者为中国社科院学部委员、中国史学会会长）

清代的另类“车改”

潘洪钢

清初，从王公贵族、八旗官员到汉族官员，骑马者多，乘轿者少

武职官员要带兵打仗，因此不得乘轿，原本是中国王朝的一个传统，如《万历野获编·勋戚》卷五载：明代“武臣贵至上公，无得乘轿。即上马，不许用橙杌”。

清朝以骑射取天下，对此项制度的继承便是顺理成章的事。顺治入关后，从王公贵族、八旗官员到汉族官员，骑马者多，乘轿者少，所以对于官员坐轿之事，并未给予特别的关注。顺治四年及九年，清政府两次颁布有关制度，在提到乘轿与骑马一事时，虽然规定了不同等级的官员乘坐轿子的大小等规制，但仍有“若不乘轿，愿骑马者，各从其便”的说法。当然，出于礼法的需要，清政府有时对乘轿一事也有关注。如顺治四年五月，有官员就平西王吴三桂等各路王爵乘轿一事请示，朝廷上谕回复说：平西、恭顺、智顺、怀顺各王，在镇守的地方可以乘轿，到京师则须骑马。但大体上，不论满洲王公还是八旗将领、官员，一般均有骑马的习惯，汉族文臣也多骑马，所以虽然定了乘轿的规矩，但并未引起高度重视。

随着承平日久，官员中享乐之风渐盛，弃马乘轿者渐多

康熙以降，社会逐步走向安定，经济渐趋繁荣。承平日久，官员中享乐之风渐盛。不仅王公贵族，而且旗籍官员、汉族中的武职将帅多有弃马乘轿者。此种现象在康熙时即已引起当朝注意，雍正、乾隆时期，出台了一系列旗员与武职官员不准乘坐轿子的规制。

康熙二十七年，曾下令将一名坐轿开赴作战前线的武职官员免职。雍正四年九月，出台了武职官员不准坐轿的规定："近闻副参游守等官，竟有坐轿并不乘马者，习瞻养惰，莫此为甚，且身为武臣而以乘马为劳，与职守大相违背，何以训练兵丁。嗣后副参游守等官概不许坐轿，以长怠惰之习。倘有不遵，该督抚提镇即行指名题参。"雍正六年出台规定：凡副将及其以下参将、游击、都司、守备等官，如不乘马，"擅自违制乘轿者，革职"。当然，雍正时期的这一规定，主要针对副将及其以下官员，还没有对旗籍官员乘轿一事做出规定。

旗员及武职官员不准乘轿的规定，到乾隆时期成为定制

乾隆时期，陆续出台了禁止武职官员、旗籍文武官员及宗室王公乘坐轿子的规定。乾隆五年，针对汉族武职官员多有乘坐轿子的情况，重申了雍正时期的规定："自副将以下至都司守备，俱公然乘坐四轿，甚至有前呼后拥，喧耀街衢者……各省督抚提镇，务将朕旨通行申饬。如仍不遵奉，即指名题参，交部议处。"乾隆十二年，下令禁止年轻宗室公等及旗籍武职大臣乘轿："年少宗室公等，平日亦皆乘轿。伊等不过间日上朝，自应练习骑马。似此希图安逸，亦属非是。此关系我满洲旧习，着力行禁止。"至于旗籍武职大员，"自应遵照旧制骑马，以为所管辖人等表率，若自求安逸，则官兵技艺，安望精熟"。乾隆十四年，进一步强调外放为官的旗籍文武官员，60岁以下者，一概不得坐轿。乾隆十五年，细化了满洲籍文职大臣禁止坐轿的规矩。规定所有旗籍文职大臣，除60岁以上，身体的确不好者，一律禁止坐轿。除辈分高于皇帝和年纪很大的以外，

王公亲贵亦禁坐轿。有乘轿资格的年轻亲王等，除了在特定的礼仪场合需要“列仪卫”，可以坐轿子以外，平时一律骑马。倘禁止后有坐轿者，着察旗御史即行察参，若御史不参奏，经访闻，连御史一块治罪。

有趣的是，乾隆帝多次发布禁止乘轿的上谕后，有的官员以为皇上是反感坐轿，于是改为坐车，乾隆帝不得不再次发布上谕，反复说明不许坐轿的意思：叫你们不坐轿，不是说你们没资格坐轿子，也不是你们不应该坐轿子，而是要你们保持“娴习武艺”，不要把满洲人的传统全都丢光了。乾隆二十二年，对于外省旗籍武职官员也明确规定：“各省驻防将军、副都统视在京都统副都统，凡武官皆乘马，将军、都统、副都统、总兵官，有老年不能乘马者，听奏明请旨。”亦即说，不仅旗人，绿营汉族将领都不得坐轿，年老体弱的要请旨，得到批准后才能坐轿。

对于违例乘轿的处罚，
乾隆定制后的一段时期相对较严，此后则时紧时松

清朝对于违制乘轿的官员进行惩治，早在定制以前就已开始。然而，在中国传统社会中，每一项规制，都难以贯彻到底，清代旗员、武职不准乘轿的规定也是如此。其间既有正常的“特许”，也有高官显贵的公然违制。

就一般情形而言，由最高当局出面给予的特许，都是有理由的，或者也是出于特殊原因。如，乾隆五十八年上谕：“向来武臣无乘轿之例，海兰察在军前效力多年，腿有宿疾，着格外施恩。赏令乘轿。”但这种特许或例外，易使一般官员感到乘轿也是一种尊荣，遂出现效仿者。如嘉庆年间，特许因保卫皇帝受伤的丹巴多尔济等乘轿，却导致一班官员“继者亦相率因之”。同时，也有一些特许，使贪图安逸的官员有了乘轿口实，如道光曾在谕令中说，如遇到“高山峻岭，逼仄崎岖，或稻田水曲，不能乘骑”等情况，可以允许乘坐“竹兜”一类的小轿或滑竿之类，这导致一些官员以此为由，寻机违例乘轿。

大体上，对于违例乘轿的处罚，乾隆定制后的一段时期相对较严，此后则时紧时松，越到后期，处罚越轻。有时是以违制乘轿的单一条款进行处理，更多的

时候是一名官员的多项违规行为中，有违制坐轿这一条。道光时，尚有福建提督许松年因违例乘轿而被革职的事例，后来，类似的严厉惩治渐渐减少。光绪时，湖广总督张之洞为整饬营伍，参劾宜昌镇总兵傅廷臣、郧阳镇总兵邓正峰“公然乘轿，毫无顾忌。旧制新章，一概置之不理”。但到了处罚时，却又说“姑念相沿旧习，量予从宽”。只不过是“请旨将其摘去顶戴，拔去花翎”而已。

公然违制的情况也时常发生，如乾隆时出征台湾的大将军福康安，出行所坐的大轿子，用36名轿夫抬行，速度极快。出师打仗，这位福大帅也坐轿，轿夫每人要备几匹好马，轮换时就骑着马跟着大轿行进。关于福康安的传说很多，他敢用这么大轿子是公然违制的行为，竟未受到处罚。在高官显贵面前，制度往往显得苍白无力，上行下效，违制之事渐渐相沿成习。无独有偶，清末湘军中也有武将坐轿子打仗的。曾国藩建立的湘军，本来就是以文臣上阵打仗为特点的，王鑫为湘军中儒将，此人上阵打仗，不骑马而坐轿子，每每端坐于轿中，指挥将士上阵。

专制时代的政令，往往难于贯彻执行，社会上对于此类违制行为，也多是有人举报、弹劾时才进行追究，或者是在犯了其他大案时才牵扯出违制坐轿这类行为。

（作者为湖北省社科院文史所研究员）

我党巡视制度的形成与发展

何益忠

党内巡视制度萌芽于党的创立和国民革命时期，形成和建制于土地革命时期

中共“二大”通过的《中国共产党章程》之第三章第十五条规定：“中央执行委员会得随时派员到各处召集各种形式的临时会议，此项会议应以中央特派员为主席。”这应该是党内巡视最初的党内法规依据。1923年中共“三大”通过的《中央执行委员会组织法》将中央执行委员会的法定人数增加到九人，其中五人组织中央局，其余四人则“分派各地，赞助地方委员（会）一同工作，每星期将所在地情形报告中央局一次”。这样，分派各地的中央委员就承担了帮助下级党组织开展工作、传递上下级信息的功能。国民革命蓬勃发展起来以后，党对于监督、指导工作更加重视。1925年中央扩大执行委员会通过的《组织问题议决案》明确提出：“应当增加中央特派的指导员，使事实上党对于区及地方实行指导全部工作。”1926年7月，鉴于革命运动的发展，中央扩大会议再次决定：“以后中央对于各区，各区对于各地方，最好能派遣特派员，考察并执行此种任务……”至此，党基本确立了从中央到区、地方、支部的党内巡视体制。

但是，作为一个制度存在，党内巡视却是在土地革命时期形成和成熟起来

的。大革命失败以后，中国共产党生存环境的恶化，使党内巡视的重要性凸显出来。生存环境的恶化使原本就强调纪律和服从的中国共产党进一步走向了集中。1927年11月，在《最近组织问题的重要任务议决案》中，中央认为许多决议和方针，“如土地问题，农民暴动的策略问题，劳动问题，国民党问题，往往在各地并不执行，谬解而成机会主义的实际行动”。于是，1928年10月，中央发布“第五号通告”，正式颁布党内《巡视条例》。该条例共15条，内容涉及巡视的目的，巡视员的派遣和条件，巡视员的职责等。条例规定自中央至县委、特委都须设专门巡视员。中央认为只有执行巡视制度，才能“了解下级党部的生活和群众工作的实际，使上级指导能正确而且合于实际，能密切的传到下级党部”。

六届二中全会以后，党内巡视又成为上级党组织进行“活的领导”的重要手段。所谓“活的领导”就是要求上级组织缩小机关，避免以“公文”指导下级工作，而应直接派人到下级组织了解具体情况，“广泛发展群众的积极性与创造性”，并“当面解决问题”。中央认为党内巡视是实行“活的领导”、根除官僚主义的重要方法。1931年5月，中央通过《中央巡视条例》，并要求各省各地参照该条例建立自己的巡视制度。《中央巡视条例》分五章，包括巡视员的条件，巡视员的基本任务，巡视员的工作方法，巡视员的职权、教育与纪律，附则。巡视员的主要任务是了解和传达党的决议并检查各级党组织对决议的执行情况，检查各级党组织的领导成分和领导方式，了解各地政治经济状况，了解各地群众组织状况，教育和提拔工农干部。《中央巡视条例》的颁布和执行，标志着党内巡视制度正式形成。

民主革命时期党内巡视制度的特点及局限性

民主革命时期的党内巡视制度具有两个显著特点：第一，除支部外，党的各级组织都有权派出巡视员去监督、指导下级组织的工作。1931年颁布的《中央巡视条例》在附则中要求“各省各地须参照本条例建立自己的巡视制度”。第二，巡视员是代表上级组织的“钦差大臣”，具有很大的“威权”。1931年的《中央巡视条例》将巡视员视为“中央对各地党部考察和指导工作的全权代表”。

民主革命时期，由于党长期处于秘密的、地下的状态，在反对旧政权、旧体制的过程中，只有形成高度集中的组织形态才能集中全党的智慧和力量。因此，作为一个革命党，肯定会强调个人对组织、下级对上级的绝对服从，也就需要建立相应的制度来保证这种服从。民主革命时期，党内巡视良好运作的一个前提是共产国际、上级组织的决议、方针政策肯定是正确的，因此需要通过党内巡视保证下级组织忠实地贯彻和执行。相反，如果共产国际、上级组织的决策不正确，则巡视制度可能会放大错误，进而带来灾难性的后果。这种状况在土地革命时期，特别是王明“左”倾错误时期，教训最为深刻。那么，如何保证党中央、上级组织的决策正确呢？这就需要党内民主。因此，在充分利用巡视制度优势的同时，还应该积极发展党内民主，挖掘党内外其他监督形式，并将其制度化，使党内巡视与其他监督制度形成合力才能解决腐败、党内统一及保证中央权威等问题。只有这样，巡视制度的效果才会进一步提升。

党内巡视制度较快建立是有历史原因的

首先，党内形成的相对集中的组织形态是巡视制度生成的直接诱因。党章中有关下级组织对上级组织绝对服从的规定除了需要党的下级组织，特别是下级组织的领导成员高度的自觉外，更需要制度上的保证。而党内巡视的主要目的正是“为使上级党部之一切策略，工作计划和指导能正确的被下级党部（直至支部）接受和执行。为直接帮助下级党部确定正确的政治、组织、工作的路线和一切工作的方法”。

其次，党的各级组织内部同体监督的缺失是党内巡视的现实需求。作为一种自上而下的监督，巡视制度是在党的各级组织内部的同体监督缺失的状况下，不得不实施的一种党内监督。建党以后，由于种种原因，在党内监督方面，我们比较强调组织对党员个体的监督；比较强调自上而下的监督，对自下而上的监督则重视程度一般；比较重视党的决策和执行机构建设。

再次，作为秘密的、处于地下状态的中国共产党，巡视制度满足了党内信息沟通的实际需要。由于长期处于秘密、地下状态，各地党组织之间、上下级党组织之间在信息沟通方面遇到了很多困难，为此党通过创办报刊，要求下级组织定期提供书面报告等方式解决这一问题。但在信息沟通方面，报刊的缺点非常明显。于是，直接由上级党组织派出并对之负责的，承担收集“巡视区域内之政治经济社会及党务的各种材料”责任的巡视员及相应的巡视制度就在党内信息沟通的现实需要中建立起来了。

巡视制度在新时期的发展与完善

尽管巡视制度曾在民主革命时期党的建设和发展过程中起到过重大作用，但是抗战开始以后，这一制度却在无形中被废除了。改革开放以后，随着党在自身建设方面新情况、新问题的不断出现，该制度又因党内监督和反腐败斗争的需要逐步得到恢复。进入新世纪后，党的十六大报告提出要“改革和完善党的纪律检查体制，建立和完善巡视制度”。2004年中央颁布《中国共产党党内监督条例（试行）》更将党内巡视制度作为一项重要监督制度列入其中。2007年党的十七大通过的党章也明确规定“党的中央和省、自治区、直辖市委员会实行巡视制度”。2009年7月，中共中央颁布《中国共产党巡视工作条例（试行）》，标志着党内巡视在新时期正式形成制度形态。十八大后巡视制度又得到加强。

（作者为华东政法大学马克思主义学院院长）

家书记录的中国人民抗战心灵史

张　丁

家书是写给家人、亲友的文字，是写信人内心世界的反映，因为写下的是心里话，古代又把写信称为“写心”。由于写信人生活在社会中，因此家书又反映了当时的社会生活，可以说万千家书描绘了五彩斑斓的社会生活。笔者多年从事家书的征集与编研工作，接触到大量各种各样的家书，其中最动人的就是写于抗战时期的百余封家书了。家书中既有高级将领一心保家卫国的战斗豪情，亦有普通士兵朴素的爱国热忱；既有各阶层民众共赴国难的民族自觉，亦有普通民众颠沛流离中的亲情传递，生动鲜活地展现了中国人民长达14年的抗战心灵史。

日寇入侵给中国人民带来了巨大的心灵磨难

烽火连绵的抗战中，很多普通的中国人家园被毁，亲人失散，他们的悲惨遭遇和生前留下的家书，成为控诉日本军国主义侵略罪行的铁证。

“在中原大会战的准备声中，武汉密布着恐怖空气，走啦！走啦！重庆、成都、香港、上海，纷纷地忙着奔波，我呢，满望到了汉口，或许在生活上有一点儿希望，如今可毁啦！不单舍却你们，在外面度那可怜岁月，而且要跟上四姊逃难哩！……乱世做人，简直不是人，过到哪里就算，也忧急不了许多。这几天，这里谣言很大，说要‘轰炸武汉’，管他呢！‘在劫不在数，在数最难逃’，我便听天由命吧！”

这是上海沦陷后小学教员姚稚鲁奔波逃难时在家书里跟妻子说的话。说完这话不久，他就在忧愤交加中去世，但无人知晓他死于何处。只有他先后寄给妻子女儿的10余封家书，成了这位年轻的丈夫和父亲留在世上仅有的痕迹。

1937年10月26日至11月12日，中国军队终于抵挡不住日军的猛烈进攻，放弃上海，全线撤退。至此，历时三个月的淞沪抗战结束，上海沦陷。这对于姚稚鲁一家而言，也是噩梦的开始。姚稚鲁家原住在上海南市，淞沪会战爆发不久，南市区老城厢很快陷入敌手，百姓纷纷逃难，姚稚鲁只得带妻子马芳珍和两个女儿慰瑾、亚瑾逃往法租界妻子的三哥家。面对纷乱的时局和越来越难以为继的生活，姚稚鲁与妻子反复商量，几经犹豫，第二年4月的一天，最终决定抛下妻子和两个年幼的女儿，独自一个人揣着100元钱，到南昌、武汉等内地谋生。谁也未曾料到，这一走竟是他与家人的永别!

“慰儿：要知道没有了你们便没有了我，所以我最低的条件是不许你们离开了我，前几天寄十块钱，并且带寄了四毛大洋给你和妹妹买东西吃的，想必已经收到，明天，到了汉口自然再要寄一点给你，你总要乖些，不要叫你妈生气，要知道，我虽然在外面，一颗心却天天在你身上呢！”

姚稚鲁流亡期间，正值中日几次大会战之际，华中兵荒马乱，难民如潮。他先后寄回上海的家书也能看得出写于匆忙之中，纸张大小不一，书信形式各异，落笔草草，仓惶之势显然。从家书中，不难看出姚稚鲁临终前那几个月凄怆的生活和悲凉的心态。

“我的病吗？怕不会好了，因为这里医院不但是少，而且诊费奇贵，没有上海那么便当，要是看一次，起码得四块钱，叫我出得起吗？——有没有送诊的医院？打听不出来——就是在家里。我自从到了这里，没有洗过一次澡，这里的苦处想你总该明白。总而言之，我的病生在破业的时候，就是该死！”

姚稚鲁本想在内地找到一个落脚之处，再返回上海接来妻子女儿团聚，无奈这一愿望一直没能实现，却多次遇见日机轰炸和一波一波逃难的人群。他身在外，心在家，每天纠结于分离的苦痛之中。“‘悲莫悲兮生别离’，古人早有此言，我为什么要舍却你们千里迢迢在外面奔走呢”？疾病、恐惧、生活无着，交织折磨着羸弱的姚稚鲁，随着战线不断往内地推进，浙江、江西、湖南、湖北均成为前线，直到姚稚鲁命丧武汉，他也没能找到一个安稳的后方。

姚稚鲁去世六年之后，湖南衡阳商会副会长、“集益”钱庄经理卢明璇也在逃难途中丢掉了性命。

1944年4月，日寇坂垣兵团大举进犯衡阳。衡阳守军在卫戍司令方先觉率领下奋起反击。衡阳保卫战持续49天，终因敌我力量悬殊，衡阳沦陷。沦陷前夕，卢明璇与同乡结伴西撤，欲往桂林寻找儿子。逃亡途中，他不幸遭遇日寇，为其所俘并被迫当了挑夫。卢明璇一介文弱商人，体衰年迈，哪能经受住这般蹂躏？所幸不久他乘隙逃出敌人的魔爪，后几经辗转，备尝艰辛，于1944年9月17日抵达广西阳朔一个叫福利市的小镇。此时的卢明璇饥寒交迫，孤苦伶仃，远望家乡，云山隔断。为了早日返乡，与亲人团聚，遂给儿子写下了一封求助家书。

“奈我只剩身上单衣，又无铺盖，资斧又不充裕，在近日天晴尚可抵御，设遇北风，岂不冻死。情迫无奈，于今早离开兴平市（距桂林下水廿里），往阳朔进发，路途茫茫，行至此间，得遇同乡恒庆祥萧君留住一宿，嘱宜坐船往平乐，大概明天首途如会到。锦德备妥川资，必暂刻回里一走，否则马上返转荔浦，或搭汽车或跑路，决议往柳州而来，再搭火车经金城江到独山。话虽如此说，真是千山万水，愁肠百结，奈乎阮籍途穷，不能不履此危险之路。余目光所察，本年难回衡阳，像此萍踪靡定，将何得了？左右思维，势非找到吾儿，方免冻饿之苦，至于春元启它，它不知与汝有无通讯，满姑生死难以探听。午夜静思，目不交睫，一家五口，各别一方，言之实堪痛心！”

然而当时正值战乱，邮路不通，直至抗战胜利后，这封家书才经由衡阳交通银行投递到已在屯溪交通银行任职的卢明璇的儿子卢达杰手中。之后，卢达杰又接到一位周姓同乡的来信，方才得知父亲寄出这封信不久，又离开福利市流落到柳州，后因身患疟疾，缺医无药，不幸病故，被周某等同乡安葬于柳州示范农场。

姚稚鲁和卢明璇都是普通的中国民众，他们的悲惨遭遇和生前留下的家书，成为控诉日本军国主义侵略罪行的铁证。可以肯定，命丧逃难路上的绝不止他们两人。据国民政府的调查，战时各省市难民及流离人民总数达9500多万人。抗战14年中，中国军民伤亡高达3500万人，其中江苏省伤亡就超过200万人。更多的中国人则是家园被毁，妻离子散。有家书为证。

日寇扰害，家人飘零，老母年近八旬，孑身故土，衣食费用如何取给，每一念及，心肠俱裂，真所谓父子不相见，兄弟妻子离散，此种不幸时事不图于我辈亲见之也。（1940年7月2日王南陔致侄孙王华林）

传闻家庭巨变，房屋遭敌寇烧尽，人虽幸免于难，但衣物、器具悉付火中。思念及之，不禁泪下。我家何此不幸？本来生活艰难，已不堪其苦，今罹此种灾祸，日后怎能设想？况母亲已近花甲之年，年来又不断遭劫，其中痛苦，自可想见。（1941年9月7日钟敬之致弟弟钟敬又）

这样的家书还有很多，记录了侵华日军给中国人民带来的巨大的身体牺牲、财产损失和心灵磨难，恕不能一一列举。

抗日将士血洒疆场的民族精神

一封封绝笔信、托孤信，将先烈们的内心世界展现在我们面前，中国军人保家卫国而不惜马革裹尸，表现出了应有的血性和民族气节。

司马迁在《报任安书》中说：“人固有一死，或重于泰山，或轻于鸿毛。”从此，泰山鸿毛之论作为一种生死观成为千古遗训，有气节的人都会做出自己的选择。70多年前，国家有难，匹夫有责。抗战英烈们诀别父母妻儿，走向战场，抒写了一曲曲民族抗战的悲歌。

王孝慈，1927年加入中国共产党，次年参加渭华起义，担任宜川特区党委书记。后担任晋中地委组织部长、冀西地委书记、太南区党委组织部长。在此期间，他的儿子向俊安参加了八路军，走向抗日战场，父子并肩作战。

1938年10月王孝慈给他的五弟向宗圣写信，鼓励他走出家乡奔赴抗日前线：

“你应立即奔上抗日的战场，在战斗的环境中创造你的人生，开辟你的前途！俊安是我的爱子，我既赞成他的行动，这绝不是无意味的称赞。你了解吗？也希望你打破庸俗人的见解，勇敢地走上民族解放的战场，与俊安、与阿兄、与全中国抗战的朋友们、与全世界拥护正义的人士们，手携手的向光明、向真理的大道前进！”

向宗圣原在家乡陕西渭南教书，在其兄的感召下，于1938年底离开日寇从未染指的家乡，奔赴山西抗战前线，参加了八路军120师。1942年5月23日，在山西忻县兰村与日寇的激战中被炮火击中，不幸牺牲。

太平洋战争爆发后，应美国和英国的一再请求，1942年初，中国组建了远征军开赴缅甸。戴安澜奉命率200师作为远征军先头部队赴缅参战，“扬威国外，藉伸正义”。3月，戴安澜率所部在缅甸同古保卫战中歼灭日军5000余人，但后在北撤回国途中遭日军伏击，受伤殉国。戴安澜牺牲后，人们在他的皮包中发现了两封信，其爱国情怀、报国之志，催人泪下。

“亲爱的荷馨：

余此次奉命固守同古，因上面大计未定，与后方连（联）络过远，敌人行动又快，现在孤军奋斗，决以全部牺牲，以报国家养育！为国战死，事极光荣。所念者，老母外出，未能侍奉。端公仙逝，未及送葬。你们母子今后生活，当更痛苦。但东、靖、篱、澄四儿，俱极聪俊，将来必有大成。你只苦得数年，即可有出头之日矣。望勿以我为念。……”

就在给妻子写了这封简短的绝笔信之后，戴安澜又给三位亲友写了一封托孤信，再次表示“余决以一死，以报国家”！信中同时流露出一个普通的父亲对家人的眷恋不舍：“余如战死之后，妻子精神生活，已极痛苦，物质生活，更断来源，望兄等为我善筹善后。人之相知，贵相知心，想诸兄必不负我也。”面对强敌，戴安澜实现了作为一名职业军人时刻准备为国捐躯的誓言。

走上前线杀敌救国，不仅是职业军人的职责，对于安徽省岳西县店前镇的农家子弟程雄来说，同样义不容辞。

“九一八”事变发生时，程雄还在店前高等小学读书，听到消息，他立志投军救国。为能掌握一些军事知识，在体育老师指导下，他自制木枪、木手榴弹，在店前河滩上与同学们一起进行简单的军事训练。1938年夏，他参加了第五战区安徽省动员委员会直属二十六工作团，积极参加抗日救亡活动，并加入了中国共产党，不久又参加了新四军江北游击纵队。1943年5月，分配到新四军第二师第五旅十三团二营三连任副政治指导员兼党支部书记、连长等职。临行前，他给双亲写下了一封家书。

“亲爱的双亲大人膝下：

儿这次为了民族，为了阶级，为了可爱的家乡，为了骨肉相连的弟妹求得生存和幸福，儿不得不来信辞别双亲大人，如果不能活着的话，双亲大人应保重玉体，抚育好弟妹。生活难度的话，可卖掉土地、房屋，把生命糊过来，到十年八年我们就好了，有饭吃、有衣穿、有房子住。现在儿就要离开大别山，走上最前线消灭敌人，保卫中华，望双亲不要悲伤挂念。儿为伟大而生，光荣而死，是我做儿子最后的心意，罪甚！罪甚！”

从信中可知，程雄已经做好了为国家和民族牺牲的准备，同时又以不能为父母尽孝而自责。发出此信三个月后，程雄在江苏省六合县桂子山与日军作战中壮烈牺牲，年仅24岁。

1941年12月下旬，日军重兵进攻长沙，与中国军队展开第三次长沙会战。国民革命军陆军第41师121团2营6连排长褚定侯奉命坚守浏阳河北岸，阻敌南犯。在即将与日军决战的前夕，他提笔给大哥写了一封长达6页的信，读来令人荡气回肠。

“弟部队已于昨日早晨出发进占阵地，而于昨日下午，师长亲自到弟阵地中侦察地形，改命弟单独守浏阳河北岸之村落据点，命弟一排死守此处，命弟与阵地共存亡。又云若在此能坚守七天，则可有办法。因此弟于昨日（廿五）晚率部到守地，连夜赶筑工事及障碍物，阵地之后五十公尺处即为大河，河阔水深，无舟无桥，此真为韩信之背水阵矣。本日情报：敌人已达汨罗江，计程三四日后能到此，然前线队伍，能毕力能抵，则能否到此，是为问题。加之本日湘北本年冬首次飞雪，则敌人之攻势，该稍挫缓矣。然吾军各师官兵均抱视死如归之决心，决不让敌渡浏阳河南岸来。弟告部士兵‘不要他渡河’！一句话，敌此次不来则已，一来则拼一拼。弟若无恙则兄可勿念，若有不幸则请兄勿悲。古云：‘古来征战几人回’，并请告双亲勿悲，生死有命，富贵在天，然弟一切自知自爱，务祈兄勿念。”

发出这封家书后不久，日军就进至浏阳河一线，褚定侯率部与日寇昼夜血战，在前有强敌、后无援兵的困难情况下，直至全排官兵壮烈殉国，最后“与阵地共存亡”。

民族危亡时刻，不论国民党，还是共产党，不论是将军，还是士兵，中国军人表现出了应有的血性和民族气节，保家卫国而不惜马革裹尸，于是才有了卢沟桥29军的奋起抵抗，才有了平型关的大捷，才有了“四行仓库”的顽强坚守，才有了台儿庄长达一个月的血战，才有了长沙、衡阳惨烈的保卫战，才有了“刘老庄连”的英勇牺牲，才有了佟麟阁、赵登禹、张自忠、左权等多位将军血洒疆场，才有中国军队歼灭日军154万人、为世界反法西斯战争做出巨大贡献的辉煌战绩。抗日将士的这种气节就是我们的民族精神，也是我们最终赢得抗战胜利的重要原因。家国情怀，催人奋进，一封封诞生于战火硝烟中的家书，将先烈们的内心世界展现在我们面前，虽然已经过去70多年，依然能够鲜活如初，感动你我。

各阶层民众同仇敌忾的民族情怀

“国难一天严重一天，凡是中国的国民，都要尽国民一份子的责任”。在救亡图存的危急关头，中国各阶层人民表现了空前的民族团结。

“九一八”事变激起了海内外中华儿女的极大愤慨，人们充分利用各种方式宣传抗日，唤醒民族意识。在一封菲律宾马尼拉与福建晋江之间往来的华侨家书中，采用了上海良晨好友社印制的多种抗日笺。抗日笺右侧印有“同胞速起！抗日救国！”口号，左上角印有不同的漫画图案，图案说明文字有“早滴狗涎，何所逃命”“家亡国破，命贱如蚁”“人其手矣，就其口矣”，形象生动，发人深思。有的信笺上印有“勿忘国耻”“还我河山”等字样。有的信封上还加盖了“抵制日货”的印章，印章内容有“抵制仇货，坚持到底；卧薪尝胆，誓雪国耻”“欲救国亡，抵制仇货；万众一心，坚持到底”等。

为了迎接即将到来的全面抗战，有计划地培养大批抗日的军政干部，1936年6月，中共中央在陕北瓦窑堡创办中国抗日红军军政大学（简称红大）。次年1月，红大跟随党中央进驻延安，并改名为“中国人民抗日军政大学”，简称抗大，公开招生。1月20日，抗大二期正式开学，至8月结束。这一期共设四个大队，学员1362人。韩雅兰就是第二期第四大队女生区队的学员。

韩雅兰1905年生于陕西省蒲城县，家庭条件优越，大革命期间参加中国共产党。1936年6月从复旦大学国文系毕业，年底，她瞒着父母偷偷跑到延安上了抗大。1937年4月18日在写给父母亲的家书中说：

“儿要为改造不合理的社会而奋斗，为后来女子求幸福，也要和男人一样为国家民族求解放，做一点有意义的事业，总比被人家气死有价值得多。这就是儿此次来延安的主要原因，请大人想想，章乃器、沈钧儒他们都起来挽救国家，儿受家庭社会的养育一场，怎能坐视不顾？所以儿决定来此学习一点真实学问，去应社会，求中国民族解放的方法。大人爱儿也必知儿之性，对任何事，决不会轻举妄动，儿都经过长期的考虑过。这次到三原晓得了此地招生的事，儿曾经仔细地考虑过后才决定走的。因为时间的关系，不能回西安面商于大人。想大人看现在全国人民抗日的热情，也许会不再生儿之气。”

尽管抗大的条件相当艰苦，韩雅兰却感到快乐。“这里（指延安）的物质生活比较外面苦些，但精神方面则比外面快乐得多”。抗大毕业后，韩雅兰奉党的指示返回西安从事地下工作，参加陕西妇女抗日救亡运动。1943年6月因病去世，终年38岁。

1937年11月，日军侵入浙江，杭州、绍兴、镇海、宁波、慈溪、余姚、温州、台州等沿海城市相继沦陷，金华、兰溪、丽水、衢州等内陆地区均成为前线。为挽救同胞的生命，正在同济大学医学专业读书的刘宗歆提前毕业，参加了红十字会医疗队。1938年6月11日，刘宗歆在写给妻妹陈丽的信中说：

“我现在又加入红十字会医疗队了。大考已过，成绩还满意。两三天后，就动身到金华去。金华现在比较是算前方了，伤兵很多，没有好医生来救护，医官都是不好的。金华现在虽然比较的危险，但我们仍是前去，多少人被枪杀了，多少财产土地被毁灭劫去了，难道我个人的生命还过分的重视！我很高兴能到前方去生活几时，到了那里，以后当再详告近况。”

1939年开始，侵华日军对浙江多地实施了细菌战，成千上万军民因疫情而丧命。1941年6月20日，刘宗歆被聘任为浙江省衢县临时防疫处隔离医院医务主任。日军在浙江义乌、金华等地播撒鼠疫细菌，对中国手无寸铁的百姓实施细菌战。12月26日刘宗歆在写给妻子陈娟的信中说：“我在义乌诊治鼠疫已得五十多人，半死半活（发病后一天半内服药者多治愈，二天后服药者多死亡），疫势未减，很忙短时间不能走开。”很快就到了年底，刘宗歆在诊治病人时不幸染上了鼠疫，很快发病，不几日就去世了。

“七七”事变的消息传到南洋各地，华侨更是掀起了倾力支援祖国抗战的热潮，纷纷捐款捐物，购买救国公债，有的参加义勇军回国参战。1939年4月，树妹在从菲律宾马尼拉寄给福建晋江浅姊的家书中说：“環侄整装乘舟返国，但他此行不是回家省亲，乃是为国当兵服务而去。”浅姊居住在晋江檀林乡，她的環儿在马尼拉随姨父许文修在工厂做事。这位热血青年在菲律宾华侨组织的号召下回国参军，投身于抗日救国的队伍之中。

华侨虽身处海外，但对祖国遭难、同胞受辱感同身受，故在家书中常常可见教育子弟用功读书、诚实做人、诚信做事、尽忠报国的内容。比如1931年10月31日，侨居菲律宾的林锡国在寄给泉州儿女的家书中说：

“现在我的唯一希望你们，就是在这东三省失地，还未收回，那里三千万的同胞，在暴日的铁蹄下，被他们蹂躏残杀，身受亡国惨痛，国难一天严重一天，凡是中国的国民，都要尽国民一份子的责任，同心奋斗，挽救危亡。你们虽然是小小的年纪，也应该努力念书，做一个替国家争气的人，切嘱。”

除了华侨、大学生、白衣天使，我们还收集到了爱国绅士、商人、职员、劳工、出版人、保育生、抗敌演剧队等阶层的家书，家书显示，在救亡图存的危机关头，中国各阶层人民表现了空前的民族团结，展现出同仇敌忾的民族情怀。抗战精神除了包括国共将士艰苦卓绝、血洒疆场的战斗精神，各阶层民众万众一心、众志成城的民族情怀，也包括广大同胞团结一心、共赴国难的爱国精神。即使在家国蒙难的动荡岁月，他们在一笔一画写就的家书中，仍然保持着尊老爱幼、兄友弟恭、夫妻恩爱、诚信奉献的中华传统美德，传承着中华传统文化，海内外中华儿女共同谱写了一曲高扬民族精神的爱国正气歌，这也是中华文明浩浩荡荡、赓续不绝的原因。

（作者为中国人民大学家书文化研究中心主任）

恶劣风气折射民国社会深层危机

赵英兰

近年来，对于民国时期社会的评价出现了越来越多的“新思维”“新发现”：例如，有说法认为，“民国社会风气自由活泼，创中国历史之最”；再如，“民国时期的‘温饱’早已不是问题，‘员工福利’大大超过新中国的任何时期”；“民国时期人民生活并非宣传中的那么差”等等，这些认识有失偏颇，并未全面、整体地了解与观察民国时期的旧中国，如果从不同的角度去看待那个社会，就会得出截然不同的结论。我想就烟、赌、娼社会的病态透析民国时期弱势民众群体的生活状况，以窥见民国社会风气之态势。

民国时期烟毒泛滥、嫖娼盛行、赌博成风，在这一系列妨碍社会协调发展的社会病态中，烟民、娼妓、赌棍等弱势民众群体的生活状况，可真实折射民国社会深层的社会危机。民国社会内忧外患接踵而至、天灾连年不断，再加上各届政府腐败无能，整个社会控制系统处于紊乱失调的非常规状态之中，这给烟、赌、娼等社会公害的滋生泛滥提供了适宜的土壤。

毒风：烟毒使民国社会风气败坏到令人难以置信的程度

民国时期，烟毒泛滥成灾，给个人、家庭、社会生活带来了沉重的灾难。

烟馆林立，烟民充斥。无论沿海、内地，还是城镇、乡村，烟馆到处皆是。除专门烟馆外，旅店、浴室、妓院、轮船等服务行业均兼做烟馆生意。真可谓“十室之邑，必有烟馆”。烟民也随处可见，又可谓“三人行，必有瘾者”。土产鸦片泛滥之前，国内鸦片主要是由外国进口。因价格昂贵，吸食者仅局限于富有之人及游手之辈。随着价廉易得的土产鸦片大量种植，农民日渐成为吸食的主力。在产烟大省，吸食鸦片是极普通的事，如在云南，“所见男妇童孺，类多吸烟”。在四川，“任何人家，每有客来，必摆灯盏，以烟敬客”。关于烟民人数，清末时英国公使朱尔典曾估计：1906年达到400余万人，占全国人口总数的1%。1936年南京国民政府军事委员会就烟民登记问题给各省县的训令中称：“全国平均烟民占总人口的6%。”当时全国人口大约有4亿人，烟民达到2400万，几乎相当于当时英国的总人口数。烟民不仅人数众多，而且遍布社会各阶层，“有男有女，有老有少，有贫苦百姓、富商大贾，还有军官、士兵、警察以及学生，甚至还可以看到骨瘦如柴、满脸烟色的乞丐”。

烟毒致使“烟民”变“废民”。烟毒含有的毒素对人体危害极大。其特点是极易使人上瘾，吸食之后，对鸦片会产生强烈的依赖。如果长期吸食，在体内发生慢性中毒，使吸食者由强壮而衰弱，由衰弱而疾病，由疾病而死亡。烟毒的摧残使烟民个个丧失意志，善恶不辨，唯以满足烟瘾为追求目标。在民国随处可以看到瘾君子的形象：“脸色灰暗，双颊深陷，颧骨高耸，瘦骨嶙峋，眼神呆滞无光，精神萎靡不振。”烟瘾发作时“呻吟不绝，肌肉抽搐，坐立不安，哈欠连连，鼻涕流淌，形同鬼魅。重者在床上地上打滚，叫苦连天”。

烟毒拆散家庭，祸及子孙。吸食烟毒者，不仅精神崩溃，生活态度也发生转变。整天一榻横陈，吞云吐雾，置家于不顾，这必然导致家庭生活不和睦，夫妻之间，父子、父母之间关系紧张，经常发生纠纷与争吵。烟毒是高消费品，烟民为满足烟瘾往往不惜大肆挥霍，遂致富者中落，贫者益窘，最后倾家荡产，妻离子散。因吸烟毒“控请离婚”之事经常发生，酿成人间一幕幕家庭悲剧。正如民间对联写的：“竹枪一支，打得妻离子散，未闻枪声震动；铜灯半盏，烧尽田地房舍，不见烟火冲天。”

烟毒的泛滥严重败坏了社会风气。1928年11月，胡汉民在禁烟会议上指出：

吸食烟毒在国人心目中是“极体面、极时髦的事”“是贵人富翁所做的事”，一些无钱吸食的人，“每每向往不止，以自己无能为大憾”。民国社会吸食烟毒不仅被当作一种时尚，而且烟毒成为日常生活和人际交往中不可缺少的东西，“以大烟款待客人已成牢不可破之习惯”。邻里纠纷、商场往来大都在烟榻上解决；朋友聚会也在烟榻上过瘾畅谈；甚至“以为鸦片可以羁縻住人”，为了避免子女外出嫖赌学坏，诱子吸烟，在家看守教育的事例也颇多。可见，烟毒对民国社会风气的败坏到了令人难以置信的程度。

民国社会烟毒泛滥有深刻的社会背景。一是外国烟商的走私、贩运，致使中国“成为万国私贩烟土的总贸易场”；二是历届政府重税不重禁的误国政策，缺乏强有力的社会制约，导致烟毒泛滥；三是军阀贩运烟土，作为军饷的主要来源；四是黑社会、土匪、烟帮为谋取暴利，纷纷染指鸦片，充当鸦片泛滥的媒介；五是社会民众素质低下、医疗教育事业落后、经济发展不平衡，以及缺乏正当的娱乐活动等等，都为烟毒泛滥提供了有利条件。

赌风：民国社会赌徒究竟有多少？民间有“十人九赌”的说法

民国年间，赌博之风渗透到社会的各个角落，成为社会一大公害。民国社会赌徒究竟有多少？民间有“十人九赌”的说法，就全国而言，显然言过其实，但就局部地区与个别城镇而言，其言属实。总体来说，民国年间参与赌博、涉及赌博的人，数量非常庞大。其中以赌博为业、整日泡在赌场、以赌场游戏人生的人，占有相当比例。

民国社会，当官的赌，当兵的赌，教书的赌，男人赌，女人赌，老年赌，少年赌，土匪赌，帮会赌，娼妓赌，乞丐赌，流民赌，穷人赌，富人赌。赌风吹遍天南地北，遍及城乡。赌风充斥着整个民国时期，反映了社会的颓废、人性的迷失和精神的荒芜。

赌风严重，但历届政府没有根治赌风的办法。辛亥革命后的政府，禁赌态度似乎是坚决的，并且从法律上予以禁止。尤其是蒋经国在赣南禁赌措施之严、力度之大，一时被传为佳话。但是南京国民政府与地方政府的态度和行为是矛盾的。一方面禁赌，另一方面又公开或变相地鼓励赌博。如1927年和1932年，广东省财政厅几次公开招商承办番摊、山票、铺票等赌博项目，借此增加所谓的“防务经费”。议员嗜赌成为民国社会一大特色。正如人们评论的：“嫖议员、赌议员、烟议员、疯议员、瞌睡议员、哼哈议员、武小生议员、花面议员、捐班议员、金钱议员。”

官府在禁赌上往往是前院紧后院松，禁民不禁官。历届政府禁民不禁官。当时舆论指出：“官府严禁赌博，对人民雷厉风行，监禁者有之，罚办者有之，而官署深处，依然呼卢喝雉，十分投入，此固人人所知，而亦人人所不敢过问者也。”北洋政府的官员贪赌，南京政府的官员也有过之而无不及。抗战胜利后，国民政府一面忙着劫收和内战，一面从政府官员到一般士兵带头赌博，社会风气越加浊化。

有人分析总结了民国时期赌徒群体的三种类型：其一，常胜将军型。在民国的赌徒中，一部分开办赌馆的老板以赌博为业，依靠赌博发达起来，既是赌业的组织者，又是赌场的参与者。他们抓住赌徒想赢怕输的心理，想方设法吸引赌徒玩赌。致使其越赌越输，难以自拔，直至输个精光，甚至赔上性命。赌场的老板被人称之为“常青树”，他们敛财发家致富，是建立在大多数赌徒破财输光的痛苦之上的。

其二，官赌结合型。民国社会政府官吏涉足赌坛者大有人在。四川地区的军阀、官吏同哥老会头子、恶霸地主、大小土匪一样沉溺于赌场中。邓锡侯、田颂尧、刘文辉等高级首脑的属下，只要战事停息，便终日沉浸在赌场，大肆挥霍搜刮来的钱财，过着赌徒式的荒唐生活。成都四个著名的“明堂子”（公开赌场），都是军阀所设。在南京国民政府当差的官员身份复杂，有的是帮会会员同时又获政府的官衔；有的一脚踩着赌场，一脚踩着官场。如黄金荣、杜月笙、张啸林等上海帮会头子，在插手政坛的同时，足踏赌坛，充当近代上海有名的大赌窟——“181号”赌窟的保护人。由于他们官赌结合，赌场经营安全，吸引社会各界赌徒，包括官僚资本家、银行经理、洋行买办以及党、政、军、特等。

其三，家毁人亡型。这种类型的赌徒输得极惨，却死不回头，最终弄得倾家荡产，妻离子散，家破人亡。赌徒自己或悬梁自尽，或服毒自杀，或投河而死，或饿死他乡，或不知所终。对于这些赌徒来说，赌场既是游戏人生的舞台，又是其自我毁灭的坟墓。

娼风：社会恶劣的生存环境逼良为娼

娼妓业兴盛，是民国社会又一病态。民国时期，从事娼妓业者的准确数字难以统计，时人撰文给予大概的估计：民国时期，“实行禁娼的地方，私娼特别众多；在开放娼禁地方，公私娼一样众多；而除去公私娼外，还有种种变相卖淫和以淫为副业的妇女，统计起来也可以成为一个很大的数目”。民国娼妓发展规模堪称世界之最。据1917年调查，世界各大都市中，伦敦、柏林、巴黎、芝加哥、名古屋、东京、北京、上海八大城市的娼妓相对集中的地方，尤以上海、北京为最多。民国时期各地妓院如雨后春笋，比比皆是，尤以北京、上海、广州三地最为严重。据调查在北京前门外、韩家潭附近的八大胡同等地，各类妓院达332家；1920年上海头等、二等、三等、四等娼妓院，包括公共租界、英法租界的妓院，娼妓人数达60141人。广州的各类妓院（即老举寨）共131间。妓院林立从另一个侧面说明娼妓之众。

民国社会恶劣的生存环境逼良为娼。鸦片战争后，外国资本主义的侵入，使中国延续数千年的男耕女织的自然经济解体，农村经济遭到重创，封建统治者对农业实行高额的地租剥削，繁杂的税赋压榨和沉重的高利贷盘剥，加之天灾人祸对农民的迫害、摧残，农民生计陷入绝境，纷纷离村，而流落他乡或都市，寻找生存的机会。女性亦不例外，都市对女性而言，既充满诱惑，又布满了陷阱。她们到城市生活，不是苦难生活的转机，而是非人生活的继续。她们或者到工厂做工，或难以找到正当职业，而投身于人肉市场，被迫为娼；在工厂的女工，往往因不堪工头的欺凌，也以卖淫为生；有的父母“为着贪图厚利而强迫女儿为娼”；还有的妇女被贩卖、典押作为娼妓。在1933年“国联”妇女调查团的报告中，证实了中国为远东地区贩卖妇女作为娼妓最多的国家。

民国畸形的社会需求为娼妓业提供了广阔的市场。辛亥革命后中国社会旧传统逐步瓦解，新制度尚未确立，社会充满了浮躁与萎靡。前清遗老、民国新贵、暴发户们要排遣情怀和领略春色，以补偿旧时的遗憾。娼妓业一方面为甘愿过嫖客生活的人群提供了场所，另一方面对一部分耽于逸乐生活在城市中的妇女充满了诱惑。“虽然她们的生活在经济方面不成问题，但因为她们爱好奢华，喜欢放荡，想不费丝毫的心力却能获得丰衣美食，获得更高的物质生活上的享受，而去当娼妓”。

娼妓是制度性的，它与整个的社会制度有着密不可分的联系。直到新中国成立后，逐步展开“禁娼风暴”。1949年，毛泽东对新任公安部部长罗瑞卿说：“新中国决不能允许娼妓遍地，黑道横行，我们要把房子打扫干净！”此后，在新政权的整肃之下，全国各地妓女得到解放。妓女们在教养院里学习、劳动，在医院治病。之后有的嫁人，有的回家，有的进入工厂做工，成为社会主义建设的一员。

（作者为吉林大学文学院教授、中国区域社会史研究中心主任）

治史需要多重证据

岳庆平

王国维在《古史新证·总论》中提出了“二重证据法”：“吾辈生于今日，幸于纸上之材料外，更得地下之新材料。由此种材料，我辈固得据以补正纸上之材料，亦得证明古书之某部分全为实录，即百家不雅驯之言亦不无表示一面之事实。此二重证据法，惟在今日始得为之。”除了王国维说的“纸上之材料”和“地下之新材料”外，传世书迹、民间传闻、民俗事象、文化人类学资料、前人研究成果资料等都应作为治史的证据。朱大渭先生提出：治史者要“真正掌握地上文献资料、地下文物考古资料、1000多年来前人的研究成果资料，一定要穷尽这三类资料，再去粗取精，去伪存真，择善而从，推雅取正，从而掌握准确可靠的有关资料，以及前人的真知灼见”。但重视“多重证据法”要避免“断章取义”“管中窥天”“随心假设，放手抓证”。

章太炎在《中国通史略例》中说：“今日治史，不专赖域中典籍。凡皇古异闻，种界实迹，见于洪积石层，足以补旧史所不逮者，外人言支那事，时一二称道之，虽谓之古史，无过也。亦有草昧初启，东西同状，文化既进，黄白殊形，必将此较同异，然后优劣自明，原委始见，是虽希腊、罗马、印度、西膜诸史，不得谓无与域中矣。若夫心理、社会、宗教各论，发明天则，烝人所同，于作史尤为要领。”

陈寅恪先生治史注重以诗证史、以史说诗、官书和私著兼顾。如韩愈《送董召南游河北序》是叮咛“董生勉乎哉”的赠序，陈寅恪先生却独具慧眼，出神入化，通过深达幽微的历史分析，从中挖掘出仕途失意者的社会心理，进而阐明长安集团与河北集团政治文化对立的形势。正如蔡鸿生先生所说：这固然由于陈寅恪先生博闻强记，掌握直接、间接有关的历史资料，但更重要的是博学加精思，也即他的治学之道有常人所无的思维力度。多少年来，人们往往被陈寅恪先生的记忆力所震惊，其实，他的想象力才真正是出类拔萃的。正如克罗齐所说：“没有这种想象性的重建或综合，是无法去写历史或读历史或理解历史的。”从历史上看，多想出智慧，确实是精神生产的重要历史经验。太史公如果不勤于“思”，《史记》就会有“记”无“史”，他标举的“通古今之变”也只能是空话一句而已。风靡20世纪学坛的西方两大史学巨擘，也无例外地以“思”见长。法国的布罗代尔能够从历史时间中发现快慢节奏，英国的汤因比能够打破国别而以文明类型作为历史研究的单位，都是由于历史智慧才大放异彩。

有人认为，顾颉刚先生运用古代文献、诗词歌赋、乐府变文、地理学、音韵学和现代民俗学对孟姜女传说的来龙去脉进行系统的梳理，认为孟姜女的原型是出于《左传》，在齐莒战争中阵亡的将士杞梁妻在奔丧途中接受齐庄公吊唁的故事，在后世逐步渲染成燕人杞良在长城服苦役，被官吏杀害，尸身被筑入城墙内，其妻到城边痛哭，哭倒了城墙，由此导引出孟姜女的故事。这对促进新史学的研究下移到民间文化的视角具有重要的意义。正如顾颉刚先生在《孟姜女故事的转变》一文中所说：“孟姜女的故事，论其年代已经流传了2500年，按其地域几乎传遍了中国本部，实在是一个极有力的故事。可惜一班学者只注意于朝章国故而绝不注意于民间传说，以致失去了许多好的材料。但材料虽失去了许多，至于古今传说的系统却尚未泯灭，我们还可以在断编残简中把它的系统搜寻出来。”不论是以物证史，以诗证史，以图证史，还是以民俗证史，都超越了传统的历史文献，扩展了史学研究的视野。

在重视“多重证据法”的基础上，我十分欣赏并尽力践行“读万卷书，行万里路”的理念。“读万卷书”可更多地了解和掌握“纸上之材料”、前人研究成果资料等；而“行万里路”则可更好地了解和考察“地下之新材料”、传世书迹、民间传闻、民俗事象、文化人类学资料等。如既不勤读书，又不多行路，则难免会像顾炎武在《与友人论学书》中所说：“人之为学，不日进则日退，独学无友，则孤陋而难成；久处一方，则习染而不自觉。不幸而在穷僻之域，无车马之资，犹当博学审问，古人与稽，以求其是非之所在。庶几可得十之五六。若既不出户，又不读书，则是面墙之士，虽子羔、原宪之贤，终无济于天下。”

我们在重视“多重证据法”的同时，也要重视严耕望先生提出的“看人人所能看得到的书，说人人所未说过的话”：“新史料固然要尽量利用，但基本功夫仍然要放在研究旧的普通史料上。”“真正高明的研究者，是要能从人人能看得到、人人已阅读过的旧的普通史料中研究出新的成果，这就不是人人所能做得到了。不过我所谓‘说人人所未说过的话’，绝不是标新立异，务以新奇取胜，更非必欲推翻前人旧说，别立新说；最主要的是把前人未明白述说记载的重要历史事实，用平实的方法表明出来，意在钩沉，非必标新立异！至于旧说不当，必须另提新的看法，尤当谨慎从事，因为破旧立新，极易流于偏激，可能愈新异，离开事实愈遥远。这是一个谨严的史学家要特别警戒的！”

（作者为北京大学历史系教授）

“还中国一个历史的公道”

阮家新

中国抗日战争暨世界反法西斯战争胜利已经70年了。70年来，由于各种原因，中国抗战在世界反法西斯战争中的地位，至今还没有得到充分的认知。某些西方国家有意无意地忽视或贬低中国抗战在世界反法西斯战争中的积极作用和巨大贡献，把中国看作一个小角色，这是对中国极大的不公平，不公正。英国牛津大学中国研究中心主任拉纳·米特教授的新作《中国，被遗忘的盟友》，对中国抗战作了较为客观、翔实、肯定的论述，认为欧美各国应该尊重中国这个战时盟友的贡献，还中国一个历史的公道。

有一种看法认为，中国的力量很弱，不是给日本以最后致命一击的国家，因而中国对战胜日本法西斯的作用微不足道。这是对历史的不尊重

有一种看法认为，中国的力量很弱，不是给日本以最后的致命一击的国家，因而中国对战胜日本法西斯的作用微不足道。这是我们不能同意的。由于第二次世界大战结束后很快就出现了以美苏对抗为特征的冷战局面，又由于中国内部在战后的政治变革和美英等国对中国的长期封锁，造成了中国同西方国家间的长期

隔阂。政治上和意识形态上的分歧，也渗透到第二次世界大战史的研究中来，西方政治家和学者在谈到日本的最终失败和无条件投降时，往往只强调美国的作用，而对中国在世界反法西斯战争中的重大贡献，或有意贬低，或轻描淡写，或闭口不谈，好像他们已经遗忘了中国这个昔日盟友的存在。这是对历史的不尊重和不负责。

众所周知，中国是在极端困难的情况下进行抗战的。中国没有美国那样强大的生产能力、科技能力和军事实力，没有原子弹，不可能很快转入战略反攻和战略进攻，不能很快给日本以致命一击，这一点无可讳言。中国的贡献主要表现为持久、坚韧和持续地消耗和削弱日本，把日本拖得筋疲力尽。试问：谁能像中国那样扛住日本的野蛮进攻，一扛就是14年？谁能像中国那样拖住日本，一拖就是几十个师团（日军进攻马来半岛和新加坡，用了三个师团，约10万英军只打了两个月，就全军覆没，向日军投降）？而且，中国战场上许多大的会战（如淞沪、徐州、武汉、豫湘桂等），日军投入兵力都超过20万人，远大于日军在攻占东南亚各国和太平洋各岛屿时的作战规模，日军在中国战场的伤亡总数，与在太平洋战场的伤亡总数也不相上下。当然，那时的中国还算不上强国，还受到其他强国的歧视，但列为世界反法西斯战争四大国之一，是当之无愧的。中国容易被盟友遗忘，很可能是因为当时中国国家实力弱小，而不是中国对抗击法西斯的贡献弱小。

在战争中，盟国之间的援助是相互的。没有盟国的援助，没有盟国对日本的强力打击，中国的抗战还要持续多年，这一点我们也有清醒的估计，所以我们总是不忘盟国的援助。但中国抗战同样援助了盟国，中国抗战的坚持持久和最后胜利，主要还是依靠我们自己的苦撑苦斗，而绝不是别人单方面的赐予。

拉纳·米特在《中国，被遗忘的盟友》一书中，没有采用中国学者常用的“东方主战场”一词，而用了“关键作用”一词。他是这样说的：现在“是时候全面、完整地重新诠释这场旷日持久的中日战争以及中国在‘二战’中所发挥的关键作用了”。“中国在20世纪三四十年代参与那场艰苦卓绝的战争，不仅仅是为了国家尊严和生存，还为了所有同盟国的胜利。正是在那场战争中，东西方一起抗击了有史以来最黑暗的邪恶力量”。中国的“关键作用”体现在哪里？米特提醒，中国人的全面抗日战争爆发于1937年，中国是最早抗击轴心国侵略的国家。这段中国历史，不仅是被遗忘的同盟国的历史，也是同盟国中受战争影响最大的国家的血泪史。这才是对中国抗战中肯而公道的评价。

中国抗战对世界反法西斯战争至少有四大贡献，绝非什么“小角色”

那么中国抗战对世界反法西斯战争的贡献体现在哪里呢？至少有以下几方面。第一，中国是最早举起反法西斯战争大旗的国家，是世界反法西斯战争的先锋。众所周知，日本是第二次世界大战的东方策源地，其标志性事件就是侵占中国东北的“九一八”事变。正是从“九一八”事变开始，日本一步一步扩大对华侵略战争，和德、意结成法西斯轴心，把侵华战争扩大为太平洋战争，把第二次世界大战推向了顶点。从“九一八”事变算起，中国抗战比欧洲大战早八年爆发，比太平洋战争早十年爆发。而且，这八至十年都是中国孤军奋战，西方各国大都持观望态度，甚至还以“东方慕尼黑”的交易来损害中国。正因为中国是孤军奋战，所以在西方大国眼里，这只是中日间的冲突，与他们无关，与世界大战无关。实际上，这就是第二次世界大战的源头，就是世界反法西斯战争的开始。

第二，中国抗战极大地打击、消耗、削弱和牵制了日本，减轻了对美英及其他盟国的压力。在太平洋战争爆发前，中国单独对日作战八至十年，虽然丢失大片国土，但也给了日本以极大的消耗和削弱，使它感到力不从心，深陷泥潭，打乱了它的计划，挫折了它的野心。日本发动太平洋战争，实际上是在中国问题久拖不决，国力、军力、资源都严重不足的情况下的孤注一掷，其中也包含着在更大的冒险中寻求解决中国问题的企图。在太平洋战争爆发后，中国战场仍然抗击着日本陆军30—40个师团和部分海军，相当于甚至多于它投向太平洋和东南亚的陆军兵力。试想：如果没有中国对日本的长期消耗、削弱于前，又没有中国对日本的有力牵制于后，日本能把多一倍以上的兵力用于对美作战，太平洋战争会如何演绎？如果没有中国的抗击和牵制，日本很可能打到印度，并和德国在中东会师，第二次世界大战将如何演绎？至少美英等国将遭受更大的伤亡和损失，对德对日反攻也将更加困难；大战会延长到何时，也未可知。中国抗战对盟国的支援作用，不说自明。

第三，1942年初，中国在自身极度困难的情况下，应盟国之请，派遣10万远征军到缅甸作战，在英印军纷纷溃败的危急时刻，充当了缅甸保卫战的主力军，掩护英军撤退，解救被围英军。1943年秋至1945年初，又与盟军协同作战，由印度东北边境向缅北反攻，歼灭日军两个师团，自己也付出重大伤亡。中国出兵缅甸，用“惨胜”换来了在本土抗日战场上豫湘桂战役的“惨败”，显示了中国在世界反法西斯战争中的大国责任和担当。

第四，从1931年到1945年，中国抗击日本法西斯侵略14年之久，伤亡3500万人，无论在时间上，还是伤亡人数上，在各同盟国中都堪称之最，这既是中国人民为捍卫国家领土主权而付出的代价，也是为争取世界反法西斯战争胜利而作出的民族牺牲，理应受到一切有正义感的人们的尊重。

正因为中国对世界反法西斯战争做出的巨大贡献得到大多数国家的认同，所以中国成为了联合国创始成员国。因此，有意无意地忽视或贬低中国抗战在世界反法西斯战争中的积极作用和巨大贡献，把中国看作一个“小角色”，这是对中国极大的不公平、不公正。战后70年来，中国在国际事务中发挥的积极作用和建设作用，证明中国是维护世界和平、维护正常国际秩序的坚定力量。

（作者为中国人民革命军事博物馆原副馆长）

中国现代民族国家建构中的重要一环

马 勇

“九一八”事变改变了中国历史走向，刚刚统一不久的中国重新陷入分裂。而且，这一次分裂不再单纯源自中国社会内部势力冲突，而是严复所说的广袤的边地连同它的人民，“归附附近的某一个强国”。（《清末民初政情内幕》，786页）中国不可能继续按照蒋介石给出的路径按部就班建设自己的国家。

“九一八”事变改变了中国历史走向，抗日救亡成为中国政治的主旋律

事变第二天，中共满洲省委迅即召集紧急会议，决定动员全体党员深入民间发动群众，组织反帝大同盟，反对日本帝国主义占领满洲。第三天（1931年9月20日），处于国民党军队“围剿”状态的中共中央就“日本帝国主义强暴占领东三省事件”发表宣言，谴责蒋介石的“不抵抗政策”，号召人民拿起武器，以民族自卫战争驱逐日本侵略者出中国。从此开始，抗日救亡成为中国政治的主旋律。

但从那时中国政府的立场看，“九一八”事变确属重大危机，但中国是否由

此与日本全面对抗，还是一个值得讨论的问题。张学良、蒋介石究竟是谁主导了“不抵抗”还可以探究，不过正如那时许多知识精英所意识到的，日本帝国主义决不会容许中国从容地建设一个新国家。

中方委曲求全并没有换来和平，反而助长了日本帝国主义侵略气焰。日本操控的所谓满洲国宣布其领土并不局限于东北，而是包括热河省。此后，长城内外就成了日军蚕食对象，成为中日争夺的战场。

1933年1月3日，日本关东军攻占山海关，预示着日本将进一步扩大对中国的侵略。第二天，中国政府向日本提出严正抗议，但日本根本不予理睬，反而加紧进攻热河的准备。2月13日，板垣征四郎奉命赶到天津设立特务机关，密谋收罗张敬尧等成立华北伪政权。23日，日本驻华公使有吉明借口热河省内中国军队危及满洲国的存在，要求中国军队立即退出热河全省。不待中方回应，日军于当天向热河发起进攻，中国军队不战自溃，热河省主席汤玉麟于3月3日弃城逃跑，使日军仅以123人先头部队没费一枪一弹，如入无人之境，轻易占领了热河省会承德。前后仅仅十天，热河全省失陷。

热河失陷，日本关东军向长城以内迅速推进，中国面临“九一八”事变以来最严重的危机，先前力主沉着应对的知识精英终于坐不住了，以为再不抵抗，亡国就在眼前。胡适1933年3月2日的一则日记，大致可以反映北平知识界的一般看法：

国家大事在这种人手里，那得不亡国？

十几年前，我曾说：“中国不亡，世无天理。”今日之事，还有何说！

在共产国际、中共介入后，西安事变和平解决，兄弟阋于墙共御外侮

热河沦陷，举国一致谴责蒋介石、张学良以及南京国民政府。3月7日，监察院高一涵等六名委员，弹劾失职者张学良、汤玉麟，要求军法严惩。为平息众怒，也为了替蒋介石担责，张学良3月8日引咎辞职。

接替张学良暂代军事委员会北平军分会委员长的是何应钦，何应钦按照蒋介

石的指示，“一面抵抗，一面交涉”，抵抗是为了给国人一个交代，以扭转胡适日记中所说的那种倾向，让人民留存一丝希望；交涉是因为中国的力量确实不足以抵抗，双方实力悬殊太大。

3月13日，胡适、丁文江、翁文灏等华北学术界领袖至保定谒见蒋介石。丁文江熟悉地理，深知热河失陷后，北平即已无险可守。而北平是一座历史悠久的文化古都，其意义非同小可，决不能让日本侵略者的炮火摧毁这笔人类文明财富。

学术界的意见引起了蒋介石的重视。事实上，蒋介石此时也没有与日本对决的信心。有了学术界的意见，蒋介石更愿意以和平手段化解危机，暂时保全平津。4月9日，蒋介石致电黄郛，稍后任命他出任行政院驻北平政务整理委员会委员长，指示他把握时机争取与日本达成谅解，维持暂时的和平。

和平不易获得，战争继续进行下去更困难。4月19日晚，正在北平指挥作战的军政部长何应钦，在华北集团军第一军团总指挥于学忠陪同下，与胡适、蒋梦麟、丁文江等学术领袖座谈，郑重讨论怎样才能结束战争，重建和平。鉴于当时的情况，学术界代表希望与日本达成停战协议以换取必要的准备时间。他们建议由蒋梦麟以私人身份往访英国公使蓝浦生，询问英国能否居间调停。他们提出的条件是：调停只限于停止双方的敌对形势，不涉及东三省或其他问题，并且只作口头而非文字上的协议。

蒋梦麟与蓝浦生的交涉并没有结果，但5月31日，中日双方达成《塘沽协定》。根据这个协定，中国军队继续后撤，实际上承认了满洲国，承认长城是中国的北部边界。

就中国全局而言，《塘沽协定》是一个屈辱协定，这个协定让绥东、察北、冀东，成为日军自由行动区，为日军进一步控制华北提供了便利。但其一方面激发了国内民族主义情绪，为两年后“一二·九”运动、三年后西安事变、四年后卢沟桥事变积蓄了动能，另一方面为切实进行战争准备发布了一个实际上的动员令。此后的中国，大致进入一个“准战争状态”，读蒋梦麟《西潮》很容易感觉那时在华北地区继续坚守的知识人，通过长城抗战，都比较清楚中日决战不会很远了。

1935年11月19日，蒋介石有一个政策宣示，强调和平没有到绝望时期，决不放弃和平；牺牲未到最后关头，亦不轻言牺牲。“和平有和平的限度，牺牲有牺牲的决心，以抱定最后牺牲之决心，而为和平最大之努力，期达奠定国家、复兴民族之目的”。显然，朝野各界对日渐趋强硬，中日全面冲突，以战争决胜负只是一个时间问题，只等待一个契机。

20天后，在北平爆发了蒋梦麟所说的“七七”事变前七年唯一一次大规模学生运动。这个被后来命名为“一二·九”运动的政治事件，极大促动了中国人的觉醒，中国社会各界放弃幻想、准备战争的情绪渐趋上风。

也正是在这样的背景下，撤回关内五六年的东北军不堪继续忍受“不抵抗”而丢失东北的历史指责，他们宁愿血染沙场，也不愿继续中国人打中国人的悲剧。1936年12月12日，张学良、杨虎城在西安发动兵谏，扣押亲临前线督战“剿共”的蒋介石，以“兵谏”的方式要求蒋介石放弃内战，领导抗日。

在共产国际、中共介入后，西安事变和平解决，蒋介石成为中国政治的新希望，包括中共在内的中国社会各阶级普遍拥戴蒋介石为抗日最高领袖。这是一个历史性巨变，表明中国人已走出内战，兄弟阋于墙共御外侮，中华民族全面抵抗只等待一个命令。

全面抗战爆发激发了中国人的家国情怀，中国军队用行动粉碎了日本迅速战胜中国的梦想

半年后，卢沟桥事变发生。第二十九军将士奋起抵抗。十天后（7月17日），蒋介石在庐山发表谈话，表示中国希望和平，而不求苟安；准备应战，而决不求战。蒋介石郑重宣布：在和平根本绝望之前一秒钟，中国依然希望和平。但“如果战端一开，那就是地无分南北，年无分老幼，无论何人，皆有守土抗战之责任”。蒋介石庐山谈话，确定了准备抗战的国家战略，迅速赢得中共，以及云贵川等地方实力派支持，中日全面战争一触即发。

其实，据后来研究，蒋介石庐山谈话以强硬姿态所要达到的目标并不是战争，而是和平。但这个谈话并没有被日本政府准确解读，日本不仅没有和平解决

卢沟桥危机的诚意，反而持续向平津增兵。26日，华北驻屯军向中国守军宋哲元第二十九军发出最后通牒，要求全部撤出平津地区。宋哲元严词拒绝，并向全国发出自卫通电。日本政府也不示弱，增调20万军队至平津。28日，日军按计划向北平发动总攻。29日，北平沦陷。30日，天津失守。此后一年，从北到南，从东到西，中国军队在正面战场进行顽强抵抗，用行动粉碎了日本迅速战胜中国的梦想。日本不仅没有力量迅速征服中国，相反，全面抗战爆发激发了中国人的家国情怀。

抗日战争既是中华民族全体一致抵抗，也是全面抗战爆发前，中国已被各种分离主义势力弄得四分五裂，卢沟桥事变发生后，分离主义运动依然没有停止，顾颉刚在《中华民族是一个》中说，“日本人在暹罗宣传桂、滇为掸族故居，而鼓动其收复失地。某国人又在缅甸拉拢国界内之土司，近更收纳华工，志不在小。在这种情形下，我们决不能滥用‘民族’二字以召分裂之祸”。近代以来最美好的政治名词“民族”，竟然一变而成为分裂主义的借口。

中华民族是一个，是中国历史的事实，也应该是中国政治的现实。抗战全面爆发后的中国历史学家、思想家，竭尽全力论证满洲自古以来属于中国，论证中华民族自古以来就是一个包容性超强的民族，是一个整体，而不是多民族搭起来的积木。著名思想家熊十力在颠沛流离之际撰写《中国历史讲话》，倡言五族同源，以为“中华民族，由汉满蒙回藏五族构成之。故分言之，则有五族；统称之，则唯华族而已。如一家昆季，分言之，则有伯仲；统称之，则是一家骨肉也”。五族同源，五族一家，五族就是一个大家庭。分言之，中华民族有五大族群；合言之，五族就是中华民族的内涵。这是抗战时期中国思想界的一大贡献，也是民族危机空前时刻所寻找到的重要思想资源。由此，中国人方才有理由坚信：“日本人决不能亡我国家，亡我民族，亡我文化。”历史依据的充实，是一个民族不会被轻易打败的根底。

“中华民族是一个”的讨论，引起进步知识界的积极回应，继傅斯年、顾颉刚之后，白寿彝、杨向奎、翦伯赞、吴文藻、费孝通等历史学家、社会学家都有相关文章发表，他们的讨论是对近代中国极端民族主义情绪的反拨，是对中国文明传统的复归，至抗战胜利，中国人的民族意识有了很大提升，抗战前、抗战中以“民族自决”为幌子的分离主义运动渐趋结束，“中华民族”的概念至此终于成为中国人不言而喻的族群认同。抗日战争既是中华民族全体一致的抵抗，也是中国现代民族国家建构中的一个重要环节。

空前危机带来空前机遇。一盘散沙的中国，在日本帝国主义侵略刺激下振作起来了，正像顾颉刚1935年《旅行后的悲哀》所意识的那样，“二三十年之后，我们的国家是亡定了，我们的民族是灭定了，再也翻不起来了。现在固然已到肺病第三期，但留得一口气，究竟还有起死回生的一点希望。日本人性急了，没有等我们绝气就来抢我们的产业，激起我们的自觉心和奋斗力，使得我们这一点希望能够化成事实，这是一个极好的机会”。

一个全新的具有现代民族意识的国家，经抗日战争一役得以确立，中华民族不仅没有被打败，反而经此刺激浴火重生，凤凰涅槃。

（作者为中国社科院近代史研究员）

民国政治的一个怪象

游宇明

民国是个非常奇怪的时代，一方面，它的政治构架是向西方学习的，行政、立法、司法一样不缺；另一方面那个时代又不讲规则，盛行政治谋杀，宋教仁案、史量才案、邓铿案都是当时非常有影响的暗杀案。

中华民国在南京成立的时候，国民党并没有完全统一中国，清政权还拥有整个北方。袁世凯应南方政府的要求以清廷内阁总理的身份逼清帝退位，这才有了形式上的南北统一。袁世凯这样做有自己的私心，那就是南方政权答应事成之后让他做民国总统。不过，国民党人知道，袁世凯跟自己不是一路人，于是使出两招：一是要求袁世凯定都南京，以便随时看守袁世凯政权的一举一动；二是希望改原来的总统制为内阁制，让总理掌握实权。1913年3月，国民党在第一届国会选举中获胜。3月20日晚10时40分，其代理理事长宋教仁在黄兴、于右任、吴铁城、居正、廖仲恺等人陪同下，来到沪宁车站检票口，准备登上开往南京的沪宁快车，就任民国政府内阁总理。此时，从他身后蹿出一个矮壮汉子向他开枪，宋教仁的身子晃了一下，踉跄了几步，倏地扑在铁栏杆上。众人立即将其送往沪宁铁路医院救治，因为失血过多，两天之后宋教仁气绝身亡。后来查明，暗杀宋教仁的是应桂馨、武士英，而这两个人又是受袁世凯的心腹赵秉钧指使。袁世凯是个视权如命的人，他不甘心自己的权力被分解，更不甘心自己的施政行为受到即将成立的内阁的约束，与赵秉钧一起策划了这起暗杀案。

袁世凯死后，清政权的残余势力辉煌不再，走上政治前台的国民党并没有摆脱袁世凯式的阴谋施政方式，依然用暗杀这种下三滥的手段对付自己的政治对手，将民国官场弄得乌烟瘴气。史量才是《申报》老板，《申报》最大的特色是敢于对权力进行监督。其发表的《“剿匪”与“造匪”》一文这样说：“枪口不以对外而以剿杀因政治经济两重压迫而走险之人民，正如杨杏佛所言，‘对杀人放火、奸淫掳掠之日军，既委曲求全，礼让言和，请其撤退；对国内铤而走险之人民则竟动员大军，大张挞伐’，此诚吾人所不能解者也”。

1931年12月17日上午9时，在南京的北平、天津、上海、武汉、广州、安庆、苏州、济南等地学生及南京各校学生共3万余人，由中央大学出发，举行了声势浩大的联合总示威，要求国民党政府下决心抗日。国民党南京警备师二旅武装士兵，挥舞大棒和刺刀，对手无寸铁的学生大肆屠杀，造成30多名学生被刺杀，100多名学生受伤，60多人被捕，此即“珍珠桥惨案”。珍珠桥惨案发生后，《申报》不顾禁令，如实报道，并发表《学生爱国运动平议》，称学生“其情则可原，其行则可敬，其艰苦卓绝之泣血呼吁，则可歌可泣”“充分显示我古国之民族精神尚未死尽”。对《申报》的舆论监督，蒋介石非常不满，1932年8月，他曾下令“禁止邮送”该报，禁邮35天才允许其再度出版。某次，蒋介石找史量才谈话，他说：“把我搞火了，我手下有一百万兵！”史量才则冷冷地回答：“我手下也有一百万读者！”看到史量才软硬不吃，蒋介石心里极其不爽，1934年11月，他派军统特务将史量才暗杀在沪杭道上。

陈炯明是老同盟会会员，治理广东也有一定成效，但他在对待不听话的下属方面与老蒋如出一辙。邓铿是粤军参谋长，陈炯明曾经对其很信任，但因邓铿说过陈炯明有二心，陈炯明当政不是广东之福这类的话，因此受到陈的忌恨。1922年3月中旬，陈炯明得知邓铿要去香港办事，派人在邓回来的路上将其暗杀。

在一个法治社会，除了特定情形，比如战争，非经法定审判不能杀人，暗杀本质上等于杀人，必须受到法律追究。而在民国时代，手握重权的人暗杀了别人，一点事儿也没有，官照做，权照用，福照享，这显然是不正常的。

民国的暗杀政治留下了深深的后遗症：第一，它使某些胆小的官场中人一切以上级的意志为行事准则，敷衍、苟且、不负责任。民国时不知政事为何物，只知捞钱捞女人的饭桶官员比比皆是，张宗昌、范绍增就是其中的代表。第二，它诱使某些相对胆大的官员通过武力与上级分庭抗礼，这就导致民国地方军阀林立、各自为政，比如山西有阎锡山，四川有刘文辉，云南有龙云，广西有李宗仁、白崇禧，而在一个号令不一的社会很难保持政治稳定、经济繁荣。民国后期通货膨胀、民不聊生，固然有战争的因素，但也与民国时代地方军阀各行其是密切相关。

暗杀政治是同盟会、光复会对付晚清政府的遗产，它在当时有一定的进步作用，但在民国成立后成为政治的一种毒瘤，使其时的中国离法治之路越来越远。

（作者为湖南人文科技学院教授）

伯力城审判：沉默半个世纪的证言

孙家红

人类历史上第一次针对细菌战罪行的公开审判

今年是世界反法西斯战争结束的第70年。在世界范围内——尤其当年参战各国，有多种多样的活动纪念这场旷日持久、创巨痛深的人类浩劫。这里我要论及的是一场近乎被国人遗忘、但十分重要的战后国际审判活动——1949年12月25至30日，在苏联远东城市哈巴罗夫斯克针对日军“准备和使用细菌武器”的战争罪行，对包括最后一任关东军司令山田乙三等人在内的12名日本战犯进行的公开审判。因为哈巴罗夫斯克原属中国领土，在汉语中旧名“伯力城”，故这场审判又名“伯力城审判”或“伯力审判”。这场审判首次揭示了日军侵华期间在中国东北进行活体实验、实施细菌战争等严重罪行，是二战后也是人类历史上第一次针对细菌战罪行的国际大审判，开创人类公开审判细菌战争犯罪的先河。

伯力城审判产生于特定的国际时势背景下

伯力城审判由于长期遭受人为曲解和掩饰，并未引起足够重视。二战后，关于战犯的国际军事审判，最著名者莫过于纽伦堡审判（1945年11月21日至1946年

10月1日）和东京审判（1946年1月19日至1948年11月12日），此二者不仅为战争犯罪审判开辟崭新纪元，更衍生若干国际法律规范，对形塑战后世界政治格局影响深远。历来关于这两场审判的研究者和研究成果众多，也最为国人熟知。但就战后远东国际军事法庭对日本战犯的审判惩处而言，与日本军国主义所犯下的诸般战争罪行相比，太过局限。即如关于日本战争罪行的揭露发现，乃至相关战犯的审判追责，都很不彻底，或曰存在严重的“漏罪”问题。仅就中国所遭受的战争苦难来说，在数十年日本侵华战争中，除常规战争带来的破坏摧残、奸淫掳掠等暴行外，还有更令人发指的，日军利用中国人进行的各类“活体实验”、细菌武器开发、实施细菌战等罪行。

二战结束前后，中国的南京国民政府和苏联政府曾就日本细菌战罪行进行调查取证，随将所获各项证据材料提交远东国际军事法庭，苏联甚至还曾押送两名亲身参与实施细菌战实验的日本战俘（柄泽十三夫和川岛清）到东京作证，拟就日军细菌战罪行提起诉讼。但在美国政府的野蛮干预和精心掩护下，昔日细菌战罪魁石井四郎、北野政藏、若松次郎、笠原辛雄，以及亲自批准组织进行细菌战的裕仁天皇等人，皆被免于起诉。

为何会发生这样的状况？从二战结束前后的国际形势来看，随着战事逐渐接近尾声，围绕国家利益和意识形态等方面的对立分歧，美、苏两大阵营之间的角逐竞争日益激烈。自1946年3月5日英国首相丘吉尔在美国富尔顿发表“铁幕演说”，冷战正式拉开序幕。而发生于1946年1月至1948年11月的远东国际军事法庭审判，自调查取证、开庭审理，乃至裁判处决，整个过程都被笼罩在冷战的阴云之下。最终，东京审判历时两年有余，竟未能将日本细菌战犯送上国际法庭，这不能不说是一种历史的遗憾。

然而，对日本细菌战罪行的揭发取证、对细菌战犯的国际司法审判并未就此终结。同样基于美、苏两大阵营的针锋对立，1949年12月25日至30日，苏联在其远东著名城市伯力城设置特别军事法庭（即滨海军区军事法庭），从当时拘禁的数万战俘中遴选出12名细菌战犯，就其所犯细菌战争罪行，进行公开审判。经过这场审判，苏联向全世界昭告日军曾在战争期间“准备和使用细菌武器”的犯罪事实。

这场审判尽管在法庭组织、审判规则、实体运用等方面存在一定瑕疵，但一经公开报道，国际反响十分强烈

这场由一个国家（苏联）组织特别军事法庭，对另外一个国家（日本）的细菌战犯进行审判的国际司法活动，尽管在法庭组织、审判规则、实体运用等方面存在一定瑕疵，尤与纽伦堡审判和东京审判迥然不同，但因其中揭露的日本“准备和使用细菌武器”等内容属于严重战争罪行，早被多项国际战争法规和惯例谴责、排斥；并且，苏联以一种近乎点名的方式，直斥“某个有力的大国”（即美国）掩盖这些令人发指的战争罪行，以致相关罪犯未能在远东国际军事法庭交付审判，得到应有惩罚；所以，这场审判一经公开报道，国际反响十分强烈，美方在难以否认基本事实的前提下，只能不断声称这场审判是一场“政治秀”，刻意在媒体上加以歪曲和反宣传。然而，随着1980年代以来美国政府相关档案解密，通过一些记者、学者研究揭发，美国当年攫取日本细菌战实验材料，聘用石井四郎等细菌战犯进行细菌武器开发，借以推进本国细菌战水平，并在随后的朝鲜战争中针对朝鲜和中国部分地区施放细菌武器等事实，早已大白于天下。

在战后关于战犯的系列审判活动中，伯力城审判是相当重要的一环。正如前言，继纽伦堡审判之后组织的远东国际军事法庭审判，使日本的主要细菌战犯逃脱法网，免于刑责。遗憾并令人费解的是，大约在此前后，在南京国民政府组织的数次大规模审判日本战犯活动中，对于日本细菌战罪行的调查取证、相关战犯的审判处理，一直未见有明显动作。（或因忙于内战，或许是在某一大国压力下不得已而为之？有待进一步揭示）因而，专门针对细菌战犯罪的苏联伯力城审判，尽管其中存在不少瑕疵，但作为二战后或曰人类历史上第一次针对细菌战犯罪的国际审判，正式开启了人类审判生化武器犯罪的正义之路，意义非凡。

数十年来，中国知识界对于这样一场重要而特别的伯力城战犯审判，鲜有深入专门的研究成果，普通民众而言，更少有关注

中国（提前）释放最后三名日本战犯是在1964年4月，自此关于日本战犯的个体的诉讼问责宣告终结，国内关于日本细菌战罪行的研究揭发也骤然沉寂，距今已有半个世纪。

笔者在查阅相关资料过程中发现：数十年来，中国的知识界对于这样一场重要而特别的伯力城战犯审判，一直鲜有深入专门的研究成果。对于普通民众而言，则更少有关注。目前中国学界基本限于利用伯力城审判的历史记录，讨论研究中国抗战期间的细菌战、活体实验等问题，或根据新近发现资料或实地调查报告，就伯力城审判中未能发现或存在偏差的细菌战史实，进行补充和修正。换言之，比较侧重在细菌战或抗战史的框架下进行讨论。相比之下，对于这场审判的来龙去脉，绝大多数论者只是作些简单介绍。因而，透过冷战的历史烟云，全面厘清伯力城审判的历史背景、审判过程、时代反响及其历史遗绪，尚是亟待研究开发的宏大历史问题。

（作者为中国社会科学院法学研究所副研究员）

章太炎痛斥抗战投降派

肖伊绯

1931年“九一八”事变后不久，65岁的章太炎（1869—1936年）在给关门弟子孙思昉的信中说：“东事之起，仆无一言，以为有此总司令、此副司令，欲奉、吉之不失，不能也。东人睥睨辽东三十余年，经无数曲折，始下毒手。”他强调，虽然抵抗未必能胜，但“败而失之，较之双手奉送，犹为有人格也。辽东虽失，而辽西、热河不可不守”。北伐之后，一直不承认南京政府、一直反对一党专政并遭到国民党通缉的章太炎，本来一直闭门研学，不问国事。此刻面对日军入侵，当局军队却“不抵抗”的怪现状，他终于忍无可忍，痛斥抗战投降派。

1931年10月，章太炎收到入室弟子马宗霍的赠书《音韵学通论》（该书由章太炎题笺）。他将该书通读一遍后，于当年12月7日复信马宗霍。按常理而言，这封信的内容本应是古文字学的学术交流，可章太炎却在信中大谈国事，再一次痛斥了抗战投降派，对国家现状深感沉痛。信文转录如下：

宗霍足下，前得《音韵学通论》三册，略已阅遍，大致不误。东事起后，当局已不能禁人言论，而老子终无一言者，盖拥蒋非本心所愿，倒蒋非事势所宜，促蒋出兵必不见听，是以默尔而息也。逮今拟划锦州为中立区域，则放弃东三省之志已决。学生群呼打倒卖国政府，亦奚足怪！但闻北来诸生复垂意于粤人夫已氏者，斯可谓暗甚也。陈友仁之东行所谈何事，见诸东国报纸，无可掩饰。然则校论宁粤两方，宁方则秦桧也，粤方则石敬瑭也。秦固屈伏于敌，石则创意卖国者。去秦求石，其愚缪亦太甚矣。此事起时，误在求联盟会。既不敢战，又不敢直接交涉。迁延时日，致敌之侵略愈广，而袁金铠辈汉奸政府亦愈巩固。此后敌虽撤兵，汉奸政府可撤乎？彼以不侵中国领土为名，而假其权于汉奸。乃施肇基辈绝未言及，亦可怪也。今日之势，使我辈处之，唯有一战……

章炳麟白十二月七日

章太炎在这封信中，将蒋介石视为秦桧，将汪精卫视为石敬瑭，认为这些投降派均难以拯救国家于危难之际。他更进一步指出，所有外交努力，所有国际交涉，都应建立在“敢战”的基础之上，否则都毫无意义。在当时情势之下，汉奸与卖国贼大行其道，就正是投降派们“不敢战”的结果。他激奋地宣告，“今日之势，使我辈处之，唯有一战”，并再次发出了与致孙思昉的信中相似的感慨，称即使“明知必败”，也应当奋勇应战，因为这关系到人格国格，因为“战败而失之与拱手而授之，有人格与无人格既异，则国家根本之兴废亦异也”。

但章太炎在“拥蒋”与“倒蒋”之间，心态也是极其矛盾的。他自谓“盖拥蒋非本心所愿，倒蒋非事势所宜”，但相比汪精卫等“创意卖国者”，还是希望能“促蒋出兵”抗战。在大敌当前的紧要关头，章太炎还是以国家利益为重，衷心期望政府当局为抗战发出统一号召，章太炎更以一系列实际行动，痛斥当局投降派，声援各地抗战，全力“逼蒋”抗日。

1932年1月13日，章太炎与熊希龄、马相伯、张一麐、李根源、沈钧儒、章士钊、黄炎培等知名人士，联名通电，痛斥当局“不抵抗”，强烈要求发动全民抗战。电文说：“守土大军，不战先撤，全国将领，猜贰自私，所谓中央政府，更若有若无”，要求国民党各派首领“立集首都，负起国防责任，联合全民总动员，收复失地”，否则“应即日归政全民，召集国民会议，产生救国政府，俾全民共同奋斗。”六天之后，章太炎又率张一麐、赵恒惕、沈钧儒、李根源等，联名通电全国。这则《请国民援救辽西》通电，对东北义勇军的奋勇抗敌予以了高度评价，称“义勇军以散兵民团合编，妇女老弱，皆充负担之役，胜则如墙而进，败则尽室偕亡，所谓将军有死之心，士率无生之气者，于此见之”。他严斥当局“素无斗志，未闻以一矢往援”，指出“国家兴亡之事，政府可恃则恃之，不可恃则人民自任之”。

1932年1月28日，日军又悍然对上海闸北发动了突然袭击。驻守上海的第十九路军将士在人力物力均处于劣势的情况下，奋起自卫，顽强抵抗，史称“一·二八”事变，就此拉开了淞沪之役抗战的序幕。章太炎此刻正居于沪上，目睹日军残暴与我军英勇，大为感动与激奋，为之撰写《书十九路军御日本事》。他盛赞此次战斗中的我军表现，称“自清光绪以来，与日本三遇，未有大捷如今者也”。篇末，他仍不忘再次告诫当局，应当团结一致，勇于“御外”而非“内争”，文中写道：“自民国初元至今，将帅勇于内争，怯于御外，民间兵至，如避寇仇。今十九路军赫然与强敌争命，民之爱之，固其所也。”

1936年5月，终于在章太炎逝世前一个月，蒋介石致信章太炎，保证相互信赖，庶几团结一致共渡难关。6月4日，章太炎于逝世前十日，复信蒋介石，最后一次痛陈利害，促其抗日。信末，谆谆告诫道：

“若夫开诚布公，以悬群众，使将相之视枢府，犹手足之头目，转移之妙，自在庙堂，此非草野所能与，而固不能不殷殷期望者也。匆遽阵辞，当不以临渴掘井为诮。”

这是在最后一次提醒蒋介石，全民族统一抗战乃大势所趋、势在必行，不可再犹豫权衡、但求自保，必须尽快“开诚布公，以悬群众”。

遗憾的是，章太炎没能看到全民族统一抗战的大幕开启。1936年6月14日，章太炎病逝于苏州锦帆路寓所。自“九一八”事变以来，章太炎以老迈之躯，口诛笔伐，南北驱驰达五年之久，以一代文士的赤诚良知，向政府、学界、民众大力呼吁，为全民族统一抗战奔走呼号，不遗余力，为其早已著作等身、声名远播的个人生涯画上了壮丽苍凉的句号。半年之后，1936年12月12日，西安事变爆发，张学良、杨虎城不得已以武力逼迫蒋介石，中国终于走上了国共合作的全民族统一抗战之路。

（作者为文史学者）

关于中国近现代史的分期问题

张海鹏

关于中国近代史与中国现代史的分期，是确定中国近代史学科对象的重要问题。换句话说，究竟是以1919年作为中国近代史、中国现代史的分界线，还是以1949年作为中国近代史、中国现代史的分界线，数十年来，一直是争论不休的问题。这个问题不解决，作为中国近代史学科的定义不能说是完整的、准确的。

胡绳以 1919 年作为中国近代史与中国现代史的分界

1949年以前的学者，对中国近代史和中国现代史是否区分、如何区分，并不十分在意。这也许跟那个年代里，近代中国的历史还在进行中，不无关系。换句话说，1949年前，中国近代史作为一个有独立研究对象的完整学科，还在形成过程中。

中国近代史和中国现代史的明确分界，源于胡绳1954年在《历史研究》创刊号上发表《中国近代历史的分期问题》一文。此文的发表，引起了近代史学者的强烈关注和热烈讨论。胡绳非常明确地把中国近代历史本身的时限范围，限制在1840年至1919年之间，这次讨论也基本遵循了这一分期。于是，中国历史学界出现了中国近代史和中国现代史的明确分界，分界线就是1919年发生的五四运动。此后，学术界往往把1840年鸦片战争至1919年五四运动的历史称作中国近代史，

1919年以后的历史称作中国现代史。换一句话说，把旧民主主义革命时期的历史称作中国近代史，而把新民主主义革命时期的历史称作中国现代史。范文澜在1955年出版的《中国近代史》上册“九版说明”中特别指出：“《中国近代史》上册，是1945年我在延安时写的，当时原想把旧民主主义革命时代和新民主主义革命时代的历史一气写下来，将旧民主主义革命时代划归上编，新民主主义革命时代划归下编，本书则是上编的第一分册。现在因为近代史与现代史已有明确的分期，故将此书改称为《中国近代史》上册。”这个说明明确指出了“现在因为近代史与现代史已有明确的分期”这个事实。范著这一次改动，对以后中国近代史书的编纂影响甚大，中国近代史的时限几乎就定在1840年至1919年。可以这样说，1999年前出版的中国近代史书，其时限都是如此。

范文澜率先提出按照社会性质来划分历史时期

在历史学界百家争鸣的氛围下，研究中国近代史的学者对上述分期主张提出了不同见解。范文澜、林敦奎、荣孟源、李新、刘大年、陈旭麓等学者提出按照社会性质来划分历史时期。因为1840年至1949年的中国是半殖民地半封建社会，中国近代史应该包含1840年至1949年的整个时期。

1947年范文澜在华北新华书店出版了《中国近代史》上编第一分册，该书第一次给出了中国近代史的完整概念。该书以1840年鸦片战争至1919年五四运动为旧民主主义革命时期，是为上编；以1919年五四运动后的中国历史为新民主主义革命时期，是为下编。范著从革命史的角度确立了中国近代史的框架，明确指出中国近代史是由旧民主主义革命时期的历史和新民主主义革命时期的历史组成。这一框架虽然是从革命史的角度定义中国近代史，但它的确是以1840年至1949年作为中国近代史学科概念这一主张的滥觞。虽然他在1955年出版的《中国近代史》上册“九版说明”中，接受了胡绳的分期；但在1956年7月在政协全国委员会举办的中国近代史讲座上所作的报告中，他仍强调1840年至1949年间的历史是半殖民地半封建社会的历史，只是习惯上把1919年前称作近代史，把1919年后称作现代史。在这里，范文澜强调了“习惯上”，表明他并不认同这样的分期是科学的。他指出："自从1840年鸦片战争开始，一直到1949年中华人民共和国成立，在这一历史时期里，一方面，帝国主义勾结中国封建势力，一步深入一步地把中国变为半殖民地、半封建社会，另一方面，中国人民反对帝国主义及其走狗，一步提高一步地进行着民族革命和民主革命。"

胡绳建议把1840年至1949年作为完整的中国近代史

进入改革开放的历史新时期后，又一次发生了中国近代史和中国现代史分期问题的讨论。坚持1919年五四运动是中国近代史和中国现代史分界线的学者，主要以旧民主主义革命与新民主主义革命的区别为根据，为了突出无产阶级领导的新民主主义革命的重要性，主张中国近代史结束于1919年。但是这种主张忽视了以社会性质作为区别历史分期的标志的意见，忽视了在半殖民地半封建社会里，无论是旧民主主义革命还是新民主主义革命，都是民主革命的性质，都是反帝反封建，区别只是领导力量的不同、革命前途的不同。笔者和赵庆云合著的《试论胡绳的中国近代史研究》指出：这样的分期法割裂了1840年至1949年近代中国这个整体，因为这110年是一个特殊的历史社会形态，"即在封建社会崩溃中被卷入资本主义世界的半殖民地半封建社会"。因此，把1919年作为中国近代史下限的分期不利于了解和把握中国历史发展的全过程，不利于总结近代中国历史发展规律。诚然，我们应该看到，这种分期在当时有其历史合理性。但是，随着时代前进，其局限性愈发显现。解铃还需系铃人，胡绳在反思中曾多次建议打通1840年至1949年，作为完整的中国近代史。

1981年人民出版社出版了胡绳的《从鸦片战争到五四运动》，他在序言里一开始就说："这本书所讲的是中国半殖民地半封建时代中的前一段，即无产阶级领导的新民主主义革命开始以前一段的历史。虽然多年来大家习惯上称这一段的历史为中国近代史，但是早已有人建议，把中国近代史规定为从1840年鸦片战争到1949年中华人民共和国成立前的110年的历史，而把中国民主革命的胜利，摆脱了半殖民地半封建社会以后，进入社会主义时代的历史称为中国现代史。在中华人民共和国成立已经超过30年的时候，按社会性质来划分中国近代史和中国现代史，看来是更加适当的。”同样的意思，胡绳在给《近代史研究》创刊100期纪念号题词的时候再次重复。李侃、陈旭麓与笔者都发表文章，论证了认识中国近代史、中国现代史分期的种种理由。

把1949年新中国成立作为中国现代史的起点是科学的

1999年以来，已经有数种中国近代史书籍采用了1840年至1949年的分期方式。高等教育出版社出版的《中国近现代史纲要》，是马克思主义理论研究和建设工程重点教材，是全国高等学校本科生必修的思想政治理论课教材。其开篇第一句话就是：“中国的近现代史，是指1840年以来中国的历史。其中从1840年鸦片战争爆发到1949年中华人民共和国成立前夕的历史，是中国的近代史；1949年中华人民共和国成立以来的历史，是中国的现代史。”这是一个非常重要的信号，它标志着中国近代史、中国现代史的分期已经写进了大学教材，成为了学术界的共识。

总而言之：中华人民共和国的成立标志着近代以来中国人受侵略、受欺侮的时代一去不复返了，标志着近代中国半殖民地半封建社会的结束，中国开始进入社会主义的建设时期。这就是说，这一事件标志着中国近代史的结束，中国现代史的开端；标志着旧时代的结束，新时代的开始。

有人主张，中国现代史从1919年开始，一直延续下来。这种主张不仅模糊了社会性质的不同，也掩盖了1949年这个年份的重要性。有人主张中国现代史从1911年开始，这种主张重视辛亥革命，却忽视了1949年中华人民共和国的建立较之辛亥革命有着更为重大的历史意义。讨论中国近现代史的分期，看起来是历史研究中一个具体问题，实际上涉及重大理论问题。通过讨论，我们明确了，1840年至1949年的近代中国历史，是半殖民地半封建社会的历史；1949年以后的中国历史，是中国建设社会主义时期的历史。这样的历史分期，是建立在历史唯物主义基础上的，是符合历史实际的，因而是科学的。

（作者为中国社会科学院近代史所原所长、研究员）

官箴与预防腐败的关联度

刘建民

腐败是人类社会的政治顽疾。只要存在权力，就有可能产生腐败，古今中外莫不如是。因此，反对腐败也自然而然地成为人类文明的重要课题。从最古老的神话传说，到当今的制度、法律，皆可窥见世界各民族遏制腐败的努力。中华文明持续发展了至少5000年，与腐败斗争的悠久历史，无论积累的经验，还是获取的教训，都非常丰富。古代中国有种文献，称为官箴，在预防腐败方面，也曾发挥过特殊的作用。

官箴的内容与预防腐败的关联程度，直接取决于作者的撰述动机

写定官箴文书首先需要具备动机。例如，杨昱《牧鉴·序》曰："牧鉴者，集经史百家之格言懿迹，有关于政者，为牧人者之鉴也。必曰鉴何？人欲修容者，则冶金为鉴以自见，况司牧者，可无鉴乎？修容者，鉴于金则容可正；司牧者，鉴于古则治可进……古固有恐过优游，将不堪事，朝夕运甓者，今出入经史，纂集抄录，将不可与运甓者方乎？"在序文里，杨氏开明宗义地指出，以书为司牧者鉴，且避免优游过度不堪事，是自己选辑《牧鉴》的目的所在。

事实上，也有官箴文书不像杨昱那样明确交代撰述意旨，而是将其隐藏在文书的字里行间。吕本中《官箴》开篇即言：

当官之法，唯有三事：曰清，曰慎，曰勤。知此三者，可以保禄位，可以远耻辱，可以得上之知，可以得下之援。然世之仕者，临财当事，不能自克，常自以为不必败。持不必败之意，则无所不为矣。然事常至于败而不能自已，故设心处事，戒之在初，不可不察。

他认为，当官之法无非清、慎、勤三事而已，之所以书于篇首，意在劝勉仕者“设心处事，戒之在初”。其资鉴之旨，虽未明言，却已昭然若揭。

《官箴》的这段文字，还能反映另一个重要的问题：官箴的内容与预防腐败的关联程度，直接取决于作者的撰述动机。吕本中将清、慎、勤三事置于篇首，而“清”又列三事之首，足见其视清廉为宦者的首要条件。关于清廉从政的劝勉，占据了《官箴》的大部分篇幅。如“当官之法，以直道为先”“当官既自清廉，又须关防小人”“徐丞相择之尝言，前辈尽心职事”“当官者，凡异色人不宜与之相接”“后生少年，乍到官守，多为猾吏所饵”“孙思邈尝言……戒于近者，不侈于远”“叔曾祖尚书，当官至为廉洁”“当官取傭钱般家钱之类”“当官之事，务求着实”“前辈尝言，公罪不可无，私罪不可有”诸条或晓之以理，或示之以例，皆在告诫官员洁身自好。《官箴》全文凡三十条左右，诫廉者多达十五条，是与吕本中劝清、劝慎、劝勤的撰述意旨是分不开的。与之相对的，一些官箴文书的撰述目的不在于提倡廉政，也就没有与之相关的内容。

官箴能够发挥作用，原因就在于不少官箴文书里囊括了劝诫清廉的内容

在古代中国的腐败预防体系里，官箴能够发挥作用，原因就在于不少官箴文书里囊括了劝诫清廉的内容。《臣轨》的“守道”“公正”“诚信”“廉洁”章，《州县提纲》的“洁己”“平心”“专勤”“奉职循理”“节用养廉”“勿求虚誉”“防吏弄权”“严内外之禁”“戒亲戚贩鬻”“燕会宜简”“吏言勿信”“事无积滞”“四不宜带”“三不行刑”“奉给无妄请”诸条，《三事忠

告》的“拜命”“上任”“听讼”“御下”“慎狱”诸目，《西山政训》的“清狱犴”“平赋税”“禁苛扰”诸条，《牧鉴》的“治本”“心术”“克勤”“治体”“宽严”“上下”“烦简”“急缓”“听事”“刑罚”“财用”诸目，《昼帘绪论》的“尽己”“临民”“事上”“御吏”“治狱”“催科”“理财”“差役”“用刑”“势利”“远嫌”诸篇，都是中国古代官箴的诫廉精华。

这些诫廉的篇章可以分为两类，第一类是劝诫，侧重于义理的论述；第二类是指南，侧重于技巧的说明。

《睡虎地秦墓竹简·为吏之道》就是一篇以劝诫为主的文字。据推测，《为吏之道》可能是学习做吏的人使用的识字课本。整篇文字在告诫官员修养品行，避免腐败也是规劝的重点。文中的“精絜正直”“审悉无私”“廉而毋刖”，即要求官员清白、廉洁、正直，详辨、周全、无私，尽职尽责、不可残暴；原文“临材见利”至“过去福存”一段，反复论述贪污的祸害，要求官员洁身自爱；“吏有五善”至“必有大赏”一段，要求官员忠敬、清廉、审当、善行、恭让。

指南类的诫廉篇章，也被称为行为类。例如，《政学录》曰：

州县监仓，切近掌印正官，下情既易通闻，群小犹知忌惮。驿递之设，半不同城。官同吏卒，情同猫鼠，不惟禁约为难，亦且贪虐同术。籲天之声，何由上达，又朝夕在其掌握，有冤亦不敢闻。以后发驿徒夫，除徒夫牢头不许擅自殴打外，其驿官以法钤束，其应得责治者，不得过十板。

州县之中，官与吏的关系是很微妙的。一方面，官要依靠吏办理具体事务；另一方面，吏也容易借机为非作歹。如何处理两者的关系，上述文字提供了指导性的方法。

官箴的传布主要有三种途径：官方的推广、私人之间的馈赠、作为商品的流通

官箴写定之后，需要传布才能授予读者。官箴的传布主要有三种途径：一是官方的推广，二是私人之间的馈赠，三是作为商品的流通。

第一种途径是由某些主政者的命令实现的，《臣轨》《大诰》和《御制人臣

儆心录》皆属此类。《明实录·太祖实录》记曰：“上以中外臣民染元之俗，往往不安职业，触丽宪章，欲傚成周《大诰》之制，以训化之。乃取当世事之善可为法恶可为戒者，著为条目，大诰天下。久之，又虑《诰》条所载，未能尽天下之情，续为一编，以申其意，使民观感，知所劝惩。自是，民之作非者鲜，从化者多，故又作三编。”朱元璋不仅亲自编定大诰，而且还采取行政命令强行推广于全国。《大诰》第七十四条“颁行大诰”曰：“朕出是诏，昭示祸福。一切官民诸色人等，户户有此一本，若犯笞杖徙流罪名，每减一等，无者加一等。所在臣民，熟观为戒。”

与官刻的官箴不同，家刻的官箴通常以第二种途径传播。中国古代的官吏素有交游的习惯，他们会彼此交换书籍，分享同好。例如，汪辉祖的《学治臆说》《学治续说》等，在家人的鼓动下交付刻印之后，在关系甚好的交游之间传播开来。河南夏邑令慎习严在赴任之前，老师送给他一册《佐治药言》，随时学习求教。据汪氏的叙述，慎习严正是他的同门，他们的老师就是宰相王杰。乾隆五十八年（公元1793年），汪氏记载王杰书信：“寄来家刻四种，皆有用之书，必然可传，将《佐治药言》及《续编》重刻装订。俟同人出仕者来见时，人授一编，以广年兄之惠。”信中言及《佐治药言》重刻、馈送之事，慎习严得书，盖即由此途径。

清代以后，官箴的传布越来越依靠商业活动。这种情况，一方面归因于当时人数众多的胥吏、幕友的需要，另一方面也由于印刷技术的革新和书坊的出现。根据学者的研究，有的官箴文书通过市场，传播非常广泛，譬如潘月山的《未信编》和黄六鸿的《福惠全书》，尤其是后者，几乎至于初仕者人手一部的程度。

官吏们学习官箴的方式是多种多样的，有时甚至会把关键的文字置于最为醒目的地方，可以随时警示自己

官箴经过传布，从政者得到书籍，进入学习和践行阶段。官吏们学习官箴的方式是多式多样的，有的时候，甚至会把最为关键的文字置于日常最为醒目的地方，可以随时警示自己。

《全唐诗》所载王周《和程刑部三首·公会亭》诗云："官箴居座右，夙夜算难忘。"诗文反映，王周将官箴放在平时就座的座位旁边，便于学习。类似的做法，还有宋高宗赵构和明太祖朱元璋。"尔俸尔禄，民膏民脂。下民易虐，上天难欺"是著名的《戒石铭》，赵构令各府州县将铭辞刻石，立于各衙门大堂前，新官上任之时，需率众拜碑，并大声颂读，以示公心。朱元璋则命令将此戒碑立于通往衙门的甬道中，并建亭保护。到清代的时候，又将戒石碑改为"公生明"牌坊。这些措施都是在耳提面命，深化学习效果。

有的官员学习官箴，态度是非常诚恳的。官箴所授的内容，的确亦可以弥补仕人的不足。阮元写过一篇《重刻〈学治臆说〉〈佐治药言〉序》，有言曰：

此二卷反复数万言，无非上重国事，下济民生，乃极有实用之书。初仕者读之，胜于十年阅历矣。

彼时的科举考试以传统儒家经典为主要内容，选拔出来的人才缺乏实际从政经验和技能。阮元所谓"初仕者读之，胜于十年阅历"，即在强调官箴能弥补仕人在这方面的缺陷，并在预防腐败方面发挥了特殊的作用。

（作者为湖北师范大学历史文化学院教授）

对历史少一点误读，多一份尊重

石仲泉

2015年是中国人民抗日战争胜利70周年，以此为契机，学界迎来了一个深化抗战史研究的热潮。但值得注意的是，近些年关于抗战史出现了一些似是而非的观点。对此，需要正确认识并加以辨析，以进一步揭示中国共产党为什么能够在抗战中强大起来的内在逻辑。

对国民党和共产党在抗战中的地位和作用，都要有一个实事求是的定位

历史终归是历史，要实事求是。我认为，对国民党的抗战要有一个实事求是的定位，同样，对中国共产党的抗战也要有一个实事求是的定位。抗战胜利有许多重要原因，包括蒋介石领导的国民政府在正面战场进行以台儿庄血战为代表的重大战役的影响、以张自忠为代表的抗日英杰的抗战精神和国民党最终坚持抗战的立场，都不应抹杀。但是，中国共产党的强大存在是个决定性因素。“中流砥柱”一词，是对中国共产党在抗日战争中历史作用的客观的、形象的定位。

为了使人们对中国共产党在抗日战争中的历史作用有更清晰的认识，可采用1937年8月洛川会议通过的《中央关于目前形势与党的任务的决定》中的说法：

“共产党员及其所领导的民众和武装力量，应该最积极的站在斗争的最前线，应该把自己成为全国抗战的核心，应该用极大力量发展抗日的群众运动。”纵观抗战历史全局可以发现，中国共产党践行了这个诺言，成为全民族抗战胜利的实际核心。对此，至少可以从三个方面来认识：

第一，中国共产党高举抗日民族统一战线大旗，对凝聚民族精神、实行全民族抗战起了独一无二的指导作用。这种作用表现在：倡导并高高举起的抗日民族统一战线大旗，是实行全民族抗战的政治基础；系统阐述的持久战理论，是全民族抗战的理论基础；始终坚持促进民族觉醒、振奋民族精神，是坚持全民族抗战的群众基础。

第二，中国共产党领导的八路军、新四军等人民武装力量开辟敌后战场进行人民战争，对打击日本侵略者夺取抗战胜利起到了举足轻重的中坚作用。它所以能够起这个作用，是因为在抗战路线和军事战略上有三大法宝：一为始终坚持全面抗战路线，广泛发动和武装群众，进行人民战争；二为将游击战争提到战略地位，始终实行“基本的游击战，但不放松有利条件下的运动战”的军事战略方针，坚持广泛而又持久的游击战争；三为开辟敌后根据地作为坚持人民战争的基地，成为广泛开展游击战争，打击日本侵略者的重要依托。

第三，中国共产党根据两国三方关系不断变化的特殊格局，适时调整政策和策略，正确把握民族矛盾与阶级矛盾的关系，对坚持国共合作抗战到底起到了主导作用。

如果说将中国共产党定位为全民族抗战胜利的实际核心，那么对于中国国民党领导的中央政府可定位为抗战时期的国家代表。因为实现第二次国共合作，共产党承认了中央政府。国民党在抗战时期的积极表现，可以归结为：一是国民党军队主导的正面战场，从淞沪抗战开始进行了20多场会战，粉碎了日本侵略者要在三个月内灭亡中国的狂言。二是国民党军队先后组成两批中国远征军赴缅作战，直接为国际反法西斯战争做出了贡献。三是国民政府主导的外交，争取到了国际反法西斯战线的积极支持和援助。四是国民政府代表中国参加开罗会议等国际会议，赢得了中国在国际反法西斯战争中的大国地位。这些作用，我们都予以充分肯定。

以牺牲的将领多少为标准来评价国共两党在抗战中的作用，是个伪命题

网络上流行这样一种极端说法：“抗日时期国民党100多位高级将领牺牲，共产党仅仅牺牲了左权（八路军副参谋长）一位高级将领。”以此来贬低共产党对抗战胜利所发挥的作用。对此，有必要进行辨析。

不可否认，国民党主导的正面战场进行了22个大的战役，牺牲了比较多的将领。这些将领都为抗战的最后胜利做出了自己的贡献，应当铭记并彰显他们的历史业绩。但是，我们不能以此来贬低共产党的抗战功劳。抗战开始时，国民党有250万军队，共产党领导的军队不过四五万人，而且装备、给养很差。国共双方军事实力悬殊，是客观事实。共产党领导的军队能够始终同国民党军队一样去进行阵地战吗？显然，不可能。共产党根据自身特点确定了“基本的游击战，但不放松有利条件下的运动战”的军事战略方针，是正确的，而且得到了国民政府军事委员会的确认。只要这样打游击战，就不可能牺牲那么多将领。但是，在抗战中发挥的历史作用如何，不能以牺牲的将领多少为标准。那种以牺牲的将领多少为标准，来评价在抗战中发挥的历史作用大小的看法，是将不同性质的问题混为一谈，是个伪命题。

全民族抗战爆发后，中国共产党领导的八路军各师主力在华北广大敌后区域开展游击战争同时开辟根据地。到1938年底，八路军各部先后在日伪军占领的广大地区开辟了晋察冀、晋西北和大青山、晋冀豫、晋西南、山东等抗日根据地。华中的新四军在组建后进入长江南北敌后地区开展游击战争，在皖南、苏南等地为建立抗日根据地打下了基础。华南抗日游击队也创建和发展了琼崖等游击根据地。这些根据地的发展，成为广泛开展游击战争、打击日本侵略者的重要依托。1944年，党领导的敌后军民在华北、华中、华南地区，对日、伪军普遍发起局部反攻，部分沦陷区还变成了根据地。特别是在国民党军队在正面战场遭遇1944年豫湘桂战役的溃败后，党领导的敌后军民抗战的战略作用更加凸显。到1945年春，包括原有的抗日民主根据地在内，全国解放区总面积近100万平方公里，人

口近1亿，人民军队发展到近100万，还有民兵220万。这为对日全面反攻、夺取抗日战争的最后胜利，准备了重要条件。

诚然，中国共产党领导的抗日武装力量也进行过像百团大战那样大规模的战役，并取得了辉煌战果，消灭了日军两万多人。但是就整个抗日战争来讲，党领导的抗日武装力量主要是深深扎根于人民群众之中，以分散游击方式，在广大地区内进行无数次小的战斗，即打麻雀战、地雷战、地道战，组织武工队、铁道游击队等多种形式进行战斗。这样的战斗天天进行，处处发生，逐个地消灭敌人有生力量。到1943年，党领导的解放区军民抗击着侵华日军的64%和伪军的95%。至抗战结束，人民抗日武装力量对日作战12.5万次，消灭日、伪军171.4万人，其中日军52.7万人。这里讲的作战次数和消灭日、伪军的人数不是抗战后讲的，而是在抗战时期就报告国民政府了的。

长期以来，有一种论调叫“游而不击”，就是在贬低中国共产党领导下的抗日根据地在抗战中的作用。上述数据是最有力的反驳。毛泽东说：尽管我们的正式军队比起国民党现存的军队来在数量上少得多，但按其所抗击的日军和伪军的数量及其所担负的战场的广大来说，按其战斗力等项情况来说，“它已经成了中国抗日战争的主力军”。如果就共产党领导的人民军队数量和消灭日、伪军数量的比例，与国民党军队的数量和消灭日、伪军数量的比例来作比较，这个结论是符合历史实际的。

中国共产党在敌后抗日流血牺牲，寸土必争地发展起来了，怎么能说是“坐大”呢

抗日战争时期，我们党领导的抗日民主根据地呈现了发展壮大的态势，这既是我们党在抗战中发挥中流砥柱作用的重要依托，也是我们党自身力量发展壮大的重要表现。但是长期以来在此方面有一种论调称：中国共产党“利用抗日坐大”。这也是一个伪命题。

中国共产党不是什么打抗日旗号，而是实实在在地在抗日。进行抗日的地方，就是国民党军队没有保住的大片国土，也就是敌人的后方。在敌后抗日流血

牺牲，寸土必争地发展起来了，怎么能说是“坐大”呢？国民党指挥的一些仗没打好，丧失了许多国土，共产党到那里去进行敌后抗战，打游击战争，建立抗日民主根据地。这是收复国土，不是什么“坐大”。正如有学者指出：“处于强敌包围形势下的敌后战场，如果共产党军队不作战、不苦斗、不流血，是一天也‘游’不下去、一天都‘坐’不住的。”

在抗战开始的防御阶段，日本侵略军来势凶猛，丢失一些国土，这在所难免。共产党收复国民党军队丧失的国土，以及开辟的根据地都是在日伪军占领的敌占区、沦陷区建立和发展起来的，丝毫没去抢夺国民党统治区的地盘。说共产党“坐大”，反过来看，只能证明丢失国土者的无能。国民党军队也有在敌后的，但主要不是收复日本侵略军占领的地区，而是抢占八路军、新四军已经收复并建设成为抗日民主根据地的地方。那时所发生的摩擦、冲突就是这么引起的。在抗战中，国共两党既有合作抗日的共同利益，又有各自所代表阶级的不同利益。由于后者，两党曾经血战10年。这时合作抗日，既为民族的共同利益而战，也为在这个大前提下的各自阶级利益而战。对于共产党来说，这是坚持独立自主原则。因此，那种称中国共产党“利用抗日坐大”的言论，至少是不了解历史的表现。

从对民族矛盾和阶级矛盾关系的正确处理中把握共产党强大的内在力量逻辑

中国共产党为何能够在抗战中强大起来？对于这个问题，除了前面讲的几点外，我们还可以从中国共产党对民族矛盾和阶级矛盾的关系的正确把握中来理解。抗日战争不仅仅是中日两国双方的战争，而牵涉到多国关系和多方利益。国际形势的变化和日方战略的调整都深刻地影响着国共两党关系，也深刻地影响着中国抗战形势发展。随着抗战深入展开，中国的抗战形势越来越错综复杂。如果说日本政府是企图吞并中国的疯狂侵略者，那么国民党顽固派则可称为国共两党关系紧张局势的麻烦制造者。处理不好内外多方关系，中国抗战随时都有中途妥协乃至失败和重新爆发内战的危险。正是由于中国共产党根据不断变化的国际和国内形势，适时调整政策和策略，正确把握民族矛盾与阶级矛盾的关系，才使国共两党坚持合作抗战到底，从而对夺取中国抗战胜利起了具有决定意义的主导作用。这具体表现在以下几个方面：

其一，中国共产党深刻分析不断变化的中国抗战形势，正确处理两国三方关系，对引导中国抗战胜利起了领航性主导作用。在抗日战争中，国民党具有两面性，既有抗日、联共一面，又有对日妥协和“溶共”“防共”“限共”，乃至“反共”一面。如何处理两党关系，维护抗日民族统一战线，成为一个非常棘手的问题。但是正如毛泽东所说：“共产党人现在已经不是小孩子了，他们能够善处自己，又能够善处同盟者。日本帝国主义者和蒋介石能够用纵横捭阖的手段来对付革命队伍，共产党也能够用纵横捭阖的手段对付反革命队伍。”中国共产党人对于抗战形势的逆转和两党关系的恶化，以及可能发生的突然事变做了充分思想准备，并酝酿了相应的对付措施，因而两次打退反共高潮后，都迫使国民党回到继续抗日的正确方向，为中华民族夺取抗战的最后胜利积累了政治和军事力量。

其二，中国共产党深刻分析不断变化的国内阶级关系，对使抗战力量最大化，起到了凝聚性主导作用。这反映在对中国资产阶级、中间势力的认识变化上。1940年3月，毛泽东首次从各阶级对待抗日的态度上，特别是对大资产阶级的不同派别对待抗日的态度作了深入分析。随着抗战形势的发展，党对“中间势力”作了深刻分析，提出发展进步势力、争取中间势力、反对顽固势力的策略，把争取中间势力提高到关系抗战形势发展的关键意义上来认识，强调党的任务就是争取中间势力的进步和转变。这无论在政治上还是军事上，也无论对打退两次反共高潮还是共同抗日的斗争，都起了重要作用。

其三，中国共产党深刻分析国民党不断变化的对日立场和对共产党的态度，提出了一整套政策和策略，对推动国民党抗战到底起了督促性主导作用。中国共产党与国民党打交道的经验教训，深化了与国民党的又团结又斗争的策略原则，以推动国民党共同抗日，择其最主要者有：一是提出坚持抗战、反对投降，坚持团结、反对分裂，坚持进步、反对倒退三大方针。二是揭示了又团结又斗争的多层次多侧面关系，强调以斗争求团结。三是提出了同国民党顽固势力的斗争必须坚持“有理、有利、有节”原则。坚持这三个原则，就能“使国民党既不能投降日本又不能大举进攻共产党，将国民党引导到对敌斗争一个目标上去”。这些原则，为坚持两党合作抗日确立了准绳，从而共同夺取了中华民族抗战的伟大胜利。

（作者为中央党史研究室原副主任）

“古今中外最伟大的一个提案”

李东朗

1938年10月，爱国华侨陈嘉庚给国民参政会发去的“电报提案”，被称为“古今中外最伟大的一个提案”。回顾这个“电报提案”事件并深入了解其真实情况，可以给我们带来多方面的历史思考。

汪精卫深患“恐日病”，在全国抗战激烈进行之时竟倡言对日“和平”

1937年卢沟桥事变后，在以国共合作为主体的抗日民族统一战线旗帜的召唤和指引下，中华民族掀起空前规模的民族解放战争。中国军民以极其英勇的斗争，粉碎了日本侵略者“速战速决”“三个月灭亡中国”的阴谋。但在这为正义而战的大潮中，却不时出现破坏全国团结抗战的逆流。

时任国民党副总裁的汪精卫被日本的实力吓破了胆，视抗日为危途，极力宣传民族失败主义，进而转化为投降主义，一再主张和要求对日妥协、和解。1938年10月，日军进攻广州、逼近武汉。汪精卫对中国抗战的前途更加悲观，10月11日他在对德国海通社记者谈话中公开宣称：中国在抵抗侵略之际，同时并未关闭第三国调停之门，不过调停之能否成功，须视日本和平提议之内容为断耳。如条件不妨碍中国之生存与独立，则或可为讨论之基础。21日，他接见英国路透社记者，再次表示愿与日本谈判实现“和平”，谓：如日本提出议和条件，不妨害中国国家之生存，吾人可接受之，为讨论之基础，一切视日方所提出之条件而定。

路透社以“汪精卫发表和平谈话”为名报道了上述言论，引发国际上许多猜测，“外间盛传（中日）和议”，甚至传出中国已接受意大利调解，与日本商议和平条件，蒋介石下台等传言。国民党的一些官员本来对抗日救国信心不足，受之影响，此时也就表现出“倾向于和平”的态度。

在中华民族与日本侵略者进行殊死抗争之时，身为国防最高会议副主席和国民参政会议长的汪精卫竟然倡言与敌人“和平”，这是一种严重的背叛行为，它蛊惑视听，破坏中国抗战大业，危害甚大。

陈嘉庚在规劝汪精卫无效后，为了遏制“投降”狂澜，向国民参政会发去了一个“电报提案”

全国抗战爆发后，侨居新加坡的陈嘉庚积极为祖国抗战奔走呼喊，他听说汪精卫主张与敌“和平”妥协之初，本不相信确有其事。在看到路透社的报道后，他于10月22日以南洋华侨筹赈祖国难民总会主席名义致电汪精卫，探询其事，并告诫之：“敌暂时得意，终必失败”“和平绝不可能，何若严加拒绝，较为振奋人心也”。

但汪精卫在回复陈嘉庚的电报中，坚持其谬论，并强词夺理地说：“盖抵抗侵略与不拒绝和平，并非矛盾，实乃一贯。和平条件如无害于中国之独立生存，何必拒绝？”于是，陈嘉庚再电汪精卫，忠言规劝：先生居重要主位，关系至大，倘或失误，不特南侨无可谅解，恐举国上下，皆不能谅解。“万望接纳老友忠告，严杜妥协之门，公私幸甚”。26日，在进一步获悉汪精卫投降活动的消息后，他发电严厉警告之：“先生主和甚力，事虽绝不能成，难免发生摩擦，淆乱观听。今日国难愈深……坚持抗战，终必胜利，中途妥协，实等自杀……坐享渔利，唯有敌人。”他严词驳斥汪精卫的谬论说：秦桧阴谋，张昭降计，岂不各有理由，其如事实何哉！万乞俯顺众意，宣布拥护抗战到底，拒绝中途妥协，以保令誉，而免后悔，不胜迫切待命之至。

然而，汪精卫当时已经与日方秘密接触，准备铤而走险，因此对陈嘉庚的规劝置若罔闻，他敷衍说：“侵略国破坏和平，被侵略国保障和平，抵抗侵略，国内之团结，国际之援助，全恃此为立脚点，此为中央一贯之方针，无论何时，均有阐明之必要。当此危急存亡之际，谣言繁兴，尤赖明识辨正之也。”陈嘉庚的劝阻，没有奏效。

陈嘉庚在规劝汪精卫的同时，亦分别致电国民政府行政院院长孔祥熙和国民党要人宋子文；后又致电蒋介石。其意在于提醒和希望国民党当局阻止汪精卫的“和平”阴谋，但未得要领。蒋介石答之以“抗战决策，已发布告国民书”，孔祥熙的回电竟称关于汪精卫的言论是“谣言”。

陈嘉庚还希望借助舆论力量，阻止汪精卫的活动，他将上述共7封电报在新加坡的一些报纸上公开发表，并将致汪精卫的电报拍发重庆某报，请为登载，结果对方慑于汪精卫的权势而没有刊载。于是，他以国民参政会参政员的身份，向即将召开的国民参政会发去一个“电报提案”，其主要内容为：“日寇未退出我国土之前凡公务员对任何人谈和平条件概以汉奸国贼论。”

陈嘉庚的“电报提案”犹如重磅炸弹，形成了反对投降主义的巨大冲击波

陈嘉庚的“电报提案”轰动一时，被称为“炸弹提案”，产生了巨大影响。

第一，开启了对汪精卫“和平”投降活动的重大斗争。其时，国民党内对汪精卫破坏抗战的“和平”谬论漠然处之，并以“批评官吏就是反政府”的规定控制舆论。因此在汪精卫等人的鼓噪下，“和平”谬论猖獗，而对其反对和批驳之声则难以公开。陈嘉庚以国民参政会提案的合法形式，打破了对汪精卫“和平”言论噤声的沉闷局面，把反对汪精卫“和平”活动的斗争公开化、合法化，因此开启和形成了反对汪精卫“和平”投降活动的斗争。

第二，给予汪精卫等“主和派”沉重的一击。汪精卫屡发“和平”言论，是企图制造一种舆论，进而利用其议长的权力，操纵国民参政会形成有利于其“主

和”的决定，扩张声势，为实行投降主义阴谋打基础。陈嘉庚提案的目标十分明确，就是与汪精卫“和平”主张对冲，挑战和打击其投降主义。汪精卫深切感觉到了其指向所在，因此在对该提案的讨论中派人群起围攻。由于该提案反映了中华民族的根本利益，因此得到与会多数参政员的赞同，最终以“公务员不得谈和平”为题通过。这对汪精卫及其代表的“主和派”是沉重的一击。

第三，与中共反对汪精卫投降主张的斗争形成有力的配合。对于汪精卫的阴谋，中共洞悉其奸，予以坚决的斗争。1938年10月15日，《新华日报》发表评论，严正指出：“时至今日，如犹有人欲谋妥协或投降者”“实系破坏吾人抵御外侮之决心，无疑为一汉奸，为虎作伥”“势将为国人所弃”。国民参政会召开之时，中共参政员林祖涵等提出的《严惩汉奸傀儡民族叛徒以打击日寇以华制华之诡计而促进抗战胜利案》指出：“一切参加南北各省傀儡组织之民族败类，削除其国籍……人人得诛之。”与会六名中共参政员联名提出的《关于克服困难渡过难关持久抗战争取胜利问题案》等提案，均具有反对汪精卫“和平”投降逆流的强烈针对性。经过与汪派的激烈斗争，中共的这些提案作为重要提案都获得通过。这些提案和陈嘉庚的“电报提案”互相配合，成为这次国民参政会的主旋律，形成坚决抗日、反对议和投降的强大声势。

（作者为中央党校党史教研部教授）

东方主战场：中华民族的壮丽史诗

张记合

主持人

张记合

话题嘉宾

王建朗（中国社会科学院近代史所研究员）

陈文秀（山西大学历史系教授）

刘庭华（军事科学院原战争理论与战略研究部研究员）

抗日战争已经过去了70年，但中国人民抗日战争对世界反法西斯战争的贡献，没有得到应有的评价，研究也不够充分，受到的重视程度也不够。美国史学家易劳逸教授曾有言：若不是嗣后中国国内形势的转变和冷战的出现，全世界“势利”的历史学家们，都会把抗战胜利当作一曲“最为壮丽的史诗”来加以歌颂。那么，作为战争发生地的中国历史学家，便责无旁贷，应该以更为开阔的心态，以科学的立场，坦诚的研究，恢弘的笔调，写出我们民族这曲“壮丽的史诗”，从而真正做到以史为鉴，方不负千百万先人的无私奉献和壮烈牺牲。

中国全民族抗战减轻了法西斯势力在东方对美英法的压力

主持人：二战期间，日本强，中国弱，中国的损失也远大于日本。有人认为，中国抗战的胜利是熬出来的，是等待美苏参战打败敌手的。真实情况是这样吗?

王建朗：持久抗战绝不是消极的“等”或“熬”。战争是残酷和无情的。经历了德意日轴心国的凶猛打击后，许多国家（包括一些往昔的强国）沦陷于法西斯铁蹄之下。在东西方战场上继续高举抵抗旗帜，与轴心国作殊死较量的军队主要有四支，这就是中国、美国、苏联和英国。四国承载着人类和平与文明的全部期望，其成败决定着此后世界的走向。这四个国家以其抵抗力量的强大和抵抗意志的坚决，被时人称为“四强”。四强之中，中国是遭受侵略最早的国家，也是抵抗侵略时间最长的国家。其他盟国卷入战争的年限最长不到6年，短则不足4年。中国全面抗战长达8年，局部抗战则长达14年之久。

1937年7月，日本悍然发动全面侵华战争。直到1941年12月太平洋战争爆发，在这长达4年半之久的时期内，中国是亚洲反法西斯战争的唯一战场。那时的中国既是在为保卫自己的家园而战，实际上也是在为维护世界和平和安全而战。抗日战争的坚持，极大地消耗了日军力量，在一定程度上束缚了日军在亚洲侵略扩张的手脚。

陈文秀：在东方战场，中国全民族奋勇抗战，打破了侵略者速战速决的迷梦，使大量日本侵略军在中国战场愈陷愈深，既无力北进，也拖延了南进。直到1941年年底以前，亚洲太平洋地区的战火仍局限于中国一隅。

同一时期，在西方战场，德、意法西斯的侵略活动，却是一帆风顺，没有遇到多少阻碍。这是因为在法西斯侵略者面前，英、法等国采取绥靖政策，一些弱小的被侵略国家有的单纯依靠大国的保障，不去发动民众，如奥、捷，有的过于弱小或落后，如阿、西，都未能抵抗侵略，或不能给侵略者以重大的打击，致使希特勒等侵略分子的胆子越来越大，步伐越来越快。

当西方法西斯鲸吞蚕食、气焰十分嚣张之际，英、法、美、苏纷纷退避，希特勒大有席卷一切的气势之时，唯有被视为弱国的中华民族，不畏强暴，不惜付出最大的民族牺牲，力挽狂澜，与日本法西斯展开了殊死的搏斗，延缓了日本法西斯南下的侵略步伐，减轻了法西斯势力在东方对美、英、法的压力，有力地支援了世界各国的反法西斯斗争。1942年春，罗斯福说：“假如没有中国，你想一想有多少师团的日本兵可以因此调到其他方面来作战？他们可以毫不费力地把这些地方打下来，他们并且可以一直冲向中东……”中国成为当时全世界有效抗击法西斯侵略的东方主战场，其作用是不可估量的。

中国全民族抗战使日本出兵西伯利亚成了空话

主持人：日本认为中国国力衰弱，扬言“三个月灭亡中国”，还制订了对苏联远东地区的作战计划，但其一直都未能北进苏联作战。有人认为，日本经诺门坎战役而惧怕苏联。历史真实情况是什么呢？

陈文秀：从1932年起，日本陆军就明确把苏联作为主要敌人，每年都制订进攻苏联远东地区的作战计划。日本关东军要求发动全面侵华战争是为了解除后顾之忧并扩大侵苏的基地。1937年6月9日，关东军参谋长东条英机在给陆军省次官、参谋部次长的电报中提议，“从准备对苏联作战的观点来观察目前中国的形势，我们相信：如我武力所许，首先对南京政权加以一击，除去背后的威胁，此为上策”。不料卢沟桥日军的挑战激起了中国的全面抗战，不但关东军“背后的威胁”没有解除，而且数十万日军被拖住了。日本的石原莞尔曾哀叹“把数个师团派往华北，兵力被拖住，出兵西伯利亚便成了空话”。

1937年9月，日本参谋本部上奏天皇，希望11月以前结束中日战争，以便把陷在中国战场上的兵力腾出来对付苏联。日本所希望的“中国妥协投降”到年底并没有出现，侵华的总兵力增到16个师团，占日军总兵力的2/3。1938年5月，日本陆相板垣征四郎说：“作为陆相，我的根本意图是，鉴于中日事变已使日本陷入全面战争的泥潭，而日本北方的苏联已完成了几个五年计划，国力有了飞跃的增长，在远东的军备大大充实，威胁着日军的背后，因此，我认为日本应排除同中国的一切纠纷，从大处着眼，重建两国邦交。”岂料中国军民坚持抗战使日本的计划落空。由于日本陆军主力陷于中国战场，日军两次北进的尝试均告失败。

在德国入侵苏联之际，日本侵华无力自拔，更无力北进配合德国进攻苏联。苏联无后顾之忧，得以从远东和中亚不断抽调兵力到前线。在莫斯科保卫战中荣立卓越战功的潘菲洛夫步兵师，就是从苏联东部调去的生力军。如果日本能从中国战场腾出百万大军北进苏联，苏联两面受敌，后果不堪设想。

主持人：作为法西斯轴心国，日本同德国签署了《反共产国际协定》，应该视苏联为最大敌人，但为什么日军没有配合德军东西夹击苏联呢？

刘庭华：德国入侵苏联前夕，希特勒就在接见日本山下奉文时提出，希望“日本从满洲打进西伯利亚”。苏德战争爆发后，德国外长里宾特罗甫致电驻日大使奥托，希望日本参加对苏作战，并提出“以德日在冬天以前会师西伯利亚路线为当然的目标”。日本外相松冈也力主对苏开战、与德国两面夹击苏联。但由于日本深陷中国战场而无法脱身，最终日本军部大本营无奈决定：“帝国政府将继续努力解决中国事变……暂不介入德苏战争”“只有等待斯大林垮台，或远东苏俄地区混乱，有利于日本进展的时候，才使用武力解决北方”。

当德军兵临莫斯科城下时，希特勒再次企图联合日本打垮苏联，里宾特罗甫又向日本提出“从东西两面夹击苏联，在西伯利亚铁路上握手”。日本法西斯集中侵华日军的主要兵力对共产党领导的敌后抗日根据地实行疯狂的“大扫荡”，企图迅速巩固其“大东亚战争”的后方基地，以实施“北进”计划，尽快与德国法西斯实现战略“握手”。1941年12月初，日本陆军51个师中有35个师用于侵华战争，占日本陆军总兵力的69%。正是由于日本陆军的大量主力被中国抗日战争消耗和牵制着，才迫使其再次放弃“北进”与德国合击苏联的计划。

可以想象，倘若日本能够满足德国的要求，从远东地区进攻苏联，那么处于生死存亡关头的苏联必将更加难以应对东西两面的入侵，其后果将不堪设想，也必将极大地影响世界反法西斯战争的整个进程。正如苏联元帅崔可夫所说：“在我们最艰苦的战争年代里日本也没有进攻苏联，却把中国淹没在血泊中，稍微尊重客观事实的人都不能不考虑到这一明显而无可争辩的事实。”

日本访德特使寺内寿一说：
“中日战争不结束，南进是办不到的。”

主持人：北进苏联不成，日军开始南进太平洋战场，一开始还算顺利，拿下了许多战略要点，为什么后期却愈发困难了？

陈文秀：1940年6月，法国败亡。7月7日，日本大本营、政府联席会议议定

《适应世界形势发展的时局处理纲要》，要求在迅速解决“中国事变”的同时，捕捉良机，随时准备武力南进。日本法西斯眼看西方的盟友以极小的代价席卷西北欧，认为这是日本南进的难得好机会，更急于解决“中国事变”。于是一方面以宜昌为前进基地加紧轰炸重庆，对国民党政府施加压力，一方面加紧诱降。7月，英国屈从了日本的要求封锁了滇缅路。蒋介石发生了严重的动摇，日蒋秘密谈判也达高潮。

八路军为了粉碎日军“囚笼政策”，牵制日军对正面战场的进攻和诱降活动，从1940年8月20日到1941年初在华北敌后战场发动了百团大战，八路军发动115个团，作战1000余次，歼灭日伪军4.4万余人（内有日军2万多人），沉重地打击了日军，极大鼓舞了中国人民抗日的信心。9月底，日蒋秘密谈判被迫中断。日本迅速“解决”中国事变的企图再次破产。

1942年三四月间，日军打败英军占领缅甸，兵锋直指印度。4月，从航空母舰起飞的日机空袭锡兰，英东方舰队败退东非，日军已掌握了印度洋的制海权，印度岌岌可危。假如日军占领印度，前出中东，夹击埃及，东西两大法西斯力量，将对反法西斯盟国整个欧亚非战场形成战略大包围，不但切断通过伊朗的援苏交通线，在中东的法西斯军队还很可能同苏联南方战场上的德军夹击苏联。这一可怕的前景没有出现，只是因为日本陆军力量不足。当时日本用于太平洋战场上的陆军共11个师团约40万人，仅为侵华日军（不包括关东军）的2/5。那时，日本海军也想南下澳大利亚，也因需大量地面兵力而为陆军所拒绝。不难想象，假如陷在中国战场的百万日本陆军主力腾出手来，用于太平洋战场，将会出现什么样的局面。

刘庭华：1940年春夏，德国法西斯进攻西欧，希特勒竭力唆使日本南进，希望其从东方打垮英、法等势力，在战略上相互策应。但由于此时中日战争处于胶着态势，日本在中国战场用兵已捉襟见肘，不可能分兵南进，无法实现德国的要求。日本访德特使寺内寿一解释说：“中日战争不结束，南进是办不到的。”

直至1943年11月，美军在太平洋战场开始战略反攻时，日本仍有64%的陆军合计43个师另24个独立混成旅，以及45%的航空兵合计75个飞行中队，被牢牢牵制在中国战场。从太平洋战争爆发直至战争结束，日军在亚太地区始终为中国战场所制约。战后日本战史著作公认：日本“在对美英开战后，日本陆军主要战场在客观上仍然是中国大陆”“日本陆军的主力仍然被死死钉在中国战场上，寸步难移”。

中国抗日战争彻底击碎了日本法西斯独霸中国、与德意法西斯瓜分世界的迷梦，中国战场是名副其实的世界反法西斯战争的东方主战场。

美国参战后做出先欧后亚的决定，其重要根据之一，就是估计到有中国拖住日本的后腿，使日军战线太长，兵力不足，无力举行大规模的攻势

主持人：蒋介石国民政府一直都寄望于美国参战，但美国参战后，却做出了先欧后亚的决定，为什么会做出这样的决定？这对中国战场有何影响？

陈文秀：1941年12月8日，日本偷袭珍珠港成功，美太平洋舰队被摧毁。此后几个月里，日军打败了美、英、荷等国的抵抗，占领了东南亚和太平洋的广大地区。日本利用这一时机，在中国加紧对各敌后抗日根据地“扫荡”“清乡”；同时加紧对国民党政府诱降，企图早日结束中国战争，腾出兵力对付英、美，并等待有利时机攻打苏联。在此后的数年中，中国抗战经历了最艰苦的阶段。

太平洋战争爆发后，美国参加了大战。罗斯福为首的美国决策者，做出了先欧后亚的决定，其重要根据之一，就是估计到有中国拖住日本的后腿，使日军战线太长，兵力不足，无力举行大规模的攻势。先欧后亚的决策，大大减轻了苏、英等盟国的压力，使在纳粹铁蹄下的欧洲人民早日解放出来，而中国人民却为此承受了更大的负担，付出了更大的民族牺牲。

长沙会战是太平洋战争初期盟军对日作战的唯一胜利，与英美在东南亚战场的一败涂地形成明显对比

主持人：太平洋战争爆发后，盟军美国参战了，有观点认为，从此中国战场、中国抗战的作用就不重要了，这个观点符合历史吗？

王建朗：太平洋战争初期，日军在太平洋战场和东南亚战场上几乎所向披靡。1941年12月25日，日军占领香港，1942年1月2日占领马尼拉，2月15日，占领新加坡，3月9日，荷属东印度亦告沦陷。数月之内，日军取得了毙伤俘英、美、荷等盟军官兵约30万人的战绩。

此时在中国战场上，日军发起长沙作战。结果，中国军队重创日军，取得了毙伤日军5万余人的战绩。长沙会战是这一时期盟军对日作战的唯一胜利，与英美在东南亚战场的一败涂地形成明显对比。英国《泰晤士报》评论称“12月7日以来，同盟军唯一决定性之胜利系华军之长沙大捷”，美国陆军参谋长马歇尔就此发来贺电。以往对日军战斗力比较轻视，而对中国抗战战绩有所不满的英美，此时终于领教了日军的战斗力，体会到中国抗战之艰辛。

太平洋战争爆发后，盟军为更有效地协调作战，成立了中国战区。太平洋战争时期，日本仍有110万左右的军队用于中国战场，这一数目超过了日军在东南亚和太平洋各岛的兵力总和。此外，还有70多万关东军驻守在东北地区。由于中国战场牵制了日军主力，日军无法向太平洋战场转移更多兵力，这就有力地支持了盟军在太平洋方面的作战。

太平洋战争爆发后，中国战场既是对日作战的空军基地，又是最后进攻日本本土的战略基地

主持人：中国战场作为反法西斯战争的最大东方主战场，难道仅起到了牵制日军的作用吗？

刘庭华：中国战场作为世界反法西斯战争的东方主战场，处于极其重要的战略地位。日本发动侵华战争，不仅是要灭亡中国，更是要以整个中国为后方基地，进而与德意法西斯瓜分世界。所以，中国抗日战争的发展，对苏联对德作战，对美英等国在太平洋和东南亚地区的对日作战，对世界反法西斯战争局势的变化，都有着举足轻重的作用。

中国战场作为亚太地区盟军对日作战的重要战略基地，为同盟国提供了大量战略物资和军事情报，在人力、物力、财力上有力支援了同盟国的反法西斯斗争。

太平洋战争爆发后，中国战场既是对日作战的空军基地，又是最后进攻日本本土的战略基地。1942年4月18日，美军轰炸机从太平洋上的航空母舰上起飞，轰炸了日本东京、横须贺、横滨、名古屋、神户等城市后，在中国空军机场降落。7月4日，美国援华志愿航空队（即“飞虎队”）被改编为美国空军驻华特遣队，并于1943年3月扩编为美国陆军第14航空队，继续执行轰炸日本海上运输线和日本战略要点任务，直接支援美军对日作战。

中国为美军提供的机场主要有重庆、成都、昆明、柳州、桂林、衡阳、芷江、老河口等，同时允许美军在八路军晋绥、太行等地以及新四军第5师区域内设立电台，向美军提供日军情报及气象资料；美国第14航空队也与中国共产党领导的东江纵队合作，建立了情报、通讯、气象等联系，这些都为盟军占据战场主动发挥了重要作用。中国还为苏联、美国、英国等盟国提供了大量的战略物资，包括数量巨大的矿产品和畜牧农产品等，有力地支援了盟国的反法西斯战争。

中国的抗战打破了日本军队的“以战养战”企图，战争成了消耗战，使日本侵略者大亏其本

主持人：日本国小资源少，通过“以华制华”和“以战养战”，建立了不少伪政权，也收编了不少伪军。日本的图谋如法西斯德国那样如愿以偿吗?

陈文秀：中国人民坚持抗战，不但拖住了大量的日军，还导致日本国力在消耗战中衰竭。这一时期，纳粹德国的侵略一直没有遇到有效的抵抗，被德国占领的国家，经济几乎没有受到大的破坏，很快纳入德国战时经济轨道，使德国战争实力大为增加，德国占领的国家在1941年共生产1280万吨钢，1000万吨铁，1.8亿吨煤和400多万吨石油，德国在1939—1940年历次战争中共缴获150个师的武器装备（包括机械化重型装备），单缴获的汽车就可装备92个师。

当希特勒在西方大发战争横财的时候，中国的抗战打破了日本军队的“以战养战”企图，战争成了消耗战，使日本侵略者大亏其本。1937年，日本全年军费达32.7亿日元（以后又追加20亿日元），占国家预算的69%。以后军费连年增加，财政经济状况大大恶化。1939年5月，日本前企划院总裁泷正雄（近卫首相

的亲信）告诉冈村宁次："……在内阁五相会议上，池田藏相说不能保证长期的物资供应。"

日本国内的财政经济困难，人民生活水平下降，政局不稳，又影响了前线的日军。日本自明治维新建立新式军队以来，在以往历次对外战争中没有打过败仗，军队极为骄横。自以为"皇军无敌"。然而自中国全面抗战开始，日军连续遭到意想不到的沉重打击，连年陷于苦战，损失惨重，官兵的士气日益下降，在战争初期日军就消耗了大量精锐部队，不得不仓促动员后备役部队。有的兵员还来不及整训就投入战争，结果是军队素质下降，战斗力也大为减弱。日本是在兵力不足，财政困难，内部分歧严重，民心不稳，士气下降的情况下，硬着头皮冒险走向太平洋战争的，和希特勒进攻苏联时的情况不可同日而语。

敌后游击战成为消耗日军力量最为恰当的攻势战略，也成为消耗日军胆略与士气最为有效的心理战略

主持人：有人认为，中国军队武器装备落后，牵制和消耗日军有限。为什么说这种认识是错误的？

王建朗：当全面抗战爆发之时，中日两国在经济和军事实力对比上相差悬殊。虽然日军挟武器优势，占领了中国大片国土，中国东部和中部的大中城市基本上都告沦陷，然而中国抵抗的怒火始终熊熊燃烧。

1938年末，正面战场终于稳住了战线，与日本展开拉锯战，战争进入相持阶段。在相持阶段，中国军队还不时发起攻势作战。1939年12月至1940年2月，正面战场各战区发起了冬季攻势作战，共计毙伤日军5万余人。特别是昆仑关一役，消灭日军第5师团第21旅团大部，击毙该旅团长中村正雄少将，取得了振奋人心的胜利。

在日军后方，中国抗日军民的斗争并未停止。中国共产党领导敌后军民打出了一片新天地，缔造出一个个抗日根据地，使日军"后方"变成了令其寝食不安的"前方"，日军陷入中国人民战争的汪洋大海之中。敌后抗日力量展开了多种形式的游击战，地道战、地雷战、麻雀战等作战方式，充分体现了装备落后但意

志坚定的敌后军民的抗日勇气和智慧。随着敌后抗日力量不断发展壮大，敌后战场还发起了“百团大战”这样的全面进攻作战，给日军以沉重打击。在最困难的1941年至1942年，八路军、新四军和游击队、民兵共作战4.2万余次，毙伤俘日伪军33.1万余人。可以说，这一时期，敌后游击战成为消耗日军力量最为恰当的攻势战略，也成为消耗日军胆略与士气最为有效的心理战略，为改变中日战争力量对比，促使中国度过最为艰难也最为重要的相持阶段发挥了决定性的作用。

中国的抗日战争，是世界反法西斯战争中爆发最早、结束最晚的生死之战

主持人：中国由一个战前屡遭侵凌的弱国，一跃成为战后一个承担维护国际和平任务的核心国家，其原因何在？

王建朗：这是因为中国的抗日战争已成为世界反法西斯战争不可或缺的亚洲主战场，中国人民在抵抗法西斯战争中发挥了无可替代的重要作用。苏联领导人斯大林说，只有当日本侵略者的手脚被捆住，我们才能在德国侵略者进攻我国的时候避免两线作战。英国首相丘吉尔也说，如果日本进军西印度洋，必然会导致我方在中东的全部阵地崩溃。而能够避免上述局势出现的只有中国。这是历史对中国抗战伟大功绩的肯定与嘉许，也是未来世界对第二次世界大战胜利成果和国际公平正义新的维护者的期待。

陈文秀：总之，中国的抗日战争，不单是为了保卫中华民族的生存，谋求中华民族的解放而进行的战争，更有着打乱日军乃至整个世界法西斯轴心国战略部署与战略配合，促进世界反法西斯同盟战略实现的重要意义。正是中国人民的长期抗战，才粉碎了日本法西斯先突破中间（中国）、后打两头（苏联和太平洋、东南亚等地）的军事战略部署。中国的抗日战争，是世界反法西斯战争中爆发最早，结束最晚的生死之战，中国战场是世界反法西斯战争中的一个重要的战场。英勇不屈的中国人民坚持长期抗战，对世界反法西斯战争做出了伟大的贡献，起了极其重要的作用。

（作者为《北京日报》理论周刊编辑）

别样怪圈：古代改革中“宏观调控”的消长

陈忠海

在如何管理宏观经济的问题上，中国古代始终有两种不同的看法，一种主张政府不要干预，如司马迁总结的“善者因之，其次利道之，其次教诲之，其次整齐之，最下者与其争”，即对国家经济最好是听其自然，其次是随势引导，再次是通过制定法规加以约束。另一种看法是政府需要对宏观经济进行干预和介入，实行国家调控，如管仲所主张的“通轻重之权，徼山海之业”“工立三族，市立三乡，泽立三虞，山立三衡”，即国家利用货币、价格和市场等手段来调控经济。

两种截然不同的宏观经济管理思路在古代商品经济产生早期就同时出现了

前一种看法可以叫作“善因论”，后一种看法可以叫作“轻重论”，是两种截然不同的宏观经济管理思路，它们在中国古代商品经济产生和发展的早期几乎同时出现了。

春秋时期，奴隶制逐渐走向崩溃，商品经济兴起，政治上又呈现出诸侯争霸的局面，内外部环境的变化对实现经济发展的突破提供了条件也提出了迫切要求，管仲于是提出了国家全面干预经济的主张，以实现“兵强、民足、国富”的目标，继而称霸天下，他的想法得到了齐桓公的大力支持。

管仲主张国家干预经济有一套系统的政策措施，除了“通权重”即统一货币外，还有“以农为本、本末并举”的产业政策，“寓税于价”“与之为取”的财税政策，同时主张发展工商业和内外贸易，通过降低税收把齐国变成一个“自由贸易区”，达到“以商止战”的目的。管仲甚至提出，在国家财富得到充分积累的情况下可以适当“侈靡”，鼓励和调动整个统治集团和富人的消费，以刺激经济。管仲的经济主张取得了巨大成功，经过对国家经济的干预和调控，齐国一跃成为当时最富有的诸侯国，并成为春秋五霸之首。

孔子赞颂管仲，但孔子的经济思想与管仲却不同，孔子主张仁、义，在义和利的关系上主张“重义轻利”“贵义贱利”，更重视对经济的道德干预，孔子的经济思想对孟子、荀子、墨子、老子等人都产生了很大影响，他们都主张“富国”，但同时普遍主张对经济不要过多干预。到了汉初，国家从长期战乱中走出来，急需休养生息，相当一部分人更加认同对经济不能过多干预，这就是司马迁提出“善因论”的背景。

“盐铁会议”：一次重要的关于要不要实行以政府为主导的宏观经济调控的辩论会议

对宏观经济调控的两种看法在中国古代一直交织并行，它们在不同的时期分别占上风，有时候这两种观点也会发生碰撞，产生激烈的交锋。

汉初，政府施行“行仁义、无为而治”的政策，对包括工商业在内的经济活动很少干预，使商品经济迅速恢复和发展，出现了“文景之治”。汉武帝继位后，出于强化中央集权、建立大一统王朝的需要，内政、外交连续推出了多项重大举措，尤其是连年对外征伐，给国家财政带来了巨大压力。为解决政府财政不足的问题，汉武帝调整了管理经济的思路，接连推出了多项政府直接干预经济的措施，先是宣布盐铁官营，募民煮盐而官府专卖，继而垄断冶铁经营，又任用桑弘羊先后推行了算缗、告缗、均输、平准、酒榷以及货币改革等一系列经济政策，大幅度增加了政府的收入。

汉武帝的经济改革也带来了很多弊病，突出的表现是加重了百姓的负担，而且使财富更加集中，引发的社会矛盾越来越严重。汉武帝驾崩后霍光辅政，朝廷里形成了两种针锋相对的观点，一种以桑弘羊为代表，坚持国家继续干预经济的政策，主张通过强化对经济的控制进一步增强国力；另一种以霍光为代表，主张对经济不要管得太严，休养生息，关心民情，免除田租。两种观点势均力敌，都无法说服对方，于是朝廷举办了一场辩论会。

西汉始元六年（公元前81年）2月，这场辩论会在京城长安召开，参加会议的有三方人员：一是以桑弘羊为代表的政府官员，是干预政策的“正方”；二是各地的民意代表、知名人士，即所谓“贤良方正”，多达60人，是干预政策的“反方”；三是丞相田千秋，是辩论会的主持人。这场辩论会不仅参加的人数众多，而且会议开的时间也很长，一直到这一年的7月才结束，历时5个月。会议讨论得也十分激烈，作为这场辩论会的主角，桑弘羊一共发言114次，对他所主张的经济政策进行了辩解。

这场历史上著名的辩论会被称为“盐铁会议”，会议的记录经整理后多达10卷、60篇，这就是著名的《盐铁论》。这场辩论会虽然议题广泛，但其实质就是要不要实行以政府为主导的宏观经济调控。霍光虽然没有参加辩论，但他的主张最后占了上风，会议辩论的结果，认为应当坚持汉武帝晚年轮台罪己诏中制定的政策，对国家干预经济的政策重新进行调整，推行与民休息，把公田交给贫民耕种，贷给农民种子、口粮，免除部分赋税、徭役，降低盐价，这一系列重大经济政策的调整，对于恢复经济、缓和内外部矛盾起到了积极作用。

古代历次改革都试图以国家手段的介入使问题丛生的经济摆脱困境

但总的来说，在中国古代主张国家干预经济的思想在大部分时候占据着上风。王朝更替以及大的战乱等社会重大变革发生时，往往需要在经济政策上进行重大调整，即使一些相对太平的年代，由于承平日久，旧制度的弊端越来越多，矛盾累积越来越严重，也需要经济政策有所变化。

历史上所有重大的改革几乎都是在这种背景下进行的，改革的主题要么是加强经济干预，要么是减少干预。

宋朝立国后也重视农业发展，宋太祖立下“勒石三戒”，要求休养生息，不许瞎折腾，经济也很快得到恢复。但随之而来出现了冗官、冗兵、冗费的“三冗”问题，国家财政收入的水平虽然已经很高了，但仍陷入困难，在这种背景下王安石主导变法，目的也是想通过行政、法律的手段加强对经济的干预，增加财政收入，摆脱经济困局。再以后，明朝的张居正改革、清朝的“一条鞭法”等，这些著名的改革尽管处在不同的时代，但其推出的背景也大都相似，每一次改革都是一轮对宏观经济的调控，都试图以国家手段的介入使问题丛生的经济摆脱困境。

只着眼于国家的财政和税收，只想“富国”，而没有解决经济发展中深层次问题的智慧和勇气，改革是难以成功的

对宏观经济进行调控，愿望都是好的，但效果却不尽相同。有的调控措施推出恰逢其时，措施也很贴近实际，最高统治者的改革意志也很坚决，所以取得了成功。有的调控措施力度虽然也不小，措施也很有力，但效果却不理想，改到一半就遇到很大阻力，被迫草草收场，有的调控措施甚至被彻底推翻。

以富国强兵为目标的王安石变法是一次强有力的宏观经济调控，一开始声势十分浩大，得到了皇帝的支持，接连推出了青苗法、募役法、方田均税法、保甲法等调控措施，改革的“顶层设计”不仅完备而且充满了超前意识，但这些政策措施推出后立即引来了激烈争论和反对，改革一直在争议中进行，最后不得不半途而废。

反思这场改革失败的原因，有人认为是最高决策者宋神宗意志不坚决，有人认为是既得利益者势力太强大，有人认为是改革者没有做好宣传发动，没有争取到百姓的广泛支持。其实换一种角度看，问题恐怕更出在改革措施本身上，这场为改变积贫积弱面貌而进行的宏观经济调控，一开始似乎就真的只定位在“富

国”“强兵”这两点上，调控措施很多，但真正有力度的只是财政、税收这些领域。

中国古代大部分失败的和虎头蛇尾的改革往往都存在这个问题，问题严重了改一次，改一改情况好点儿，但根本问题没有解决，于是重新去改，由此陷入改革和调控的循环与怪圈。原因是这些宏观经济调控往往一开始就只着眼于国家的财政和税收，只想“富国”，而没有解决经济发展中深层次问题的智慧和勇气。

（作者为文史学者）

偏激止于理性，片面止于客观

余立新

近年来，随着互联网的兴起，各类题材的党史出版物空前地多起来，党史研究成了一个备受关注的热点领域。但是鉴于目前党史研究面临的形势与问题，笔者认为深化党史研究有几个问题值得思考。

关于当代人写当代史：关键在于有没有良史之才

有人认为：党史学科政治性太强，不属于纯粹的历史学，因此党史研究很难做好。对此，笔者难以苟同。史学有两种：文化形态史学与意识形态史学。两者定位不同，功能也不同：前者目的在于求真，后者目的在于求善。但两者应该统一起来而非相互对立：意识形态史学要有说服力，必须以文化形态史学为基础；文化形态史学要发挥社会影响力，需要以意识形态史学为旨归。一般的历史研究属于文化形态史学，党史研究则属于意识形态史学。这两种史学在中国史学传统中一直存在，赓续至今，比如《史记》属于文化形态史学，而《汉书》则是意识形态史学。司马迁将刘邦和项羽一视同仁都列入“本纪”，而班固则将刘邦单列为“高祖本纪”，将项羽与陈胜合为“陈胜项籍传”，其意识形态意味不言而喻，但《汉书》仍是与《史记》齐名的史学名著，班固也与司马迁并称“班马”。另一部意识形态史学巨著则是司马光的《资治通鉴》，虽是典型的官修史书，但其史学价值与社会影响无需赘言，司马光也因此得与司马迁并称“史界两司马”。或许有人会说：班固和司马光写的都是前朝往事，如果他们是当代人写当代史恐怕就不行了。其实当代人写当代史照样可以出名著，远的比如李剑农的《戊戌以后三十年中国政治史》，近的比如胡绳主编的《中国共产党的七十年》。因此，意识形态史学是可以做好的，当代人撰述和研究当代史也是可以做好的，客观条件不是主要因素，关键还在于我们自己有没有良史之才。

关于党史研究的任务：通究古今之变，浑融中西之迹

前人有言：“只读六经则不足以知经。”同样也可以说，只读党史则不足以知史。现代学科分类将中国历史人为划分为古代史、近代史、现代史、当代史，是为了便于历史教学与研究；但研究者如果因此而故步自封、自囿藩篱，则不利于整体把握中国历史，不利于发现历史规律。同理，将中共党史划分为新民主主义革命时期、社会主义革命与建设时期、改革开放新时期，也是为了便于开展党史研究和宣传教育；但研究者如果自己画地为牢、仅见一隅，显然不利于整体把握党的历史，不利于发现党自身及其理论变化发展的历史规律。因此，党史研究者应该努力贯通90余年的党史，力求形成一套理论体系或理论观点，以期能够深刻解释党90余年来历史变迁的内在动因。窃以为这应该是党史学界的重要任务之一。当前，三个“30年”的观点虽然多有引用，然而，毋庸讳言，从理论层面看，这种概括仍停留在描述历史现象的层面，尚未达到深入的理论阐释的层面。自胡乔木、胡绳等先辈之后，党史界虽不乏著名专家，但还没有出现具有他们那样地位的大家，或许是因为人们多局限于自己的领域，而不是像他们那样贯通历史。

另一个问题则是党史与世界史的关系问题：如果不能从世界史的视角来看待和审视党史，也容易限制住自己的眼界。中学西学虽有文化特色之异，但文化作为人类群体与群体间生存发展经验的总结，并不冲突，而是趋同。中学要突破自身的传统困境，也必须吸收西学之长。国外严谨学者研究党史和党的领袖人物，

虽偶有隔靴搔痒之感，但他们的问题意识、思考问题的方式和观察问题的角度，甚至其文笔都颇值得我们学习。当前历史学界的海外名家大家如余英时、许倬云等，都是通究古今、学贯中西的。窃以为培养党史大家还是要靠毛泽东的“古今中外法”，还是要靠毛泽东那两句话：从孔夫子到孙中山，我们应当总结；从乌龟壳到共产党，这一段历史应该总结。所谓取法乎上，得乎其中；取法乎中，得乎其下。深入研究和总结历史经验，任务虽然宏大艰巨，每个人也难免都会有局限性，但每一位有使命感的研究者还是要像司马迁那样，“虽不能至，然心向往之”。

关于党史研究与实践的关系：增强历史前瞻，鼓励交流创新

党史研究要为实践服务，为实践提供历史借鉴。马克思主义不是空洞说教而是行动指南。党史专业与马克思主义中国化等理论工作者应该善于运用马克思主义的立场、观点和方法，进一步从中国历史和中国共产党革命实践、建设实践的研究中，做出实践所需要的理论性创造。党史研究要为资政服务，除了完成各项日常性的党史工作外，窃以为另一具有战略意义的重要资政方式就是为民族复兴伟业、为党的未来发展趋向提供理论参考和历史借鉴。这样党史研究才不会只是向后看，而是向前看，才更具有历史前瞻性。改革是“摸着石头过河”。对于政治家而言，“摸着石头过河”是正确的。但理论工作者特别是党史学者就不能仅仅“摸着石头过河”，而更应该通过对党的历史经验的总结，告诉大家“石头”在什么地方。许倬云曾说过：历史学家要看1000年。或许1000年太久，但往前看50年总可以吧。

苏轼说王安石“网罗六艺之遗文，断以己意；糠秕百家之陈迹，作新斯人”。王安石若非广泛吸收百家之学并加以创新，也就不会有王安石变法。同理，意识形态史学虽然创新难，但没有创新，党史研究也不可能发展进步。创新不一定都能成功，但一定会引起争议，因此需要鼓励和宽容。笔者曾写过一篇论文论述一位领袖失误的传统文化根源，有学界知名学者认为尚属客观、略有新意，特地惠书嘉勉，并推荐给某有影响力的刊物，但后来不了了之。这让人颇有

"不问可否，不论曲直，非秦者去，为客者逐"之感。

当前，意识形态领域斗争尖锐，存在诸多非理性、极端化的噪音杂音。其中很多涉及党史，特别是我们党的一些领袖人物的历史。偏激止于理性，片面止于客观。革命领袖是人不是神，誉之者或过其实，毁之者或失其真。对于意识形态领域，特别是互联网上那些与党史相关的非理性、极端化言论，应该允许研究者尝试以理性客观的态度去引导，破除一些条条框框的束缚；对于一些相关选题，不能一概以敏感为由而禁止公开发表那些基于理性客观研究基础上的成果，否则一个后果便是造成集体失声，陷于被动，在客观上也将此阵地拱手让人。

（作者单位为中共中央党史研究室）

国民党为什么打不好敌后游击战

陈　睿

1938年底，经历了淞沪、武汉等投入兵力近百万的大会战后，国民政府损失了大量的人员与装备，陆军兵员不及原编制的一半，海军和空军则几乎伤亡殆尽。此时，受共产党部队敌后游击战的启发和鼓励，蒋介石考虑执行新的抗战策略——游击战与正规战配合。

1938年11月底，蒋介石在国民政府军事委员会召开的会议上明确提出："游击战重于正规战"

1938年11月底，国民政府军事委员会在湖南南岳召开军事会议。会上，蒋介石明确提出："政治重于军事，游击战重于正规战。"并要求：全国部队三分之一兵力配备在游击区域——在敌军的后方打游击；三分之一布置在前方，对敌抗战；三分之一到后方整训。此外，还在敌后专门设立了冀察、鲁苏两个游击战区。1939年1月7日，蒋介石指示国军各战区军事长官："应以一部增强被敌占领地区内力量，积极展开广大游击战，以牵制消耗敌人"，且按战区具体状况逐一指示方针，如："第九战区应以有力一部向武汉及沿江各要点游击，并保持九宫山游击根据地，不断袭敌后方"，等等。

1939年1月24日，国民政府成立南岳游击干部训练班，蒋介石亲自担任主任，白崇禧、陈诚担任副主任。学员来自各战区部队营长以上军官和高级司令部的中级参谋人员，结业后回原部队办班训练连、排长等基层军事骨干，编组游击队，到敌人的侧面和后方去开展游击战争。由于共产党是公认的游击战专家，所以训练班专门邀请共产党员来讲解游击战术。当时，叶剑英担任了训练班的副教育长，带领共产党干部30多人参加筹建和教学工作，编写教材、备课、试讲。

在蒋介石对“游击战”的重视之下，国民党部队建立了一些敌后抗日根据地，但战绩却十分糟糕

在蒋介石对“游击战”的重视之下，最高峰时，敌后战场的国民党部队达到了近60个师，再加上大量地方武装，兵力接近100万。据不完全统计，国民党军在敌后战场的主要抗日根据地包括：太行山东南部根据地，中条山根据地，吕梁山根据地，五台山根据地，恒山根据地，鲁东南与沂蒙山、日照山根据地，大别山根据地，浙西根据地，皖东、皖北和鄂东根据地，海南根据地等。

然而，国民党部队的这些敌后抗日根据地，战绩却十分糟糕，在日军的进攻下连连败退、损兵折将。比如，中条山战役。1941年5月上旬至6月上旬，日军进攻中条山根据地，只用35个小时便完成了外侧包围圈，只用40个小时完成了内侧包围圈，实现了对近20万国民党军队的双重合围。前后不过30天的时间，中条山根据地陷落。据日方统计，中国军队此役被俘3.5万人，遗弃尸体约4.2万具，日军战死仅679名，负伤2292名，伤亡不足中国军队的1/12。蒋介石称此役为“抗战史上最大之耻辱”。到1943年左右，国民党在华北的敌后根据地基本上都丢掉了。

1944年6月22日，时任第十八集团军参谋长叶剑英在与中外记者参观团谈话时说：“总计开到华北、华中敌后战场的国民党军队，原来不下一百万（一九四一年中条山战役时期的统计，华北约有八十万，华中约有二十万），由于政策错误和受不了艰苦磨炼，绝大部分被敌人消灭或投降了敌人，留在原地的及撤回后方的为数甚少。”坚持在敌后的总共不过2万至3万人。更令人无语的是，在国民党敌后抗战队伍中出现了“降官如毛、降将如潮”的丑恶局面。其

中，庞炳勋、孙殿英、孙良诚、公秉藩、吴化文、李长江、王劲哉等都是上将与中将级人物。在他们的带领下，数十万国军先后投降当了伪军。

同样是开展敌后游击战，中共领导的抗日根据地与国民党领导下的根据地何以如此大相径庭

相反，中共领导下的敌后根据地，却从只有不过150万人口的陕甘宁边区迅速扩展到10多个省；武装力量也从最初的数万人，发展到近百万。同样是开展敌后游击战，同样是经营敌后抗日根据地，何以如此大相径庭？

对于打好游击战，共产党、国民党的高级将领都有过论述。朱德在抗战初期的《论抗日游击战争》一文中指出："抗日游击战争主要的是政治战争。""政治战争的要点，第一，在整顿内部，除去内部队员中不正确的观念和坏的习惯行为，求得游击队本身钢铁一般的团结，无论如何不会瓦解，任何的风浪都能经得住，吃得起……政治战争的第二个要点，是以群众为堡垒，把群众团结在自己周围……政治战争的第三个要点，是瓦解敌军。"白崇禧也曾经说过这样一段话："有人认为打游击乃保存实力之作法，殊不知敌后游击，任务极为艰巨，因补给困难，且多半以寡抵众，以弱抵强，故必须官兵加倍淬厉奋发，机警勇敢，绝非保存实力者所能胜任。"

然而，国、共两党领导下的敌后游击战的实际表现却大不相同，这一点从日军的评价中可见端倪。日军有一份评估报告称，国民党游击队有五大弱点："（一）各游击队常互争地盘，自相火拼；（二）缺乏大员统率，彼此不能密切联系，易于各个击破；（三）缺乏优良武器，不能作阵地战；（四）正规游击队虽破坏力强，但对人民滥施权威，致不得民众之信仰；（五）非正规之游击队分子复杂，大多为土匪散兵结构而成，战斗力既不强且领导者俱是匪首流氓，甚少有国家观念，易以利相诱。"而对共产党的评价却是："中共是有铁的纪律的党组织，以党为核心团结军、政、民进行所谓四位一体的活动……它以'七分政治，三分军事'的方针，将抗日战变为政治战，在建设解放区的同时，鼓动民众广泛开展'游击队'活动……至1941年，方面军（才）觉察到中共存在的可怕。"

一次民心向背的大检验

刘　琼

1945年8月15日，日本宣布投降，抗战终于结束，这一时间点是中国历史一个重要的转折点，当时中国人民在精神和心态上是非常复杂的。抗战胜利固然带来喜悦，重庆等地也都有盛大的庆祝活动。但喜悦过后，立即面临国家重建的艰巨任务，尤其是因联合抗日而合作的国共两党和军队还能否继续合作？在经历八年艰苦战乱后，人民能否享有和平的社会生活？这些都与中国的不同政治势力和每一个国民有切身利害关系。这就使公众对国共谈判具有强烈的期待，也具有广泛的关注和参与的热情。

从心理角度考量，抗战时期支持国家和国民精神的支柱和目标——“抗日救亡”大业，在带有一定突然性的胜利到来之后，如释重负的同时，显然会有一种失重的瞬间和一个调整过渡期。也就是说要找到一个支持国家和凝聚大众的新的目标来替代抗战胜利留下的目标真空和心理失重。在当时，国共谈判与和平建国，就是这一新的目标和希望所在。

毛泽东是否赴重庆，和谈能否进行，成为国家之重大悬念

1945年8月14日，蒋介石就给毛泽东发了一份邀请电函，邀请毛泽东赴重庆

谈判。电文略显夸张地使用了“万急”字样，并表示“临电不胜迫切悬盼之至”的急迫心情。实际上，蒋介石主要目的并非真心希望毛泽东赴重庆谈判，而是摆出姿态，掌握政治话语权。

重庆谈判是由蒋介石首先发起的，一开始主动权确实在国民党政权一边。蒋介石给毛泽东的第一份电报“特请先生克日惠临陪都”，毛泽东回以“朱总司令本日午有一电给你，陈述敝方意见，待你表示意见后，我将考虑和你会见的问题”。朱总司令电文提出的是受降程序未明问题。蒋介石立即抓住机会，对中共实施攻击，以受降办法系盟军总部规定，“自未便以朱总司令之一电破坏我对盟军共同之信守”，进而指责“朱总司令对于执行命令，往往未能贯彻，然事关对内妨碍尤小，今于盟军所已规定者亦倡异议，则对我国家与军人之人格将置于何地”。并再次要求毛泽东亲赴重庆谈判。中共回以“先派周恩来同志前来进谒”，但蒋介石仍坚持“惟目前各种重要问题，均待与先生面商，时机迫切，仍盼先生能与恩来先生惠然偕临，则重要问题，方得迅速解决，国家前途实利赖之”。

在中共还未作出毛泽东赴重庆谈判的决定之前，确实处被动地位，只能在国共双方层面交涉，而蒋介石是以国家和人民利益立意，声言毛泽东赴重庆谈判“事关国家大计，幸勿吝驾”；并慷慨陈词，称“抗战八年，全国同胞在水深火热之中，一旦解放，必须有以安辑之而鼓舞之，未可蹉跎延误。大战方告终结，内争不容再有。深望足下体念国家之艰危，悯怀人民之疾苦，共同戮力，从事建设。如何以建国之功收抗战之果，甚有赖于先生惠然一行，共定大计，则受益拜惠，岂仅个人而已哉”！

面对蒋介石咄咄逼人的攻势，中共复蒋介石第二电也只是“兹为团结大计，特先派周恩来同志前来进谒，希予接洽，为恳”。当时国际国内舆论对中共也不利。对蒋介石的第二封电报，《大公报》社论的评价是“蔼然诚坦，溢于言表。蒋主席这几句话，言简意诚，不须我们多作解释。我们相信全国同胞的心情，都与蒋主席相同，殷切盼望毛先生不吝此一行，以定国家之大计”。《纽约时报》社论《中国共产党》一文，也称中国共产党不愿参加合作。国民政府发言人张群甚至直指中国共产党为“国民之公敌”。

面对国民党的舆论压力，《新华日报》8月24日发表署名“莫一尘”的文章《解决问题的关键》，文中说民主改革等问题不解决，“一切谈判都将是空的，毛先生出来也没有用。因为政府当局是否肯实行民主，不决定于毛先生，如果政府当局肯真正实行民主，（注意，不是空口说白话的假民主！）那么，即使毛先生不出来，问题也一样可以解决”。文章批评强调毛泽东一定要亲赴重庆“显然蓄着一个很大的阴谋”，并以政治犯遭关押，政党无合法地位和特务横行暗示毛泽东赴重庆不安全。

延安内部也为毛泽东的安全和健康担心，反对毛泽东赴重庆。一些解放区领导人甚至向党中央发电报，建议毛泽东不要去重庆；重庆八路军办事处的工作人员也担心毛泽东到重庆谈判的安全问题。

国民党方面普遍预计毛泽东不会亲赴重庆，故《中央日报》定下的宣传方针是“假戏真做”。在蒋介石的邀请电发出后，双方反而剑拔弩张，相互指责。毛泽东是否赴重庆，和谈能否进行，成为一大悬念。国民参政会参政员褚辅成致蒋介石电要求蒋“再电毛泽东劝驾，窃恐未必肯来”。

“毛泽东重庆之行，将可能成为中国近代史上划时代的大事件。”“历史家必将大书而特书！”

在充满悬念的期待中，1945年8月28日，毛泽东率领中国共产党代表团从延安飞抵重庆。这一消息震撼重庆全城，引发新闻界和公众的极大热情，立即产生了轰动效应。

据当时在《大公报》工作的王淮冰回忆，毛泽东到了重庆，“山城的人们还在争论着毛主席会不会来”。在王淮冰到机场完成采访毛泽东飞抵重庆的任务回到城里，听到同事金仲华和刘尊棋两位国际问题专家还在争论毛泽东会不会到重庆的问题。

《新华日报》这样报道：“八月间充满了伟大的日子，伟大的新闻。本报发表了毛泽东同志来渝的消息，重庆市民间是如何的激动，如何的洋溢着喜悦啊！本报门市部挤满打听消息的热心的读者。”而在机场，“人们在酷热中等候了两个钟头，但是每个人都遮掩不住由衷而发的喜色。”“机门才开，就是一片鼓掌的声音。最前列就排齐几十位摄影记者的阵势。”“摄影竞赛继续了二十分钟之久，赫尔利大使对毛主席说：‘好莱坞’！”“美国记者们像打仗似的，拼着全力来捕捉这一镜头。”这是好莱坞影片里习见的情景。

《大公报》记者子冈写道：“人们不少有接飞机的经验，然而谁也能说出昨天九龙坡飞机场迎接毛泽东是一种新的体验，没有口号，没有鲜花，没有仪仗队，几百个爱好民主自由的人士却都知道这是维系中国目前及未来历史和人民幸福的一个喜讯。”

“第一个出现在飞机门口的是周恩来，他的在渝朋友们鼓起掌来。他还是穿那一套蓝的布制服，到毛泽东、赫尔利、张治中一齐出现的时候，掌声与欢笑声齐作，延安来了九个人。”

《大公报》记者注意到了毛泽东的几乎所有细节：“毛泽东先生，五十二岁，灰色通草帽，灰蓝色的中山装，蓄发，似乎与惯常见过的肖像相似，身材中上，衣服宽大得很”；“‘很感谢’，他几乎是用陕北口音说这三个字”；“他的手指被香烟烧得焦黄。当他大步走下扶梯的时候，我看到他的鞋底还是新的。无疑，这是他的新装”。

显然，毛泽东的一切对这位记者都是新鲜的，是她想知道，也是她的读者想知道的，所以如此不惜笔墨详细描述这位中共领袖。这一人性化的生动形象，对大众是有亲近感和感召力的。

而重庆的新闻传媒则直接采用了诸如《毛泽东先生来了》《毛泽东到了重庆》《团结在望国家之光——欣闻毛泽东先生抵达重庆》和《迎毛泽东同志来渝》这样的社论标题，对毛泽东到重庆的意义深切关注并大肆渲染。

毛泽东来到重庆，在社会上也激起了巨大的反响。《新华日报》上发表了读者胡其瑞等四人的来信说：“毛泽东先生应蒋主席的邀请，毅然来渝，使我们过去所听到的对中国共产党的一切诬词和误解，完全粉碎了。毛先生来渝，证明了中共为和平、团结与民主而奋斗的诚意和决心，这的确反映和代表了我们老百姓的要求。”

《大公报》将“毛泽东先生翩然到渝”与“日本投降，抗战胜利”“中苏定约，结为盟好”并列为国家的喜事。成都《华西晚报》更直言“毛泽东到了重庆，并且开始了国共两党领袖的直接谈判。对于中国人民，这是一个比之日本突然宣布无条件投降更使人欣喜的消息”，并判断“毛泽东重庆之行，将可能成为中国近代史上划时代的大事件”。

而西安《秦风日报、工商日报联合版》社评，则将毛泽东飞抵重庆比喻为“好像在阴暗的天空中忽然放出来一道光明，不禁使人手舞足蹈，为国家的前途祝福！自日本投降后，这真是最令世人兴奋的消息！”并相信“这是‘新中国’的发轫，这是全世界和平的福音，建国大业可能因此而提前完成二十年，历史家必将大书而特书”！

爱国诗人柳亚子写诗称赞毛泽东赴重庆谈判是“弥天大勇”，这虽然带有诗歌夸张成分，但客观评价，毛泽东和中共做出的赴重庆谈判的决定是需要承担一定政治风险的，体现了毛泽东和中共的胆识和担当，符合社会各界的期盼，因而赢得强烈的反响。

“我这次在重庆，就深深地感到广大人民热烈地支持我们”

1945年8月28日，毛泽东和中共代表团抵达重庆当晚，出席蒋介石在山洞林园住处举行的欢迎宴会，并且留住在山洞林园。第二天，同蒋介石进行第一次商谈，并确定双方的谈判代表：中共方面是周恩来和王若飞，政府方面是王世杰、张群、张治中、邵力子。

8月29日上午，毛泽东在下榻的林园与张治中晤谈；下午蒋介石接见晤谈；晚上又与张治中等作长时间谈话。

8月30日，毛泽东、周恩来从山洞林园进城，访问宋庆龄、张澜、黄炎培、左舜生等各方友好；晚上张治中设宴款待，于右任、孙科等作陪。

9月1日，毛泽东出席了中苏文化协会举办的有宋庆龄、孙科、冯玉祥、陈诚、陈立夫、沈钧儒、马寅初、郭沫若、茅盾等三百多人参加的鸡尾酒会。

9月2日（日本正式投降日）上午，美大使赫尔利造访毛泽东未遇；中午民盟中央常委欢宴毛泽东等；下午会见邹海滨等各方来访友好。晚蒋介石宴请毛泽东等，介绍与国民党党政人士及参政员会面；当夜两人单独会谈。

9月3日，外交部长王世杰往访毛泽东；毛泽东往访于右任等国民党要员；下午会晤韩国临时政府官员；下午六时接见郭沫若；晚赴苏联大使宴会。

9月4日，白崇禧往访毛泽东；赫尔利与毛泽东等共进午餐；下午出席蒋介石邀请的军委会胜利茶会，蒋介石与毛泽东再度单独会谈；晚赴英驻华军事代表团团长魏亚特招待会。

9月5日，午时赴邹海滨宴会；下午接见中国妇女联谊会成员和各方友好；午后对重庆《大公报》记者发表谈话；晚应前次赴延安六位参政员的宴会，随后参加蒋介石夫妇招待苏联大使茶会，并应蒋介石邀请看戏。

9月6日，赴于右任午宴；随后访柳亚子等；晚应宋庆龄宴会；宴毕访问苏联大使。9月7日，访问陈立夫未遇；访问英法大使；赴加拿大大使茶会。晚赴冯玉祥约宴。9月8日与周恩来招待各国援华团体；晚赴孙科宴会。

9月12日，蒋介石在官邸约毛泽东、周恩来午餐，餐后会谈。9月13日赫尔利欢宴毛泽东等；毛泽东等招待在渝外国记者，对合众社记者谈话；赴戴季陶晚宴。9月14日接见日本反战作家及各方友好；晚赴白崇禧邀宴。9月15日宴请中国青年党在渝中央委员。9月17日蒋介石邀宴毛泽东和赫尔利午餐，三人合影；毛泽东招待产业界人士刘鸿生等茶会。9月18日在国民参政会茶会上发表演说。9月20日赴大公报社负责人宴请。

10月8日，国民党中央军委会政治部部长张治中在军委大礼堂为毛泽东举行了盛大的饯行宴会。受邀的国民党党政军和重庆文化界人士有五六百人。张治中和毛泽东都做了热情洋溢的讲话。张治中甚至还乐观地对大家说："谈判的成功已经有了70%的希望，而且这剩余的30%的距离，我们相信也会有方法使它逐渐接近，终于得到圆满的解决。"全场来宾报以热烈鼓掌。酒会一直洋溢着喜庆的气氛。会后张治中还专门找来重庆有名的厉家班演了一出京剧《群英会》。

10月9日，蒋介石夫妇邀毛泽东午餐。10月10日，蒋介石赴毛泽东下榻处造访；同赴庆祝招待外宾之鸡尾酒会；当晚双方长谈。10月11日，毛泽东乘车来到重庆九龙坡机场，在张治中的陪同下启程返回延安。邵力子、陈诚、张澜等重庆各界人士和十八集团军驻渝办事处的同志纷纷来到机场送行。

从上述不完全统计看，毛泽东和中共代表团抵达重庆后，受到各方热情接待，与各界人士进行了广泛接触，这些活动大多是公开的。包括宴会、庆典仪式、毛蒋会晤、友好故旧互访、与媒体的见面和接受访谈、接见民主党派和社会团体、会见国民政府官员以及参加外事活动等，内容极其丰富。其中一大热点就是国共两党领袖毛泽东和蒋介石的历史性握手，这是一个极具象征意义的会面，给人以丰富的联想。

1945年8月24日《大公报》的报道这样写道：蒋毛两先生于昨晚重新握手，他们两位一定有无限的感慨。他们两位的会面，关系目前与今后的国运极其远大，自今日起，一定有一串的商谈，我们可先不作内容的推测。毛先生能够惠然肯来，其本身就是一件大喜事。

而媒体对毛蒋会面寄予厚望："现在毛泽东先生来到重庆，他与蒋主席有十九年的阔别，经长期内战，八年抗战，多少离合悲欢，今于国家大胜利之日，一旦重行握手，真是一幕空前的大团圆！认真地演这幕大团圆的喜剧吧，要知道这是中国人民所最嗜好的！"

毛泽东在抗战胜利后在重庆与蒋介石见面，在政治意义上是国共1927年分手后的再度握手。所以媒体用了"对立达二十年之久的国共两党，今已因其领袖之公忠体国而共聚一堂"这一说法。毛蒋在重庆共有九次会面和会谈。两人的会面大多是礼节性的，而会谈则是最高层级的，既有象征意义，又有实质意义。不管蒋介石是否真心欢迎毛泽东亲临重庆谈判，双方频繁宴请会谈的举动还是营造了国共谈判的气氛，也带动国民党军政高层对毛泽东和中共代表团表现出欢迎的姿态。

据王炳南回忆，在与国民党元老陈立夫见面时，毛泽东坦言当年国民党背信弃义，残酷屠杀共产党人的往事。毛泽东说："我们上山打游击，是国民党剿共逼出来的，是逼上梁山。就像孙悟空大闹天宫，玉皇大帝封他为弼马温，孙悟空不服气，自己鉴定是齐天大圣。可是，你们却连弼马温也不给我们做，我们只好扛枪上山了。"毛泽东谈笑间蕴藏机锋，让陈立夫异常尴尬，连声表示要对这次国共和谈"尽心效力"。

毛泽东在重庆与各界人士的交往，留下了很多佳话，其中影响最大的还要数

《沁园春·雪》的发表。到达重庆的第四天，毛泽东就会见了老朋友柳亚子。诗人相会不免要相互唱和。毛泽东将自己的一首旧作《沁园春·雪》赠予柳亚子，柳亚子随后发表《和毛润之先生咏雪词》，一时引发重庆文化界的广泛关注，毛泽东的这首词也不胫而走，广为传抄。柳亚子这样的社会贤达不仅惊叹毛泽东的诗词造诣之高，更对有魄力有担当的中国共产党人寄予希望。

毛泽东在回到延安后所作的《关于重庆谈判》的报告中，谈到在重庆与各方交流的感受："我这次在重庆，就深深地感到广大人民热烈地支持我们。他们不满意国民党政府，把希望寄托在我们方面。我又看到许多外国人，其中也有美国人，对我们很热情。""我们在全国、全世界有很多朋友，我们不是孤立的。"

利用蒋介石提供的讲坛，面对新闻传媒和公众，详细阐述中共的政治主张

1945年，经过八年抗战走上重庆谈判桌的中国共产党已经今非昔比，成为决定中国命运最重要的力量之一。据《新华日报》上刊登的毛泽东回答路透社记者提问的报道，"中共现有一百二十万党员，在它领导下获得民主生活的人民现已远超过一万万。这些人民，按照自愿的原则，组织了现在人数达一百二十万人以上的军队和二百二十万人以上的民兵，他们除分布于华北各省与西北的陕甘宁边区外，还分布于江苏、安徽、浙江、福建、河南、湖北、湖南、广东各省。中共的党员，则分布于全国各省"。这一强大的人民武装力量是在抗战时期发展起来的，具有合法性。正是这一实力让各方对中共高度重视，也担心国共之间发生冲突。

当时在国共之间还有第三势力即民主党派为主的中间势力，他们热切盼望国共之间团结合作。早在1945年6月2日，以褚辅成为首的七名参政员就致电毛泽东、周恩来，希望国共继续商谈，从速完成团结。中共中央十分体谅褚辅成等的良苦用心，于16日复函，恳切表示出和平的意愿，"倘因人民渴望团结，诸公热心呼吁，促使当局醒悟，放弃一党专政，召开党派会议，并立即实行最迫切的民主改革，则敝党无不乐于商谈"。电报还邀请他们前往延安参访。

抗战胜利前夕，中共七大从4月23日至6月11日召开，毛泽东在七大上作《论联合政府》的报告，提出彻底消灭日本侵略者，废止国民党一党专政，建立民主的联合政府，争取人民的自由，实行农村改革，发展民族工业，发展文化教育事业，团结知识分子，争取少数民族在政治、经济、文化的解放和发展，建立和平、独立、民主的外交等，提出“民主的联合政府”这一政治主张。这与民主党派的政治主张具有一致性。

应邀访问延安的黄炎培回到重庆后，与胡厥文、章乃器、施复亮、李烛尘等共同筹备组织中国民主建国会，宣称：愿“以纯洁平民的协力，不右倾，不左袒，替中国建立起来一个政治上和平奋斗的典型”。主张对美苏采取平衡政策，对国共取调和态度，要求政治民主、经济和思想自由。

第三党负责人章伯钧向记者发表谈话，要求国民党“立即结束党治，实行民主，给人民以民主权利，并承认现有一切抗日民主党派合法地位”。

1945年8月5日，中国民主同盟发表《在抗战胜利声中的紧急呼吁》，提出“民主统一，和平建国”的口号，民盟政治报告认为，抗战胜利后，是“中国建立民主国家千载一时的机会”，民盟的任务，“就是研讨怎样把握住这个千载一时的机会，实现中国的民主，把中国造成一个十足的民主国家”。

毛泽东亲赴重庆谈判这一行动本身给民主党派和中间人士以巨大鼓舞。而毛泽东所到之处，除了礼节性和仪式性应酬，也必然将中共“和平、民主、团结”的主张广为宣讲。除此之外，毛泽东还利用蒋介石提供的讲坛，面对新闻传媒和公众，详细阐述中共的政治主张。毛泽东直接面对媒体和公众的讲话就有：8月28日到重庆在飞机场的谈话；9月5日对《大公报》记者的谈话；9月13日对合众社记者的谈话；9月18日在参政会茶会上的演说；9月27日答路透社记者问；10月8日在军事委员会大礼堂晚会上的演说。

中共与媒体、在野其他党派和广大民众形成“统一战线”，形成战后政治势力的权势转移和力量重组

在谈判陷入僵局之后，周恩来频频活动，向文化、妇女、产业、新闻各界和

各党派、国民党内的民主派介绍谈判情况，“指出导致谈判陷入僵局的责任在于国民党”。

从重庆谈判期间各方发表言论的内容看，包括社论、宣言和个人的建言献策，都是对国共谈判和时局政治直接发表看法，表明自己的主张。主要诉求就是防止内战和实行民主。他们的主张和意见与中共基本一致，所以大多直接发表在《新华日报》或由《新华日报》报道。

公共舆论的“人民主权观”与中共“联合政府”的理念汇通，导致舆论转变，中共与媒体、在野其他党派和广大民众形成“统一战线”，由此形成战后政治势力的权势转移和力量重组。

经过43天的艰苦谈判，1945年10月10日，国共双方代表签订《政府与中共代表会谈纪要》，即《双十协定》，并公开发表。国民党政府接受中共提出的和平建国的基本方针。双方协议“必须共同努力，以和平、民主、团结、统一为基础”，“长期合作，坚决避免内战，建设独立、自由和富强的新中国”。双方还确定召开各党派代表及无党派人士参加的政治协商会议，共商和平建国大计。这是重庆谈判最重要的两项成果。此外，谈判还达成迅速结束国民党的“训政”、实现政治民主化、党派平等合法、释放政治犯等协议。这为解放战争时期中共建立最广泛的统一战线奠定了基础。

（作者为重庆大学高等研究院教授）

中国书院积淀的文化精神

朱汉民

中国古代书院是独具特色的文化教育机构。从唐中叶开始至晚清教育改制，书院作为一种主要的文化教学组织延续了1000多年之久。1901年，书院被视为历史的垃圾而抛弃，这种建立近现代高等教育体制的选择，使得中国传统高等教育与近现代大学之间出现了明显的断裂，书院在千余年发展历程中所积淀的文化精华，并未成为中国大学文化的组成部分。书院改制之后，胡适先生曾经就感慨过：“书院之废，实在是吾中国一大不幸事。1000来学者自动的研究精神，将不复现于今日。”

书院经过千余年的传承与创新，形成了独具特色的文化教育价值取向，其最大特点是价值关怀与知识追求的统一

书院通过培养高级专门人才、创新和传播高深学问，产生了具有典型中国特色的书院精神，这是一种经过千余年的传承与创新而形成的独具特色的文化教育价值取向。

首先，中国书院体现出价值关怀的人文精神。“士志于道”，创办和主持书院的士人将儒家的“道”作为追求目标。书院学者们往往将这种自我道德完善的

人文追求与经邦济世的社会关切结合在一起。为实现治国、平天下的理想，大多数书院都将“德业”与“举业”统一起来。但是，“德业”是目的，“举业”只是手段。为避免忽视“德业”目的而片面追求“举业”的教育趋向，书院学者对片面的应试教育进行了严厉批评。如南宋湖湘学派的奠基人胡宏在《碧泉书院上梁文》中指出：在科举取士的影响下，学界出现了“干禄仕以盈庭，鬻词章而塞路，斯文扫地，邪说滔天”的不幸状况。尽管如此，我们在解读书院人文精神的时候，还是不能简单地认为书院的人文精神是反对科举应试教育的。只是，科举之学的最终目的必须与内圣外王之道紧密结合在一起而已。

其次，中国书院体现出知识追求的学术精神。儒家文化的一个重要特点，就是强调道的信仰必须建立在知识追求的基础之上。所以，书院成为宋代以后新儒家学者探讨高深学问的地方。高深学问是一个相对的概念，不同时代对高深学问的界定都不相同。以阐释人的意义、社会的和谐、天下的治理为核心的经、史、子、集之学是古代中国的高深学问。这样，书院则成为古代中国大学的代表。北宋中后期，新儒学家因为无法利用官方的机构研究和传播其学说，于是，民间色彩浓厚、具有相对独立性的书院成为他们的首要选择。新儒学和书院的结合不仅使新儒学获得发展的依托，而且也使书院获得了新的发展空间，书院因之转型为新儒学的研究和传播基地，创新和传播高深学问是书院作为中国古代大学的最典型标志之一。

再次，中国书院体现出价值关怀与知识追求统一的精神。中国书院的最大特点，就是体现出价值关怀与知识追求统一的精神。既然道的信仰必须建立在知的追求基础之上，那么，求道与求学是统一的。一方面，书院求道的价值关怀体现出对人格理想和社会理想的追求，但这种人文关怀是建立在知识理性的基础之上；另一方面，书院的追求不仅仅是学习知识，其学术创新总是以探求儒家之道的价值关怀为目的。如程朱新儒学通过重新阐释儒家经典，打破汉唐经师对儒家经典解释的垄断地位；王湛新儒学则是试图突破程朱新儒学的“支离”，提出了“心即理”“致良知”的学术主张。书院教育强调生徒的自我道德完善和治国平天下的能力统一，培养了不少德才兼备的人才。他们在各个历史时期都发挥了中流砥柱的作用，体现出书院的价值关怀与知识追求相统一的精神。

书院能够成为一种新型文化教育组织，就在于它继承、发扬了中国古代私学自治教育制度的特色和优长

如果中国古代书院仅仅有上述价值关怀与知识追求统一的精神，还只是表达儒家士大夫的理想追求。儒家士大夫的可贵之处在于，他们创造了一种被称为书院制度的东西，以保证书院精神的落实。书院作为一种具有相对自治权的教育组织制度，是中国古代传统教育高度发展的结果。从孔子创立的私学到诸子百家的争鸣，再到汉唐精舍的自治型教育组织，无不表现出这种相对自治权的私学教育制度的优长。书院能够成为一种新型文化教育组织，就在于它继承、发扬了中国古代私学教育制度的特色和优长。

一是自由创建书院。从唐末到两宋的历史时期，当时的学者可以根据自己的文化发展、人才培养的需要，创建了一种新的教育组织即书院，以便能研究与传播学术思想。本来，在封建中央集权体制之下，学者们很难利用官方的教育机构表达自己的文化意志和精神追求，他们创建书院以作为研究与讲习之所，自由讲学成为创建书院的主要推动力。清人黄以周云："沿及南宋，讲学之风丰盛，奉一人为师，聚徒数百，其师既殁，诸弟子群居不散，讨论绪余，习闻白鹿、石鼓诸名，遂遵其学馆为书院。"南宋大多数学术学派的代表人物基本都曾创建或修复书院，他们的学术生涯与书院结下了难解之缘。理学的集大成者朱熹不仅在福建先后创建了寒泉精舍、云谷书院、武夷精舍、考亭书院等多所书院，而且还修复了白鹿洞、岳麓这两所闻名天下的书院，这些书院成为朱熹学术研究与传播的基地，其博大精深的学术体系基本是以书院为依托建构完成的。

总之，历代儒家士大夫通过自由创建书院，从而推动了中国学术、中国文化的不断发展。

二是独立自主的办学理念。唐宋以来，中国古代的官方教育机构基本上都不开展学术研究，为科举储才是其主要职能。著名学者傅斯年先生曾经说过："国子监只是一个官僚养成所，在宋朝里边颇有时有些学术，在近代则全是人的制造，不关学术了。书院好得多，其中有自由讲学的机会，有作些专门学问的可

能。”可见，官方教育机构的办学理念即是为科举服务，而书院的办学理念则表现出独立性，书院强调通过研究与传播儒家学术，让士人能更加全面地认识“道”，最终实现把握领悟中国文化的最高目标，即所谓的“讲学明道”。

为践履这一办学理念，理学家们基本上都将学术研究与文化传播作为其书院活动的主要内容。朱熹为白鹿洞书院制定的《白鹿书院揭示》明确提出：“熹窃观古昔圣贤所以教人为学之意，莫非使之讲明义理以修其身，然后推以及人……圣贤所以教人之法具存于经，有志之士，固当熟读深思而问辨之，苟知其理之当然，而责其身以必然，则夫规矩禁防之具，岂待他人设之而后有所持循哉！”这一学规强调了讲明义理是教学的首要任务，而义理是蕴涵在儒家经典之中的，需要书院学者通过潜心研究才能体悟到。这一学规此后成为多数书院遵循的办学准则，只是不同书院根据实际情况补充一些大同小异的条目而已。

三是管理的独立性。由于书院不属于官方教育体系，有独立自主的办学理念，因此它在教学内容的选择、教学方式与方法的运用、内部管理体制等方面都表现出独立性。

教学内容的选择与书院所尊奉的学术学派、山长的教育思想密切相关。在中国书院史上，能较好地体现书院教学内容与活动的史料是程端礼所著的《程氏家塾读书分年日程》。它将生徒学习分为“八岁未入学之前”“自八岁入学之后”和“自十五志学之年”三个阶段，每一阶段都规定了必读之书和读书的次序。八岁未入学之前，要求生徒读《性理字训》。八岁入学之后，用六七年的时间学习四书、五经的正文。十五岁以后的学习内容是以儒家经典的经注为主，如朱熹的《四书集注》等。程氏要求生徒自十五岁开始，用三四年的时间来潜心学习，以掌握真正的“为己之实学”，不能抱有丝毫的功利目的。在此基础上，生徒可以看史读文，其次序是先读《通鉴》，“次读韩文，次读离骚”，然后开始学作时文。从《程氏家塾读书分年日程》规定来看，书院的教学内容是十分全面的，与官方以科举应试知识为主体的教学内容有显著差异。

不仅教学内容完全不相同，而且书院的教学方式也与官方教育机构明显不同。为实现“讲学明道”的办学理念，书院可以邀请不同学术学派的学者前来讲学，会讲与讲会是最为典型的方式。在这些学术活动中，生徒可以平等参与学术讨论，不仅对学者的学术研究有极大的推动作用，而且生徒也能在参与中得到启发与影响，甚至有可能因此而走上学术研究与传播之路。以书院为基地开展会讲或学术交流成为学者们解决学术分歧、进行学术合作的重要方式。淳熙二年（1175年），朱熹在寒泉精舍接待了婺学的代表人物、丽泽书院的创办者吕祖谦。在寒泉精舍，朱、吕二人促膝交流、切磋问难之后，还进行了学术合作——编撰了《近思录》，目的是让初学者能更好、更快地把握北宋理学家思想精髓。为使学术大师能自由地到各地书院讲学，书院往往能自主聘任山长或教职人员。书院聘任山长的主要依据是道德修养境界和学术水平，即选聘“经明行修，堪为多士模范者”充任山长。不仅学术大师可以自由地到各地讲学，而且书院生徒也能较为自由地流动，使学术交流更为便利与频繁，这是书院生徒的管理方面自由灵活的表现。

中国大学的构建需要在继承中国古代书院文化的优秀传统基础上，对其精华部分加以现代化转化，使其现代大学文化呈现出明显的中国气派

应该说，中国书院与西方大学一样，均对各自的文明发展做出重大贡献，而且，二者在组织制度方面均有自治权的重要共同点。当然，中国书院与西方大学的自治权有区别。西方中世纪大学拥有的自治权是一种法权，这种自治权的获得则是师生仿效城市自治和行会自治，以法律的形式固定下来。大学可以颁布独立于教会和世俗政权的法令，大学法定的自治权主要表现为对外争取发展空间和独立处理学校内部事务两个方面。中国古代书院的自治权不是一种法权，以皇权为主导的行政权力决定着书院自治权的有无和大小。元明清以来，随着中央集权的加强而皇权对书院的控制逐渐深入，其形式也由间接向直接转变。所以，中国书院在近代化过程中的改制，不能仅仅从教学内容的变革来理解。

由于中国近代化的特殊历史进程和社会条件，从总体上而言，中国近代大学并没有继承中国书院的传统。其实，中国大学的构建需要在继承中国古代书院文化的优秀传统基础上，对其精华部分加以现代化转化，使其现代大学文化呈现出

明显的中国气派。中国书院是中国传统教育的精华，对书院在千余年的发展历程中所积淀的文化精神和制度建设进行全面的梳理，然后再结合当前大学的发展，将中国书院与现代大学结合起来，力图将书院文化转换为现代大学的重要组成部分，应该是今天从事高等教育研究的重要课题。

（作者为湖南大学岳麓书院国学研究院院长）

古代社会怎样搞调查

水延凯

中国古代社会调查，是指中国奴隶社会和封建社会的社会调查，包括夏、商、周、秦、汉、隋、唐、宋、元、明，直至清朝前期的社会调查。

古代都有哪些类型的社会调查

古代社会调查的类型，是随着社会调查目的、需求的发展而不断扩展的，它们的调查主体、社会功能也是多种多样、不断扩展的。

行政型社会调查。其调查者主要是统治阶级的官吏，其主要目的是收缴贡赋、征集兵员、派使徭役，管理国家和巩固统治，同时服务社会。例如，殷商甲骨文、金文中关于“登人”和战争的记载，春秋战国的上计制度和“初税亩”，秦的“初令男子书年”和“使黔首自实田”，汉的“编户齐民”和“度田”，隋的“输籍之法”，唐的丈量土地和《国计簿》，宋的“丁产簿”“结甲册”和“鱼鳞册”，元的“诸色户计”和户籍清理，明的户帖和黄册制度，清的“摊丁入亩”和赋役簿册等。行政型社会调查的社会功能，主要是统治阶级管理国家、治理社会、统治和剥削人民的重要工具。

改革型社会调查。其调查者主要是社会改革家，其主要目的是揭露时弊、剖析病因、提出方案，推动变革，破旧立新。例如，周公旦的“明德慎罚”和“敬德保民”，管仲的“明法审数”和“八观”，孙武的“知彼知己者，百战不殆”，商鞅的“强国知十三数”，秦的郡县制改革和车同轨、书同文，汉的文景之治和光武中兴，北魏孝文帝的汉化改革，唐的贞观之治和两税法，宋的庆历新政和熙宁变法，辽的“因俗而治”和一朝两制，元的治汉地、行汉法，明的张居正改革和“一条鞭法”，以及清的洋务运动等。改革型社会调查的社会功能，主要是社会改革家探究社会病因、提出改革方案、推行社会变革的有力武器。

学术型社会调查。其调查者主要是各类学者，其主要目的是广泛搜集资料、开展学术研究，形成新观点、新学问。例如，先秦的《山海经》，孙武的《孙子兵法》，司马迁的《史记》，班固的《汉书》，李时珍的《本草纲目》，徐光启的《农政全书》，宋应星的《天工开物》，黄宗羲的《明夷待访录》，魏源的《海国图志》等。学术型社会调查的社会功能，主要是学问家、思想家搜集社会信息、研究社会现实，形成新观点、新理论的基本方法。

文艺型社会调查。其调查者主要是文学家、艺术家、诗词作者等，其主要目的是体察社情民意、深刻反映现实、创作新作品、塑造新人性。例如，先秦的《诗经》《离骚》和《九歌》，“建安七子”的《洛神赋》《饮马长城窟行》和《西京乱无象》，陶渊明的《归园田居》，明清的《三国演义》《水浒传》《西游记》和《金瓶梅》，冯梦龙的《三言》，曹雪芹的《红楼梦》，蒲松龄的《聊斋志异》，吴敬梓的《儒林外史》等。文艺型社会调查的社会功能，主要是文学家、艺术家体察社情民意、创作精神佳品的重要途径。

应用型社会调查。其调查者主要是除上述几类调查主体之外各行各业的翘楚，其主要目的是把握社会需求、服务广大受众，开拓新业务、创造新局面。例如，秦的《封诊式》中记载的司法调查，刘晏的商情调查和经济调查，郑和的《郑和航海图》，徐弘祖的《徐霞客游记》，以及清的《康熙皇舆全览图》和《乾隆内府地图》等。应用型社会调查的社会功能，主要是各行各业翘楚满足社会需求，搞好自身业务，更好服务社会的有效手段。

古代社会调查都调查些什么

先出现人口调查，后出现土地调查。中国进入奴隶社会后，由于需要征集兵员抵御外侮或对外扩张，因而早在夏商时期就出现了对于“登人”的调查。这说明，人口调查早于土地调查。就人口调查而言，由于征集兵员、派使徭役只需要掌握丁（成年男子）口数，因而丁口调查又早于全面的人口调查，直至西周“及大比，登民数，自生齿以上，登于天府。”（《周礼·秋官司寇第五·小司寇》），仍不是全面的人口调查。就土地调查而言，山水调查早于田亩调查。因为，上古时代水患频繁，它涉及部族的兴衰存亡，因而就出现了勘察山脉、水系及其走向的大规模山水调查，《山海经》《禹贡》等，就是古代山水调查的结晶。至于田亩调查，由于早期华夏地广人稀，想耕种多少地就耕种多少地，根本不存在田亩调查的客观需要，直到春秋时期的楚国才出现“书土田，度山林，鸠薮泽，辨京陵”（《左传·鲁襄公二十五年》）的记载。

先重人丁、户口调查，后重田亩、财产调查。赋役，是赋、税和兵、役的合称。赋税，是统治者为管理国家、维护统治而强制征收的田赋和捐税，一般包括以人丁为依据的人头税（即丁税），以户为依据的财产税（即调），以田亩为依据的土地税（即田租），以及各种各样的苛捐杂税。兵役，是统治阶级为了维护统治，镇压百姓反抗，抵御外族入侵或对外扩张，兴建皇家宫室、官衙和水利等官用、民用工程而强行征集的兵员和徭役，一般以成年男子为征集的对象。

中国古代的赋税制度，以唐建中元年（780年）实行“两税制”为界，此前多重口税、丁税，此后转向重田税、财产税。因此，为征收税赋而开展调查的内容，从夏、商、周，到秦、汉、隋直至唐前期，大都重丁口调查、人口调查和户口调查；唐建中元年后，则转向重田亩调查和财产调查，特别是清雍正推行“摊丁入亩”改革后，田亩和财产更成为行政性社会调查的重点内容。但是，这绝不是说人丁、户口调查不重要。由于兵役的征集都以成年男子为对象，因而历朝历代都非常重视丁口调查。秦以后丁口调查扩展为人口调查，但仍强调“令男子书年”，其目的是便于根据男子年龄来征集兵员和徭役。总体而言，对于统治阶级来说，人丁、户口调查，不仅先于田亩、财产调查，而且重于田亩、财产调查。

先经济领域调查，后非经济领域调查。夏、商、周时期，以农牧业为经济基础，以税赋为主要目的，因而早期经济调查的内容，大都涉及农牧业和税赋情况。例如，夏王朝的农业主要种植粟、黍、豆、麻和水稻，其收成和税赋主要取决于土壤状况，因而《禹贡》按土质优劣对九州的田、赋情况进行复合分组：首先，按“等”分为上、中、下三等；然后，按“级”再细分为上、中、下三级。这种复合分组，既是农业调查的结果，又是税赋调查的总结。

至于非经济领域的调查内容，在夏、商、周时期，主要涉及军队、战争、狩猎和祭祀等情况的调查。秦汉以后，贾谊的《治安策》，傅玄的“五条政见”，魏征的《谏太宗十思疏》和《十渐不克终疏》，王安石的《上仁宗皇帝言事书》和《本朝百年无事札子》，海瑞的《治安疏》，张居正的《论时政疏》，顾炎武的《天下郡国利病书》，黄宗羲的《明夷待访录》，宋应星的《天工开物》等，则大都涉及政治、思想、文化、科技等非经济领域。

先客观现实情况调查，后主观精神状态调查。先秦的许多政治家、思想家，就很重视主观精神状态的调查。例如，成书于春秋时期的《诗经》，真实反映了中国奴隶社会从兴盛到衰败的历史面貌。它既是对奴隶社会客观现实的描述，又是上古时期社会习俗风尚、主观精神状态的反映。又如，管仲的“八观”，前四观主要涉及饥饱、贫富、侈俭、虚实等经济领域的客观现实情况，后四观则主要是对“民”“臣”和“上意”的主观状态进行调查，并据此对一个国家的治乱、强弱、兴灭、存亡做出判断。中国近代的启蒙思想家，更重视广大民众的主观精神状态。例如，黄宗羲、顾炎武、王夫之等所宣扬的“民本”思想、“民权”意识，以及“国家兴亡，匹夫有责”的精神，既是对历史经验的总结，又是对当时民众主观精神状态进行调查的结晶。

（作者为华中师范大学社会学院兼职教授）

谈传统家规家训中可贵的育人理念

骆　毅

传统家规家训，无论是鸿篇巨制，抑或是片纸短章，都是传统文化之重要组成部分，蕴含丰富的育人思想，其所强调的“立德树人、德教宜早”“严慈相济、爱而有教”“知行结合、身体力行”“言传身教、身教为贵”的育人思想，体现了我国古代重视家庭教育之有识之士可贵的育人理念。

立德树人德教宜早

在传统儒家的价值观体系中，自古即有“三不朽”（《左传·襄公二十四年》载：“太上有立德，其次有立功，其次有立言。虽久不废，此之谓不朽。”）之说，三者之中视“立德”为“太上”之功。这种“立德”为“上”的价值取向深刻地影响了古人的教育观念，致使传统家规家训特别强调“立德为上”，将德育置于教育的首位，以德立身成人。

《颜氏家训·勉学》教育子孙：读书治学当以“增益德行，敦厉风俗”为第一要务。司马光在《家范》中引《大学》“自天子以至庶人，一是以修身为本”的论说，告诫子孙修身立德的重要性，并主张效仿古代圣贤“遗子孙以德以礼”，“遗子孙以廉以俭”。倪思在《经锄堂杂志·子孙计》中指出：“君子岂不为子孙计，然其子孙计，则有道矣。种德，一也；家传清白，二也；使之从学而知义，三也。”刘沅在《寻常语》中也特别指出：“教在修德，德在修心。”

传统家规家训重视立德树人，教育子孙要修身立德，以德立身、成人，更突出的是主张“养正于蒙”“教子婴孩”，强调对子孙的道德教育应尽早，从小培养他们的道德行为习惯和道德品质。《颜氏家训·序致》中以“年十八九，少知砥砺，习若自然，卒难洗荡”之反面典型告诫子孙德育晚施的危害，以此敦促子孙趁早磨砺节操品行。孙奇逢在《孝友堂家训》中指出：“孩提知爱，稍长知敬，此生性之良也。知识开而习操其权，性失初矣。古人重蒙养正，以慎所习，使不漓其性耳。今日儒子转盼便皆长成，此日蒙养不端，待习惯成性，始思补救，晚矣！”强调为人父母应在子女年幼时就对其进行家庭道德教育，培养其道德品质，谨慎地引导他们的习行，否则一旦错过了家庭德育的最佳时机，孩子养成了不良习性后再教育就迟了。

严慈相济爱而有教

中国自古就有“养不教父之过”“慈母败子”“孝子不生慈父之家”等观念。反对溺爱子女，只爱不教，强调家教的重要性、必要性和家长在家庭生活、家庭教育中的权威性。传统家规家训在家庭德育过程中也持相同观念。《颜氏家训·教子》云：“父子之严，不可以狎；骨肉之爱，不可以简。简则孝慈不接，狎则怠慢生焉。”“父母威严而有慈，则子女畏慎而生孝矣。”特别强调，对子女仅有严或光有爱都是不够的，一定要严慈相济，爱而有教，寓爱于教。

司马光在其《涑水家仪》中深刻地阐明了家庭教育中训与慈、爱与教的关系，如：“慈而不训，失尊之义；训而不慈，害亲之理；慈训曲全，尊亲斯备。”意为“父母只讲慈爱而不严加训教，便失去作为尊长的大义；只严加训教而不慈善，则伤害了骨肉相亲相爱之理，只有严慈结合，才具备了大义和亲情，是完整的家教”。

知行结合身体力行

《论语·述而》载："子以四教：文，行，忠，信。"孔子在教弟子诗书礼乐时，又教弟子践行其中所蕴含之事理、义理。《荀子·儒效》中指出："知之不若行之""知之而不行，虽敦必困"。在这其中，荀子强调"行"是获取道德认识和攀登道德高峰的根本途径。先秦儒家的"知行结合，身体力行"德育思想被后世家规家训所继承。

《颜氏家训·勉学》载："夫所以读书学问，本欲开心明目，利于行耳。""世人读书者，但能言之，不能行之，忠孝无闻，仁义不足；加以断一条讼，不必得其理；宰千户县，不必理其民……故为武人俗吏所共嗤诋，良由是乎！"在这其中，颜之推既从正面强调读书学问贵在践行，又从反面阐明知识不能践履的危害，以此教育子孙学贵能行。

陆游在《陆游集·剑南诗稿》中以诗教子："人人本性初何欠，字字微言要力行""学贵身行道，儒当世守经"。在这其中，陆游教导儿子读书为学要身体力行，把读书为学和躬行实践结合起来，学有所得，在"力行"中实现道德的价值。清人孙奇逢在《孝友堂家训》中说："读一'孝'字，便要尽事亲之道；读一'弟'字，便要尽从兄之道。自入塾时，莫不识此字，谁能自家身上，一一体贴，求实致于行乎？"教育子孙读书为学应躬行不怠，在日常生活中身体力行圣贤之道德教诲，成就自己的道德人格。

言传身教身教为贵

在儒家价值坐标中，"立言"乃"三不朽"之末，"立德"乃"三不朽"之首，在此价值观的指导下，形成"言传身教，身教为贵"的德育理念，在肯定"言传"价值的基础上，更强调教师或居"上伦位"者对学生或居"下伦位"者进行德育时，要自律立德，以身示教，直接体现为教师或居"上伦位"者能以身作则，率先垂范。《论语·子路》载："其身正，不令而行；其身不正，虽令不从”“不能正其身，如正人何？”《孟子·离娄上》载：“教者必以正。”《孟子·尽心上》载：“仁言不如仁声之入人深也。”这其中“言传身教，身教为贵”的德育思想，更加彰显出恒久的生命力，其闪耀着的智慧光芒，光耀后世家规家训。

传统家规家训以向子孙训导儒家精义为宗，在对子孙进行道德教育过程中灌输儒家德育思想，强调“言传身教，身教为贵”。《颜氏家训·治家》云：“夫风化者，自上而行于下者也，自先而施于后者也，是以父不慈则子不孝，兄不友则弟不恭，夫不义则妇不顺矣。”在这其中，颜之推把父母等居“上伦位”者的身教作用称为“风化”，此“风化”乃是一种自然而然的仿效，不需要居“上伦位”者的强制，所谓“桃李不言，下自成蹊”，教育感化的效果如何，完全取决于居“上伦位”者自身的德行。

（作者单位为东南大学人文学院）

再说商鞅

张国刚

《史记·商君列传》记载“公子虔之徒告商君欲反，发吏捕商君”的情况，比《资治通鉴》多了一些细节。秦孝公死后，惠王即位，曾经被商鞅割掉鼻子的公子虔举报商鞅谋反。惠王发出逮捕令，商鞅携带家人逃亡至关下，欲匿名投宿客舍。客舍前台的工作人员以无证件为由，拒绝为他办理入住，曰：“商君之法，舍人无验者坐之（店客若无证件住宿，客舍犯连坐之罪）。”商鞅长叹一声道：“嗟乎，为法之敝，竟然到了这种地步！”后来商鞅走投无路，复入秦，被秦兵攻杀，车裂以殉，秦惠王“遂灭商君之家”。

秦孝公死后，商鞅为何处境危若朝露

在商鞅罹难之前的五个月，有个叫赵良的人来看望他。两人曾有一番关于商鞅功绩评价的对话。商鞅自认为有大功于秦国，功劳和待遇都应该超过秦之贤相百里奚：当初，秦国习俗，同于戎翟，父子无别，男女老少同室而居。今我更制其教化，而为其制男女之别，大筑宫廷城阙，把秦国营建得壮观如鲁、魏这样的文明国家。“子观我治秦也，孰与五羖大夫贤？”

赵良说：请允许我直言。你与“五羖大夫”百里奚根本不能比！出身和觐见君王的门路不能比，功劳不能比，得到百姓的拥戴更不能比。百里奚是楚国乡下人，穿着粗布短衣给人家喂牛，秦穆公选拔于牛口之下，加位于万人之上，秦国人人拥戴。为秦相六七年，百里奚不仅在国外建功立业，而且在国内施行德化。五羖大夫出任秦相，劳不乘车，暑不张盖，足迹遍国中，无需警车随从，无需武装防卫，功垂史册，德泽后昆。五羖大夫死时，秦国男女老少无不举哀怀念。

您商君来到秦国，走的是秦王宠臣景监的门路。执掌秦国相印，不造福百姓却大建宫阙。上加黥刑于太子师傅，下施酷法于黎民百姓，招致举国怨恨。所以，您出门必须数以十计的警车防卫，军队扈从，您的处境危若朝露啊！

我劝您交还商於十五邑封地，退避荒野，浇园自耕；劝秦王启用山林遗贤，养老抚孤，施行德政，也许还可保全您自己的平安。假如您还要贪图商於的富有，享受独揽秦国政教的尊贵荣宠，积聚百姓怨恨，秦王一旦捐弃宾客而不能当朝，秦国要收拾您的仇人难道能少吗？

商鞅没有听从赵良的劝告，五个月后果然被残酷杀害。

商鞅的命运与吴起在楚国的情况类似：靠山一走人，立即被处死

商鞅变法的成就，应该是无可怀疑的。没有人能否定，秦国的统一大业，发轫于商鞅变法。商鞅损害了贵族的利益，反对者未必是普通民众。根据《史记·商君列传》的说法：“行之十年，秦民大说，道不拾遗，山无盗贼，家给人足。民勇于公战，怯于私斗，乡邑大治。”《史记·李斯列传》也说：“孝公用商鞅之法，移风易俗，民以殷盛，国以富强，百姓乐用，诸侯亲服，获楚、魏之师，举地千里，至今治强。”无论是“秦民大说（悦）”“乡邑大治”，还是“家给人足”“民以殷盛”，都是说商鞅变法，符合民心，有很好的社会效果和经济效果。

当然，商鞅本人行事，也有霸道和诡谲的瑕疵。法令推行之后，“秦民初言令不便者，有来言令便”。当初对新法不理解有抵触情绪，现在改变了态度，赞扬新法，这本来是好事情，要加以鼓励。可是，商鞅说：“此皆乱法之民也！”

把这些议论新法的人，尽数发配到远方去戍边，“其后民莫敢议令”。这种做法，自然不得民心。

齐魏马陵之战（公元前341年）后，太子申被俘，庞涓丧命，魏国损失了十万大军。商鞅趁机建议收复西河之地。他欺骗昔日同在公叔痤门下的旧交公子卬，致使秦国不战而胜。这种不择手段的行为，也会对商鞅的国际形象与声誉造成损害。但是，最后商鞅却以谋反之罪被捕杀，真是欲加之罪，何患无辞！因此，商鞅罹难，并不是他工作失职，改革失败；也不全是因为个性张扬，处事强霸。商鞅作为客卿，侵犯了贵族利益之后，陷于孤立，必然会有这样的命运和归宿。

商鞅之死，为什么没有影响新法的继续实行

简单地说，有几点原因，首先是这些法令适应了秦国的社会发展，有利于富国强兵；其次，许多变法内容，比如县制的推广，基层保甲组织的建设，在秦献公时期已经实行。在墨家的影响下，重视农耕、重视军事防御装备（墨家非攻，但是却重视军事防御技巧）等思想已经为秦王室统治者所熟悉。在秦人看来，秦孝公才是变法的主动者。实际情况，恐怕也是如此。《商君书·更法》说：“孝公平画，公孙鞅、甘龙、杜挚三大夫御于君。虑世事之变，讨正法之本求使民之道。君曰：‘代立不忘社稷，君之道也；错法务明主长，臣之行也。今吾欲变法以治，更礼以教百姓，恐天下之议我也。’”

可见，是秦孝公主动谋划改革，召集商鞅、甘龙、杜挚三位大夫，讨论变法事宜。秦孝公说：国君继位，要不忘社稷之重；大臣辅佐，要实施变法以张君威。“变法以治，更礼以教百姓”，是秦孝公非常自觉的主动行为。商鞅只是孝公意志的坚定的、具有创造精神的执行者。因此，商鞅的被处死，不会影响新法的继续实行，是自然而然的事情了。

如果比较一下古代希腊城邦改革，可以使我们更进一步认清商鞅改革的实质。雅典城邦从梭伦（约公元前640年至约公元前558年）到伯利克里（约公元前495年至公元前429年）的改革，基本方向是注重权力制衡，鼓励工商业发展。商鞅变法则是注重提升政府的社会管控能力、战争动员能力，促进农业发展。

商鞅改革之后，从外来普通移民而跻身卿相的客卿，如张仪、范雎、蔡泽、吕不韦、李斯，不知凡几，平民通向政治道路，似乎秦国比雅典更彻底。但非贵族化和平民化的政治，导致没有任何势力可以挑战君主的权力，反而强化了中央君主权威，社会的过度平面化，又使得只有不断地强化君主权威，才能阻遏混乱，维护社会的统治秩序。相反，公民政治中的等级制度，倒使秩序规则的维护和统治权力的制约，具有现实的操作基础。

（作者为清华大学历史系教授）

最高人民法院大区分院设立与撤销原委考

何　帆

近来，最高人民法院巡回法庭作为最高审判机关派出的常设审判机构，审什么案、由谁来审、如何裁判，已引起各界广泛关注。坊间不少朋友撰文，将巡回法庭与上世纪50年代的最高法院大区分院相比，却因史料所限，未能将大区分院设立、发展和撤销的原委梳理清楚。本文从年谱、档案中刨出若干文献，谈谈最高人民法院大区分院设立与撤销的来龙去脉。

从战区法院到行政区法院

1949年10月，中华人民共和国成立，但内战还在延续，解放军继续南下作战，沿途组建各类政权机构。1949年12月20日，中央人民政府委员会批准《最高人民法院试行组织条例》。条例第十四条明确规定："最高人民法院于必要时，得呈请中央人民政府委员会设立分院或分庭，并得呈请变更或撤销之。"

由于地方各级人民法院还未建立，最高人民法院遂依托当时的大行政区，先后设立东北、西北、华东、中南和西南五个分院。所谓"大行政区"，很大程度是"战区"的延伸，与当时各野战军的作战区域对应。按照最高人民法院院长沈钧儒1950年所作的《人民法院工作报告》，大区分院是"各地区的终审机关，并代表最高人民法院对管辖的各级人民法院，实施监督领导的责任”。

1951年，中央人民政府委员会第十二次会议通过《中华人民共和国人民法院暂行组织条例》，明确了大区分院的法律地位：最高人民法院得在各大行政区或其他区域设分院或分庭，在其所辖区域内执行最高人民法院的职责。最高人民法院分院、分庭受最高人民法院的领导和监督，在其所辖区域内领导并监督各级人民法院的审判工作。最高人民法院分院、分庭的刑事、民事判决均为终审判决；但重大或疑难的案件，应报请最高人民法院审查处理。

姗姗来迟的华北分院

华北地区曾于1948年9月建立华北人民政府，但这年11月即被撤销，其所辖五省两市统归中央政府直属。同年12月召开的中央人民政府委员会第4次会议上，只任命了5个大行政区的领导人，并无华北。因此，一开始并无华北大行政区，也没有最高法院华北大区分院。

1950年9月23日，沈钧儒院长决定以个人名义，给毛泽东主席写一封信。在这封信中，他详细阐述了设立最高人民法院华北大区分院的理由。大意如下：

（一）根据中央人民政府组织法第二十六条之规定：“最高人民法院为全国最高审判机关，并负责领导和监督全国各级审判机关的审判工作。”本院关于审判案件方面的任务是审判全国范围内特别重大的上诉案件或第一审案件，而不是审判一般的上诉案件，同时必须以充分的力量来执行领导与监督全国法院的任务。但目前本院的情况是忙于华北五省两市一般上诉案件的审判，使大部分的人力与时间消费在一般案件的审理上，致与上述规定之任务，不相符合。

虽目前京津两市区人民法院将陆续建立，一部分第一审案件可划归区人民法院办理，但比较重要的案件，仍归市人民法院为第一审，因之，市院之上诉案件仍必不可少，加以五省之上诉案件，今后华北案件的总数，其势仍必很多，故华北区设立上诉终审机关问题实为目前急需求得解决的问题。

（二）华北五省两市是中央直属省、市，其行政与审判机关，均归中央直接领导，但其审判机关的刑事、民事上诉案件，在性质上与各大行政区的案件没有不同，并无必须由中央最高人民法院审判的理由，故在华北设立分院，在制度上亦无问题。

（三）再查本院试行组织条例第十四条规定："最高人民法院于必要时得呈请中央人民政府委员会设立分院"，设立分院应视实际需要而定，初不以大行政区为限，华北因区域广大，案件繁多，有设立分院之必要，自可设立。

基上所陈为达成中央人民政府组织法所付于本院之任务，及克服制度上与工作上存在之缺点，拟请在华北区设立最高人民法院分院，至其职务与组织等可参酌各大行政区分院订定。

1952年，华北事务部改为华北行政委员会，最高人民法院华北分院于这年4月挂牌。至此，六个大区分院的格局才算正式形成。

撤销与保留之争

1954年5月27日，董必武主持召开政务院政法委员会党组干事会第46次会议，研究撤销大区一级最高法院分院和最高检察署分署工作。彭真发言说："这件事必须慎重考虑。过去各大区有中央局，对各省市的干部情况、工作情况比较熟悉，处理问题很方便很及时。大区一旦撤销，全国三四十个单位的案子都集中到最高法院来，老百姓上诉或控告很不方便，而且高院案件增多，很容易产生官僚主义。这个问题很大，困难不少。"会议决定：大区政法部门如果撤销，干部主要用来充实和加强各省市政法部门，少量干部抽调到中央政法部门工作。

1954年6月19日，中央人民政府委员会第三十二次会议通过了《关于撤销大区一级行政机构和合并若干省市建制的决定》。当天下午，政务院政法委员会召开党组干事会第四十七次会议，会议讨论了大区一级行政机构撤销后，各大区政法部门的存在、撤销和交接问题。

按照毛泽东主席"只准接好，不准接坏"的指示，会议初步决定：（一）最高人民检察署各大区分署一律撤销。最高法院华北分院即交最高法院本部接管。其他大区分院继续存在，党内委托所在省委领导。今后各大区分院专管审判业务，实行审判与司法行政分立的原则。（二）最高法院刑庭、民庭分设。（三）调原华北行政委员会副主席兼政法委员会主任张苏任最高法院副院长，原最高法院中南分院院长郑绍文任司法部副部长。

然而，在6月19日的会议之后，中央仍有领导同志质疑最高法院大区分院存在的必要性。经过认真研究，最高法院于6月28日，向中央报送了《关于撤销各大区分院与加强最高人民法院的意见》。意见论证周延、言辞恳切。大意如下：

一、各大区高分院的撤与不撤，我们主要是从便民，同时也从最高法院本身工作上来考虑。我们认为随着各大行政区的撤销而全部撤销各大行政区的高分院是有困难的，因为全国地域辽阔，人口众多，各高分院受理案件数量又大（1953年度六个高分院全年受理上诉及本身一审案件共达15062件；计华东2970件，中南1546件，西南1517件，西北2103件，东北2300件，华北4626件），如果这些案件全部集中到最高法院来审理，势必对人民诉讼不便，而高院也很难担负如此大量集中的案件。因此，我们的意见是撤销华北高分院，而仍保留华东、中南、西南、东北和西北五个高分院为宜。

二、各大行政区党政机关撤销后，仍保留的高分院在工作上的困难是失去了当地党政机关的领导。我们认为应从两个方面来克服这个困难：一是确定各高分院集中力量负责单一的审判任务，各省（市）司法行政工作统一由中央司法部领导，同时从审级制度上，紧缩各高分院受理案件的范围，并取消案件的复核制度，严格执行《中华人民共和国人民法院暂行组织条例》中关于“人民法院基本上实行三级二审制”的规定，使高分院受理的案件适当减少；二是加强各高分院的领导干部，充实骨干，使之能很好地执行审判任务。

三、华北高分院撤销后，最高法院每月收案估计不少于300件。此外，不服各级人民法院判决的人民申诉案件也将有增加。又因各大区一级党政机关的撤销，最高法院必须加强对各高分院的领导，因此，最高法院的领导干部必须加强，干部必须充实。此外，最高法院的组织机构也要作适当调整。

然而，不知是何原因，华北分院之外的其他分院仍然未能保住。7月16日，政务院政法委员会党组干事会向中共中央报送了《关于撤销大区各政法部门和加强中央各政法部门的意见》。意见提出，各大区最高法院分院撤销后，司法行政工作和审判工作逐步分立，在各省设司法厅，各市设司法行政办事处。最高法院大区随即陆续撤销。

1954年通过的宪法和法院组织法，再没有最高法院“分院”或“分庭”的表述。从此，最高法院大区分院成为一个历史名词。

（作者为最高人民法院法官）

谢觉哉家书中的情怀

张冠生

谢觉哉是早期共产党人，著名的“延安五老”之一。他早年依传统文人路径读书，求功名，曾历县考、府考、道考，在科举制度废止前，考中末代秀才。后来，他读书得来的知识、才华与修养，都用到了其倾心投入的革命事业中。

已出版的《谢觉哉家书》，是大时代影响知识分子命运的一份如实记录。其中抗战时期的书信，可作为后人了解早期共产党人情感世界的珍贵文本。

谢觉哉在家乡湖南宁乡教书时，接触到了进步思想、革命学说。后来，他到长沙办《湖南通俗报》，又任教于湖南第一师范附小，进一步靠近了中国共产党创建前后的活动。1925年，谢觉哉加入中共，人生道路随革命而蜿蜒，由湖南而湖北、上海，由上海而江西苏区、陕北延安，长期与家乡亲人音信不通。

1937年初，谢觉哉日记写道：“第一次发家信，代之以诗。”此时，他离别家乡已整十年。这封家信说：“冷冷关中月，飕飕塞上风。星霜忽十易，云山犹万重。忆昔少壮时，春出归必冬。蹉跎三十载，汝妪我已翁。谓有敝庐在，偃息相与终。……我行山川异，南北又西东。徒手出蛟窟，挥鞭入蚕丛。……家乡时入梦，风景依稀中。园韭绿如褥，庭松苍似龙。稚子已逾冠，雏孙正应门。别离何足惜，贵不负初衷。国破家宁在，貌衰心尚童。偶因朔风便，一纸当告存。”

信是写给家乡何夫人的。何夫人出身中医世家，其父中过举人。自幼庭训，私塾三年，诗书陶冶中，何夫人明事达理，有丈夫气。曾有保安团为“清剿”共产党人闯进家门，众人皆避，何夫人“独自一个和他讲理，气盛理直，把那些要放火烧房子的丘八骇住了”。

1939年，谢觉哉收到“雏孙”的信，说“今年10月祖母六十正寿，望祖父回家”。谢觉哉时任陕甘宁边区政府要职，自知不可能回家，遂以回信作“寿文”说：“41年当中，我在外的日子占多半，特别是最近十几年，天南地北，热海冰山，一个信没有也不能有。最近可以通信了，但回家的机会，还得等待。如果是平凡女子的话，不免会悔不该嫁个读书郎，更悔不该嫁个革命者。……再过19年即是我俩结婚的60周年纪念，老话叫‘重谐花烛’，要重新拜堂行礼。那时候，也许不要到那时候，革命已经成功，国家安泰，我能够告老还乡，重温夫妻旧梦。”

《谢觉哉家书》所收原件手迹文影中，这封信很特别。信首以“为敦秀吾妻六十生日写”作题头，信末又附整整齐齐三行文字——“一九三九年九月八日，你的丈夫在一万里外于日本强盗飞机猛炸之下写成，隔你的生日尚有三个月。”信长四页纸，全篇文字工整、端庄、骨力内蕴、章法谨严，无一涂抹修改处。不说内容，仅就字论，既有标准馆阁体的看家功夫，更有明显超越馆阁体的大家风范，完全可作法帖临摹。或是因此，《谢觉哉家书》装帧中封面选用的文影，便取自这封书信。

1945年4月3日，谢觉哉又一次写信给何夫人说：“看了你们的信，知道你们的生活很苦：‘过年渡水，称几斤肉’‘好久喝不到酒’‘四婆婆连油盐都欠缺’，还要一天忙到晚。”他夸奖女儿冰茹在艰辛中“自己劳动养家”，鼓励儿女勤勉向学，做有出息的人。说到妻子，谢觉哉表示“闻冬姊头发全白，还能自己种菜、喂猪、洗衣、做饭，不过应该吃得好一点，不要太省了”。说到自己，则告诉家人“我自然也老了，但还没什么病。生活很快活，不需远到人挂念”。

（作者为民盟中央委员）

盛唐气象谁奠基

李大华

我们知道，近代西方（比如英国）的发达，与新的生产力出现有关系，瓦特发明了蒸汽机，从手工作坊进入了现代工业，英国日渐强大，变成一个日不落帝国。唐朝并没有出现新的生产工具，但是在短短的20多年间就治理成了一个中央帝国，盛唐气象非常宏大。那么，唐朝人有什么样的智慧能把一个积弱积贫的国家治理成这样呢?

一部好法律治理出了一个盛唐

盛唐气象的形成，离不开言论开放、思想解放和宽松的社会文化政策，这是史学界的共识。但我想从另外一个方面——一部好的法律——开始谈起。一个人治的国家，没有一部好的法律，可能这一代治理好了，换一个领导人就不好了。所以，一部好的法律才是国家长治久安的基础。这一部好的法律就在唐朝出现了，叫作《贞观律》。

《贞观律》是如何出现的?我们先要说说唐朝之前的法律是怎么回事。在历史上，战国时期秦朝搞了“商鞅变法”，商鞅、韩非子这些人都力主法治，但是那些法律太严苛，不近人情。陈胜、吴广是怎么起义的?他们从江东发配到北方去修长城，正好遇到雨季，河水暴涨，按照规定时间他们不能够到达长城，依照秦朝的法律，应一律处死。陈胜、吴广就想，反正都是死，还不如反了，所以砍了一根竹子，随便拉起块布条就起义了。秦朝的强大是因为商鞅变法，同时也是因为法而亡了国。错在哪里？唐朝的柳宗元写了一篇文章叫作《封建论》，总结了秦朝灭亡的历史教训，他认为秦朝的过失不在于它的法制，不在于它的制度，而是在于它的做法错了，不近人情，没有体现人的关怀。

汉朝立国，萧何跟着刘邦走南闯北，征战天下。但是每到一个地方，别人去抢财物，抢金银财宝，萧何一律不干这事，他每到一个地方就搜集典籍、文献，所以立国的时候刘邦叫他搞一部法律，叫作《九章律》，我们现在看到的成文的法律最早的就是汉朝的《九章律》。《九章律》当然也是比较简单的。隋朝有个《大业律》，但是隋朝统治的时间很短，二十几年就完了。李渊进驻长安后，就修法律，搞了个《武德律》。李渊做皇帝只有八年时间，《武德律》是依照《大业律》来进行修改的，比较仓促，而天下还没有太平，还在打仗，《武德律》来不及实施。

到了太宗时期，为了稳定天下要立一部好的法律。贞观元年太宗下令重新修律，谁去做这个事情呢？当时长孙无忌是有功劳的人，他就把长孙无忌任命为宰相。但是长孙皇后坚决反对，第一次反对不成，再次反对，就跟他说："皇上，你真是要我们长孙氏家族好，您就不要叫他做宰相，我们家族已经恩宠过重了。"长孙皇后是一个了不起的女性。这次长孙皇后下跪求太宗免去长孙无忌的宰相职务，太宗才把他免掉。之后，长孙无忌在家无所事事，太宗说你有事情干了，请你来主持修唐律，不要急，慢慢来，花十年、八年的，一定要修一部好的法律出来。直到贞观十一年，它才颁布，它也确实是当时世界上较好的一部法律，盛唐气象离不开它。

一群怎样的人制定了这部法律

参与制定这部法律的有几个人呢？长孙无忌是一个，还有房玄龄、杜如晦、魏征。唐朝实行三省制度，门下省、中书省、尚书省，这三省之间形成监督平衡。长孙无忌、房玄龄、杜如晦、魏征这几个都是头头。

房玄龄的性格有点像汉朝的萧何，举轻若重，杜如晦是举重若轻，所以唐朝初年“房杜”这两个人是非常重要的，是绝配。房玄龄考虑事情非常周密，孜孜奉公，一生非常谨慎，做事情很周密。但是，如果杜如晦不在的话，太宗就不下定论，非得等杜如晦来。武德年间，李世民和他的哥哥、弟弟争皇位的时候，他的哥哥李建成把李世民手下的悍将一个个打发走了，派到外地，让他手下无人，以此来削弱他，杜如晦也要被派出去了。这时候房玄龄等几个人说，“您想要争天下，这个人一定不能让他走，必须留下来”。太宗就硬是想办法把杜如晦留下来了，后来在玄武门事件中，杜如晦起了决定性作用。房玄龄干的事情跟萧何一样，每次仗一打完他就去搜集文献，搜集法律条文。

魏征的故事便多了，他原来是太宗的对头李建成的幕僚。太宗把他逮住以后没杀他，第一句话就问他，你为何离间我们兄弟之间的关系？这话问得很直接，魏征说“太子要是早听我的话就不会有今日了”。英雄说话是这样的，直言。后来魏征被任命做谏议大夫，谏议大夫就是个言论官，有批评皇帝之责。魏征在唐朝起草这部法律的过程中起了至关重要的作用，但是，他其实不懂法律，他不像房玄龄、长孙无忌是专门研究这个的。史书都有记载，他不懂法律，但懂德性，懂道德。魏征把道德的东西、仁义的东西塞到法律里面去了，唐朝的法律好就好在这里，它有人道基础。

为何说《贞观律》是一部好法律

《贞观律》好在哪里？它有很好的道德基础，讲德性，讲仁德，它谨慎，郑重，有原则，而且具有持续性。大家知道美国现在有枪支的问题，从克林顿时期就一直要禁枪，到现在奥巴马也没有完成，完不成。根源在哪里？不是来复枪协会势力大，而是因为《宪法》不能随便动。

法律要有利于维护人民的伦常关系，维护一种公平的关系。魏征有一句话：“故圣哲君临，移风易俗，不资严刑苛法，在仁义而已。”《贞观律》据说把严刑苛法削减了三分之一多。唐朝时期，父亲跟子女的关系、夫妻之间的关系是很神圣的，不能随便检举，必须维护亲情关系。有人问：有人谋反怎么办？太宗说如果发生这种事情，我们也不能破坏规矩，有人谋反了，也不主张他的子女和夫妻之间互相检举，这就是维护亲情关系，立法必须这么规定，由别人去检举好了。

执法过程当中的关怀与同情。光有好的法令还不行，还必须程序公正。魏征说“疑则与众共之，疑则从轻者”，这是什么意思呢？凡是有案子我们很难断得清楚的时候，缺乏足够的证据的时候，我们要组织大陪审团一起来商量这件事情，不能几个人说了算。唐朝发生重大的案件，朝廷三品以上的官员都要来审理该案，一起讨论，慎之又慎。对重大的案件，尤其是死刑犯，崇尚“三覆奏”“五覆奏”的奏制。凡是杀人，皇帝要亲自准许才行。不仅如此，唐朝还有一个废除死刑的议论。长孙无忌负责起草法律，最后有一条扯来扯去，太宗不愿意杀人，说能不能废除死刑。当时有人提出，可以断他的手指头、脚指头以代替死刑，太宗一想，剁了手指头、脚指头是对他父母的不尊重，这违背了亲情关系。随后，四川一个官员想了一招，他说是否可以把罪犯流放，把他放到一个没有人烟的地方让他活着，让他成天思念自己的亲人，让他觉得生不如死。太宗高兴了，说好。唐朝最终没有废除死刑，但是讨论过废除死刑这个事情，这是很有意思的。

体现了对社会公正的追求。太宗说“法者，非朕一人之法，乃天下之法”。一天，长孙无忌去面见皇上，按规定进宫是不能佩带武器的，所有刀剑都要卸下来，但他完全忘了这事，就闯进去了，门卫也不敢拦他，进到第三层才发现带了刀，闯了禁区。大家看《水浒传》里面林冲是怎么犯罪的，高俅设了圈套让他钻，他不知道，闯进去了发现是禁区，被抓了。长孙无忌闯了第三关也被扣住了，带了刀进宫见皇上，这是死罪。但是他没有任何谋反的企图，怎么能判他死刑呢？最后门卫校尉官被判死刑，明明你看到他带了刀，为什么不拦住他？长孙无忌怎么办呢？罚他款，关他几天。这个事情太宗也没有提出异议，但是大理寺的官员坚决反对，说皇上颁布法律，人人都在法律之下，没有人可以超越法律，为什么可以不治长孙无忌的罪，而卫士要判死刑。大理寺提的方案是，要么两个都治罪，要么两个都不治罪，这才能公平。结果太宗说算了，两个都不治罪，这样体现公平。

《贞观律》就是这样一部法律，平衡了法与情、法与人道、法与德性，集中了唐朝人的智慧。唐朝文化的开放正是基于这一部好法律，各种文化只要遵守法律就和谐共处。这样的治理终于使唐朝成为当时的中央帝国，赢得了万邦来朝、万民齐颂和万里繁荣。

（作者为深圳大学教授）

学问遇到权术，戏也，悲也

王开林

张之洞与李鸿章是对手和政敌，积不相能，互不买账，可谓天下人皆知。张之洞与袁世凯的关系则远非这么简单明了，他们若即若离，非友非敌，可以利用时彼此利用，可以帮衬时互相帮衬，明里较劲和暗中拆台，这类事情，也不能说完全没有。质而言之，张之洞对于袁世凯实有救命之恩。

张之洞比袁世凯年长22岁，行辈为先，资望亦高，在他的心目中，袁世凯乃是行伍出身的粗人，这样的新贵斤两不足。徐树铮致书马通伯，其感想自出机杼：张之洞倚老卖老，不好侍候。袁世凯原本对张之洞执礼甚恭，却一再被他怠慢轻忽，心中难免愤懑，耿耿然不易释怀。两人若能“尽其材画，戮力中朝”，武昌之变就很可能不会出现。徐树铮是段祺瑞最倚重的智囊，在北洋人物中堪称佼佼者，很显然，他偏袒袁世凯。徐树铮举了一个例子，证明张之洞为人行事过于傲慢，故作偃蹇恶态，造成本不该有的关系裂痕。光绪二十九年（1903年），张之洞从武昌入京，路过保定，其时袁世凯代理直隶总督，恭请张之洞阅兵。阅兵完毕，袁世凯在官邸设宴，直隶要员悉数入席，态度颇为谦恭，仪式十分隆重，张之洞却倚案垂首，不合时宜地打起瞌睡来，发出匀细的鼾声，这种情形当然令东道主大为尴尬和难堪。张之洞醒后，又只与席中翰林后辈杨士骧喁喁长谈，将袁世凯晾在一边，如同陪客，枯坐无聊，插嘴不上。在满席部属面前，袁世凯的面子简直无处搁放。

有一天，军机大臣张之洞询问幕僚高友唐：“外间对余有何议论？”高友唐如实回答：“郑孝胥有个总结：‘岑西林（春煊）不学无术，袁项城（世凯）不学有术，老师有学无术，端午桥（方）有学有术。’”张之洞笑道：“我自问迂拙，不但无术，且不能自谓有学，不过比较岑、袁多识几个字。袁岂仅有术，直多术耳。”高友唐遂以“老成谋国”四字推许张之洞。张之洞闻之莞尔。

南粤名士蔡乃煌善于逢迎。有一次，张之洞宴请袁世凯，蔡乃煌叨陪末座。宴后赋诗，蔡乃煌得妙联“刺虎斩蛟三害尽，房谋杜断两心同”，上联隐指张之洞、袁世凯二人的政敌瞿鸿禨因泄露国家机密已被驱逐出军机处，下联则连瞎子都看得出，极力称赞张之洞、袁世凯同心同德，具有唐朝贤相房玄龄的谋略和杜如晦的决断。蔡乃煌凭此妙联获授上海道台的美官肥差，可谓踏破铁鞋无觅处，得来全不费工夫。事后，蔡乃煌索性做了个囫囵人情，把著作权拱手送给张之洞，坚称此联是张之洞妙手偶得的。

有趣的是，有术且多术的袁世凯尚缺保身保命之术，最终却要乏术且无术的张之洞伸出援手，才好不容易从鬼门关撤步回头，觅得一线生机。

慈禧太后死后，载沣为摄政王，决定为兄（光绪皇帝载湉）报仇，诛杀袁世凯以谢天下。朱谕初稿拟定的罪名为“揽权跋扈，植党营私”，许多大臣不敢置一词。唯有张之洞硬着头皮，“再三婉陈，力为乞恩”，而且警告载沣，袁世凯身负练兵重任，羽翼已丰，死党有力，京师已在其掌控之中，倘若处置不慎，则社稷、宗庙危如累卵。谕旨最终由张之洞改拟，袁世凯开缺回乡养病，保住了首级，就保住了东山再起的希望。

曾有人私访张之洞，问道：“项城（袁世凯）乃英鸷之辈，朝廷既然不能用他，杀掉是对的。如今他快快不悦，回乡养病，难道朝廷就不担心后患无穷？”张之洞的“洞见”纯属书生之见：“明朝崇祯皇帝勤政爱民，本是一代明君，只因对待群臣过于严厉，轻易诛杀大臣，终于导致亡国。现在摄政王仁厚英明，理应导以宽大之怀，培养祥和之气，增强国脉，倘若他摄政之初就诛杀先朝倚重的大臣，我担心他杀顺了手，会重蹈明朝末季的覆辙。”

乍听去，这番话句句在理。然而袁世凯绝对不是忠臣义士袁崇焕，他的城府比皇宫还深，张之洞并未看个清楚分明。由于张之洞多嘴多舌，袁世凯捡回一条性命，中国现代史上就增加了许多铁血交飞的折腾。

袁世凯对张之洞理应感激涕零，天下人却要为此付出格外高昂的血泪代价和生命成本。

（作者为湖南省作家）

儒家“大同”思想新解

吴　光

古人是怎样理解“大同”社会的

《礼记·礼运篇》首次提出了“大同”之说。记曰：昔者仲尼与于蜡宾。事毕，出游于观之上，喟然而叹。仲尼之叹，盖叹鲁也。言偃在侧曰：“君子何叹？”孔子曰：“大道之行也，与三代之英，丘未之逮也，而有志焉。”于是藉孔子言，描述了“大同”社会的情景：

大道之行也，天下为公。选贤与能，讲信修睦。故人不独亲其亲，不独子其子，使老有所终，壮有所用，幼有所长，鳏、寡、孤、独、废疾者皆有所养。男有分，女有归。货恶其弃于地也，不必藏于己；力恶其不出于身也，不必为己。是故谋闭而不兴，盗窃乱贼而不作，故外户而不闭。是谓大同。

这里需要分辨的是，《礼记·礼运篇》所描述的“大同”社会究竟是什么样的社会？是上下齐同、没有差异、大公无私的社会吗？过去有不少人是这样理解的，康有为就认为“大同”社会是一个无国家、无阶级、无刑罚、无私产甚至无家庭夫妇之分的乌托邦社会，其《大同书》写道：“大同无邦国故无有军法之重律，无君主则无有犯上作乱之悖事，无夫妇则无有色欲之争、奸淫之防……无爵位则无有恃威、估力……无私产则无有田宅、工商、产业之讼。”

“大同”社会是和而不同的“多元和谐”社会

然而在我看来，《礼记·礼运篇》所描述的“大同”社会并不是没有差别、完全平等的大公无私社会，而是存在私有财产的和而不同的“多元和谐”社会。其理由有三：

第一，有东汉经学家郑玄《礼记注》为证。郑玄在“是谓大同”句下注曰：“同犹和也，平也。”按此注解，则所谓“大同”，就是“大和”“大平”。古音“大”读为“太”，如《周易》“保合大和”读为“保合太和”。因此，我们可以将“大同”解释为“大和”即“太和”，其意即“最高尚的和谐境界”。

第二，有宋儒张载的《正蒙》为证。其开门见山第一句话就是“太和，所谓道”，即以“太和”为最高级别的“道”。又说：“语道者知此谓之知道，学《易》者见此谓之见易。”所谓“此”者，即“太和”之道也。清儒李光地注解说：“此节以‘和’言道。所谓‘和也者天下之达道也’……在人为和为静，在天则为太和、太虚。和者其大用，虚者其本体也。”这也证明了所谓“太和”即最高境界的“和”。

第三，有《礼运篇》本身的证明。孔子以“和”为天下之大道的思想见诸《中庸》。《礼运篇》说“选贤与能，讲信修睦”，也与篇首孔子之言“与三代之英”前后一致。这个“选贤与能”本身就是以有贤愚、能与不能的差别为前提的，“讲信”是相对于“无信”而言，“修睦”是相对于“不睦”而言，“男有分”即指有社会分工，“女有归”即指妇女要嫁人找归宿，即有家庭存在。既然有家庭存在，就有人口多寡的差异，也就有家庭私产的存在。况且，所谓的“大同”社会虽然是“天下为公”即公有制为主体的社会，但却是存在家庭差异和家庭私有财产不均的社会，因此决不是没有差异、没有矛盾的同质社会，而是有差异、有矛盾但却是和而不同的和谐、和平社会。

提倡“大同”即“太和”的理念的时代价值

在当今时代，提倡“大同”即“太和”的理念有些什么现实意义呢?

一是有助于培养君子人格。培养君子人格，表彰君子和而不同的精神，提倡为人处事要树立宽松、宽容的和谐包容品格，反对小人的结党营私、阴谋争斗。

二是有利于促进企业、社会、国家间的良性竞争。毋庸讳言，市场经济体制是以竞争求生存的体制。竞争好比是企业发展的发动机，是企业的活力与动力所在。但过度竞争也会导致企业之间和企业内部各种关系的高度紧张乃至崩溃，所以需要提倡良性竞争，需要通过建立和谐机制来平衡和引导竞争。和谐就像一部机器的润滑剂，如果没有这个润滑剂来调节，机器就会烧坏。对于企业而言是这样，对于国家、社会而言也是这样。一个文明社会，一个文明国家，需要保持和谐共处的良性竞争。这就需要执政者有把握全局、“和而不同”的大智慧来处理各种矛盾与利益的冲突，摆正竞争与和谐的关系，使国家、社会建立在一个良性竞争的制度之上。

三是有助于扩大国际合作、维护世界和平。自改革开放以来，中国在经济、社会、文化等各个领域取得了长足的进步，成为世界第二大经济体。然而可以预见的是，中国在未来一段时间里仍处于建设“全面小康”社会的时代，还达不到“大同”即“太和”的理想阶段。而且整个世界也将是以“小康”为目标的时代。在这样的时代，必然存在国家之间的利益争夺而“谋用是作，兵由此起”。然而尽管如此，我们仍然需要以“大同”即“太和”的理想精神去处理中国与各国的关系，坚持“远交近和”的和平外交理念，应“谨于礼”，“以著其义，以考其信，著有过，刑仁讲让，示民有常”，能行乎此，则离“大同”即“太和”的境界“虽不中也不远”了。因此，我们现在应该提倡的“大同”即“太和”的精神，实质上是一种以承认多元化为前提的、和而不同的“多元和谐”精神。在多元和谐精神指导下，既要摒弃西方文明中心论，也要拒绝东方文明中心论，而坚持多元文化兼容互补、和谐共生的文化和谐主义，用“多元和谐”文化观去化解“小康”时代可能出现的“文明冲突”。

总之，儒家“大同”社会理想不是一个可望不可即的乌托邦空想，而是一个可望可即的社会理想。“大同”并非完全的同一，而是有差异、有私产、和而不同的和谐和平社会。

（作者为浙江省社会科学院哲学所研究员）

急进的政治改革易夭折

孙立群

吴起在魏文侯死后因内部纠纷来到楚国，被楚悼王任命为令尹，主持变法。与其他国家相比，楚国旧贵族保守势力强大，他们把持许多重要职位，而且盘根错节，动弹不得。吴起是一位勇敢的改革家，他分析楚国的局面，对楚悼王说："大臣太重，封君太众。若此，则上逼主而下虐民。此贫国弱兵之道也。"他把魏国改革措施运用到楚国，对楚国的贵族保守势力予以猛烈打击。

一个理想主义者的改革：恨不得一下子将旧贵族势力全部扫清，使国家迅速强大起来

吴起改革的内容主要有两条：第一，废除贵族世卿世禄的特权，规定封君"三世而收爵禄"。即贵族只要传了三代的，一律收回封爵和俸禄、世袭特权。吴起还将居住在京城的贵族迁往荒凉地区。第二，整顿吏治，淘汰冗官。吴起提出"罢无能，废无用，损不急之枝官"，精简机构，还要求官吏"私不害公，谗不蔽忠""塞私门之情，一楚国之俗"。将省下的行政经费用于训练军队，"要在强兵"。

吴起改革的劲头之大、勇气之足，实属罕见。他是一个理想主义者，恨不得

一下子将旧贵族势力全部扫清，使国家迅速强大起来。然而，事与愿违，吴起的目标并没有实现。他变法仅过一年，支持他的楚悼王死去，对吴起心怀不满的贵族、宗室大臣就按捺不住，聚集起来，杀死吴起，并将他车裂。吴起之死是悲壮的，他是历史上第一个为改革事业献出生命的人。他雷厉风行、大刀阔斧式的作风也为后人称颂。的确，吴起立志改革的精神值得肯定，在战国，不改革只有死路一条。

吴起改革失败原因在于楚悼王死得太早?

有的学者将吴起改革失败的原因归结为楚悼王死得太早。我看这只是一厢情愿。首先，中国古代是人治社会，人在政在，人亡政息，社会改革得以进行主要是国君有变法图强的愿望。若国君保守，不支持改革，仅凭改革家是无济于事的。支持吴起的楚悼王早死固然可惜，但新上台的国王是什么态度呢？还是未知数。因为在楚悼王刚去世，吴起就被贵族杀掉了。吴起死后，变法失败，楚国又回到原先的状态。同样，在秦国，支持商鞅的秦孝公一死，商鞅的政敌也立即反扑，商鞅被车裂。总之，在中国历代王朝，能否实施改革，握有实权的最高统治者的态度至关重要，他们若无决心，缺少魄力，下面的人再积极也没有用。

从吴起改革的内容看，基本是在政治层面。政治改革无疑是改革中的核心问题，它涉及国家选人、用人和重要制度的建立。然而，在中国古代，政治改革多在统治阶层进行，对于老百姓而言实在天高皇帝远，人民关心的还是生活问题、温饱问题，吴起改革没有涉及与人民利益相关的经济问题是一大缺憾。在当时，不扶持小农经济，不保障农民利益，就不会得到人民的支持。看魏国，李悝颁布“尽地力之教”，西门豹实行“藏粮于民，寓兵于农”，都使农民切实得到了好处，这就使改革有了稳定的社会基础。吴起改革缺少这方面内容，如同一个人缺了一条腿，不可能走得太远。照吴起的思路，只抓政治，不抓经济，只抓军事，不抓民生，再给他几年的时间，国家也好不到哪儿去。

吴起的政治改革教训颇多

楚国是一个贵族保守势力很大的国家，错综复杂的宗法关系、人际关系，使得既得利益集团树大根深，要想触动他们，扫除他们的势力，必须掌握轻重缓急，从薄弱环节入手，而不能简单草率，必须有破有立。比如，他废除贵族世卿世禄制，“三世而收爵禄”，这是对西周以来宗法制度“五世则迁”的重要修改。可以估计，当时爵禄传承三代的贵族一定不在少数，他们执行的是老祖宗定下的传统。而吴起竟断然宣布，从即日起爵禄传至三代者不再下传！贵族丧失了爵禄，要不要给予安置，或者帮他们找个出路？不仅没有，而且“迁往广虚之地”——流放到荒无人烟的地方！这实在有些不近情理了。什么事情容易激起剧烈的矛盾冲突？莫过于断了人家的生路，使其生计出了问题。其实，对这些旧贵族可以用缓和的手段和办法，有节奏、有分寸地逐步解决，不要扩大矛盾，不要打击面过宽。而吴起大刀阔斧，不管不顾，使许多并非敌人的贵族利益受到损害，对吴起恨之入骨，最后导致楚悼王死后仅三天，尸骨未寒，吴起就被贵族们杀死并车裂。

以往一些研究吴起变法的学者说，吴起变法之所以失败是因为吴起对旧贵族的打击不够坚决，镇压不够彻底。我说，非也。是他打击面过宽，办事过于简单粗暴，迅速激化了矛盾。司马迁说吴起“行之于楚，以刻暴少恩亡其躯。悲夫”，意为吴起一到楚国执政却因为刻薄、暴戾、少恩葬送了自己的生命。从性格看，说吴起“刻暴少恩”并无不确之处，这是吴起的性格，也是法家的性格。吴起的悲剧很值得我们深思。

（作者为南开大学历史学院教授、博导）

认清儒家文化对现代法治的正面作用

王利明

中华文明上下五千年，我们的祖先创造了灿烂辉煌的、以儒学为代表的中华文化，其中也蕴含着丰富的法律文化。然而，近代尤其是“五四”以来，诸多学者认为儒家奉行人治，与现代法治的精神是对立的，实行法治必须摒弃儒家思想，不少人一提及古代的法律文化，即认为其与封建皇权专制相关联，对今天的法治建设并无益处。

诚然，儒家文化中确实有不少思想与现代法治理念是不相符的。例如，孔子曰：“听讼，吾犹人也，必也使无讼乎！”（《论语·颜渊》）这种无讼思想其实过度强调道德教化，忽略司法在解决纠纷中的作用，显然不符合现代法治的精神。但是，中华传统文化的主流思想和主张是能够为现代法治建设所吸收的。近几十年来，与我国近邻的一些国家，如韩国、新加坡等，在儒家文化的基础上厉行法治，取得了巨大的成功。这足以说明，我国传统文化是可以和现代法治建设相衔接的。

在法治建设中充分吸收我国文化传统中的养分，也有利于促进法律的有效实施，提高法律适用的社会效果。那么，儒家文化中，究竟有哪些思想是可以为现代法治所容纳、能够与现代法治形成互补作用呢？

儒家文化建构了现代法治所需要的秩序文化

儒家文化历经两千多年，在维持社会秩序中具有重要作用。从社会关系层面讲，儒家强调礼制，构建了个人对他人、对家庭、对国家的义务，并通过这些义务来维持社会的基本秩序。这与西方文化中从个人利益、个人权利出发的路径截然不同。西方法律文化因受自然法思想和人权哲学的影响，崇尚个人主义，强调自由、平等、意思自治以及责任自负等。而我国儒家文化更注重集体本位、义务本位，侧重于从义务的角度约束个人的行为，注重构建家国一体的秩序。儒学提倡“己所不欲，勿施于人”，避免了过度的个人主义本位对家庭伦理和社会伦理关系的危害。在今天看来，儒家思想的秩序观念也是现代法治所追求的，因为现代法治就是为了建设和谐、稳定的秩序。法治的实质在于良法善治，善治的重要内容就是实现社会和谐，所以，社会和谐也是法治所追求的目的。

儒家文化强调道德教化的作用，尤其是法治和德教的互补作用

儒学虽然主张德主刑辅，但从未否定法律在社会管理中的作用。而事实上，儒学仍然主张礼法合治，这也符合现代法治的理念。儒家传统主张，人之初，性本善。因而，人心向善，人人均可教化，即所谓“人皆可为尧舜”。儒学认为，道德是个人行为规范的基础，个人一切行为都应当通过道德自省来约束自己。所谓修身、齐家、治国、平天下，修身是国家治理的基础，社会是可以借助道德的力量来维持的，因此，一个和谐稳定的社会需要道德教化。《孝经治要》引述孔子的话说，“而德教加于百姓，形于四海”。那么，如何才能达成有效的道德教化呢？在儒学看来，首先是个人要行君子之道，“修身养性”“修己以安人”，践行“修己以安百姓”的求仁之道。君子要三省吾身，遇事多从自己身上找原因。孔子曰：“君子求诸己。”（《论语·卫灵公》）。其次是为政者必须严于律己，以身作则。孔子说，“为政以德，譬如北辰，居其所而众星共之”（《论语·为政》）。最后是孝悌为本、讲究礼节、主张礼数、注重礼让。这些主张

实际上都是要人们遵循礼教道德。在今天看来，依法治国和道德教化的相互配合是任何法治国家都要采取的社会治理模式。道德教化具有培育法治文化、滋养法律精神、促进法律实施、增进社会文明等重要作用。道德教化不仅引导人心向善，而且对相关的违法行为具有一种预防功能。儒家经典中对此有大量的论述，如“礼之教化也微，其止邪于未形，使人日徙善远恶而不自知”（《礼记·经解》）。

儒家文化注重维护家庭伦理，能为现代法治构建和谐家庭关系奠定伦理基础

家庭是社会最基本的细胞，家庭稳定是社会稳定的基础。儒家文化主张修身齐家治国平天下，家国一体，这就为维护社会稳定奠定了坚实的基础。儒学所主张的家庭伦理思想，其核心是“孝”，“孝”是千百年来中国社会维系家庭关系的道德准则。“父严母慈子孝”是传统家庭追求的标准。《孝经》中明确提出：“夫孝，天之经也，地之义也，人之行也。”这实际上是把“孝悌”与天道联系起来了。儒学所强调的个人对家庭和社会的义务有利于促进人与人之间的互助互爱，以及家庭和社会之间的和谐。孟子曾言，人人亲其亲长其长，而天下平。这样就把“孝悌之行”作为治国平天下的根本出发点。在今天看来，家庭关系大量涉及情感，很难完全靠法律手段来调整，主要应当依靠道德教化实现家庭和谐，法律不应当过度介入家庭关系。在家庭关系中，更多的是应该怎么做，而不是法律要求怎么做。

儒家文化主张以民为本，这与现代法治精神也是契合的

法律本身需要贯彻民本思想，以民为本，民之所欲，法之所系。《后汉书·皇甫规传》注引《孔子家语》：“孔子曰：‘夫君者舟也，人者水也。水可载舟，亦可覆舟。君以此思危，则可知也。’”儒家主张君王要施仁政，仁政的核心是以民为本，顺乎民心，泽被天下苍生。孟子曰：“民为贵，社稷次之，君

为轻。”（《孟子·尽心下》）民贵君轻思想曾影响我国数千年，成为统治者治国理政的精要。今天，我们实行法治，首先也是要树立立法为民、执法为民、司法为民的理念，将人民的福祉作为最高的法律。应当看到，中国古代虽然有民本的思想，但并没有民权的理念，而儒学作为一个基本的文化传统，像西方的基督教传统一样，重视和尊重人的尊严，这也是现代法治所要奉行的基本理念，儒学所主张的民本思想和人文关怀理念，也应当作为法治的基础。

儒家思想强调精英治理，强调选贤任能，这与法治的理念也是吻合的

孔子向往“三代”，主张“天下为公，选贤与能”（《礼记·礼运》）。贤能一般是指有德有才、德才兼备的“君子”。孔子说：“君子尊贤而容众，嘉善而矜不能”（《论语·子张》）。孟子则强调“尊贤使能，俊杰在位”（《孟子·公孙丑上》），也带有精英政治和民本的思想。孟子主张主权在民，治权在贤。为政之要莫先于得人、治国先治吏，为政以德、正己修身等，“政者，正也。子帅以正，孰敢不正”（《论语·颜渊》）。事实上，贤能之治也是现代法治社会中的善治的一部分内容，因为“徒法不足以自行”，善治的主体仍然是人，这些人应当真正具有治理国家的能力、具有较好的道德品行和较高的素质。这些思想都应该作为当代法治建设的重要思想资源。

儒家文化宣扬的信义观，是现代法治赖以发展的基础

儒家把仁义礼智信作为做人的基本内容。孔子主张天下为公、讲信修睦，在其看来，讲究信义是个人修身立命之本，也是“仁”的基本内容。所谓“人而无信，不知其可也”（《论语·为政》）。“诚信”是处理人际关系的准则。所谓“与朋友交而不信乎”（《论语·学而》），“与朋友交，言而有信”（《论语·学而》），孔子不仅把诚信看作是一种君子之道，而且将其上升为一种治国之术，所谓“自古皆有死，民无信不立”。孔子的这一思想被孟子进一步发扬，

孟子提出了“五伦说”，即“父子有亲，君臣有义，夫妇有别，长幼有序，朋友有信”（《孟子·滕文公上》）。“君子信而后劳其民，未信，则以为厉己也”（《论语·子张》）。这种信义观，滋生出“民有私约如律令”的契约精神，为现代法治的发展提供了诚信土壤。依法治理一个国家，一个社会，关键是要立规矩、讲规矩、守规矩。弘扬儒学所倡导的诚信观念，必将为此奠定深厚的社会基础。

“落红不是无情物，化作春泥更护花。”儒学经典就像一张航海图，中国的许多统治者都是靠这张图来驾驶中国这艘大船。世易时移，朝代更替，中华民族经历了多少社会动乱，战胜了多少天灾人祸，渡过了多少激流险滩。中华民族生生不息，屹立在世界民族之林，中华文明依然能够延续并保持旺盛的生命力，其中儒家学说所具有的感召力和凝聚力发挥了重要的作用。今天，我们在推进全面法治建设过程中，也需要从传统文化中寻找治国理政的经验，取其精华，去其糟粕，既不能一味地固守传统，厚古薄今，也不能完全否定传统，厚今薄古。《慎子》有云：“法者，非从天下，非从地出，发乎人间，合乎人心而已。”法律本身也是一种文化，法治文化作为社会文化的一部分，离开了其他文化要素存在的土壤，法治文化不能独存。因此，培育法治文化，需要认真对待传统文化。

（作者为中国人民大学常务副校长）

中国三次城市化浪潮的启示

刘　奇

横向看：与世界比较，我国城市化浪潮发生的时间更早，形成的规模更大

从世界范围看，人类社会已经历过三次城市化浪潮：第一次浪潮发端于欧洲，以英国为代表，与工业革命发展相伴随，1750年英国的城市化率为20%，到1950年基本完成城市化，历时约200年；第二次浪潮是以美国为代表的北美洲的城市化，1860年美国的城市化率为20%，1950年达到71%；第三次浪潮发生在拉美及其他发展中国家，南美诸国在1930年的城市化率为20%左右，到2000年也基本完成了城市化历程。

我国的城市化也经历了三次浪潮。与世界比较，我国城市化浪潮发生的时间更早，形成的规模更大。

第一次，春秋战国时期。周王室衰败，诸侯纷纷建立“我的地盘我做主”的“小国”，各自为政，大兴土木，开启了城市化运动的滥觞。一些城市的规模已经超大，在当时的世界上无出其右。据考证，面积在6平方公里之上的城市起码就有15座。搞得最好的是齐国首都临淄，面积达19平方公里，以苏秦对齐宣王的报告看有“七万户”，按平均每户5人计算，是一个拥有35万人口的超大

型城市，而同一时期的西方，即使是在希腊城邦臻于极盛的伯里克利（约公元前495年至公元前429年）执政时期，雅典城的人口也才15万人，不到齐国首都的一半。根据学者的计算，整个春秋战国35个诸侯国建有城池600个，也有专家称有800—900个，春秋末期的人口总数为3200万人，而城市居民人数就多达509万人，城市化率达到了15.9%。齐国有大小城池81座，以每城万户，每户5人计算，平均每城常住人口5万人，齐国城市化率已达相当高的水平。

第二次，宋代。宋代是我国古代城市化发展的高峰期，南宋时期的城市化率达到了22%。当时，打破了唐代以来城坊制的旧格局，实行街巷制的新体制，并大力发展各类手工业、服务业、娱乐业、广告业，同时取消流传千年的宵禁，大兴夜市，而且，户籍制度也不像唐代那样严格（唐代户籍分为编户和非编户，编户称为良民，非编户称为贱民，贱民不得独立门户，须与良民共一个户口本），流动人口统称“浮客”，在城市居住一年即可落户，不少城市，浮客已多于主户。两宋时期，见于史载的市镇多达3600多个，其中一部分市镇，不论人口数量还是经济发达程度，都超过一般州县。北宋首都汴梁（今开封）和南宋首都临安（今杭州）的人口都超过100万，同时期的欧洲人简直无法想象这个数字。据罗兹曼的计算，一直到1500年前后，欧洲最大的4个城市是米兰、巴黎、威尼斯和那不勒斯，人口只有10万至15万。

第三次，改革开放以来。城市化率从1978年的17.9%到2014年的54.8%，赶上了世界的平均水平。特别是1998年以来，城市化发展速度呈井喷状态，年均增长近2个百分点。英国城市化水准从26%提高到70%用了90年时间，法国从25.5%提高到71.7%、美国从25.7%提高到75.2%，都用了120年。中国从1993年的28%提高到2013年的53%只用了20年时间，预计提高到70%也只需要40年时间。

纵向看：中国三次城市化浪潮有何不同

一是背景不同。第一次是在诸侯争霸、各自为政的背景下展开的；第二次是在太平盛世，经济繁荣的背景下展开的；第三次是在城乡二元制的溃堤效应下展开的。所谓“溃堤效应”是指，在20世纪50年代之后，一道户籍制度的高墙把农民进城的路堵住了。80年代后期，随着物质的丰实和户籍管制的松动，农民才被允许自带口粮到城里走一走，随后城门被农民彻底挤破，2亿多人涌进城市，城市化率迅速攀升。

二是动力不同。第一波是政治推动。“城”在辞海的解释是“在都邑四周用作防御的墙垣”，《墨子》中说“城者，所以自守也”。在那个战火纷飞的冷兵器时代，谁的城池建得牢，谁的胜数就大；谁的城池建得大，谁的势力范围就大。春秋战国时期，城市（城堡）的发展，无疑是诸侯争霸、开展军备竞赛的结果；第二波是市场推动。“市”在《说文解字》中的意思是“买卖所之也”，《周易》中说“日中为市，致天下之民，聚天下之货，交易而退，各得其所”。随着生产力的发展，城市渐渐由“城”的防御功能转向“市”的市场功能。宋朝城市化的迅猛发展，无疑是生产力迅速提高的结果，是市场充分发育的结果，赵宋被称为中国历史上绝无仅有的以“工商立国”的王朝，当时，以雇佣劳动为特征的资本主义的生产方式在宋代得到了大规模的推广，这一人类文明史上“最伟大的跨越”，不是来自亚平宁半岛上那个叫作“佛罗伦萨”的地方，而是公元十一世纪的宋朝。第三波是城市的拉力和政府的推力共同作用。由于城乡差距过大，在“外面世界”的诱惑下，一个个农民从田头涌向城头。“蓄之愈久，其发必速”，目前全国农民工总量已达2.7亿，其中外出农民工约1.9亿，比俄罗斯总人口还要多。

三是目标不同。第一次是“防御＋贸易”；在春秋战国之前，建筑城廓是“国之大事”。但是与领主等级关系相适应的城市等级的存在，和周礼严格等级制的限制，封建领主对城邑规模定制大都能恪守不渝。到了春秋时代，各诸侯国为在争霸中发展势力，“筑城以卫君，造廓以居人”。第二次是“贸易+防御”；宋代，打破了唐朝城市的政治区域与平民区域划分的严格界限，将平民的工商经营扩大到全城的各个角落。发展城市不再是为了防御而是发展经济。“澶渊之盟”的签订，也许让宋朝明白一个道理“弱国无外交”“发展是硬道理”。第三次，一是社会需求，二是“形象工程”的驱使，三是对GDP的崇拜。改革开放，国门一打开，突然看到自己与外国的差距简直天壤之别，于是奋力追赶，千方百计与国际接轨。一些地方政府之所以热衷“造城运动”，一是钱好来，GDP

和财政一下就被推高；二是政绩好看，城市就是地方的形象，城建好了，形象就美了。

四是效果不同。第一波，“城”化的特点明显，巩固了诸侯政权，但同时也加剧了礼崩乐坏的悲剧；第二波“市”化的特点明显，到了宋代，经济繁荣程度可谓前所未有，有“苏湖熟，天下足”之称的农业，有世界上最早的纸币，有全球最牛的造船技术，有最繁荣的海外贸易，和南太平洋、中东、非洲、欧洲等地区50多个国家通商。公元1000年，农民工收入，按当时买大米的能力，转换成今天的大米，再按今天的价格折算成现金，相当于3200美元的收入，正好相当于2008年人均GDP。汴州热闹繁华的程度在《清明上河图》中刻画得清清楚楚。“州桥夜市煎茶斗浆，相国寺内品果博鱼。金明池畔填词吟诗，白矾楼头宴饮听琴”。这在很多人眼里简直就是一个让人羡慕嫉妒恨的“小资”生活；第三波，城镇化成为追求GDP的手段，结果GDP上去了，但民生却没能上去；城镇化成为建设“形象工程”的手段，结果形象起来了，但民心却冷落了；城镇化成为发展房地产的手段，结果房价起来了，但需求下去了；城镇化成为大搞“造城运动”的手段，结果新城涌现了，但农村衰落了。

一应松动行政级别的束缚。不同类型的城市，其市长虽然都称之为市长，但其行政级别却分三六九等，从正部到处级，级别距离其背后则是权力大小，权力大小背后是调动资源能力的大小。这种制度设计就在客观上造成了城市之间的不平等，人为地为小城市设置了天花板，即使条件再好，想冲破这个天花板几乎没有任何可能，一些条件好、区位有优势的小城镇在天花板的挤压下往往畸形生长，要么个头不大，要么功能不全。必须尽早冲破这种行政级别枷锁，让城市去级别化，让不同的城市同在一个穹顶之下，舒坦地生长，茁壮地成长。

二应扭转资源错配的格局。我国几乎所有的大学都建在县以上城市，而美国33个州的大学多分布于城镇中。中国80%的医疗资源都集中在大城市里。资源的错配形成马太效应，导致城市病在一二线城市愈演愈烈，而中小城市和小城镇，长期处于投资不足状态，普遍存在产业基础薄弱、基础设施滞后等问题。应借鉴国外的经验，按人口密度和集聚程度配置资源，尤其是优质教育、医疗、文化等公共资源要让所有的人都有均等获得感，不论大城市还是小城镇，大家机会均等，公共服务差距不大，只有这样，人口流向也才会均等化，社会才能均衡发展。

三应突破制约市场发育的约束。一个良好的城市应该是一个“绿色化”的生态系统，如同一个森林，既有高大乔木，又有低矮灌木和绿遍山野的草地，共生共长，才能生生不息。一个抛弃小商小贩的城市，必然会被时代抛弃。尤其是一个处在经济新常态下的城市，要激发大众创业，调动万众创新，必须冲破制约市场发育的枷锁，加快政府职能转变，探索建立符合国际惯例负面清单制度，营造一个法治、公平、宽松的市场环境。

四应打破城乡二元格局。纵观半个多世纪以来的中国社会历史进程，中国三农做出了巨大贡献：战争年代，农村包围城市；建设年代，农业支援工业；改革年代，农民服务市民。尤其自1958年城乡二元户籍管理的颁行，更将这种贡献制度化。自此，三农贡献便有了制度约束。更重要的是，二元制度很快演绎出二元社会，二元社会又孕育出二元文化，二元文化导致二元格局格式化。从此，城与乡成为两路人，作为城市的老大越来越大，作为乡村的老小越来越小。这种枷锁不破，城乡统筹就难以实现。

五应冲破“原住民”的枷锁。中国目前最大的问题在于“三民”：乡村的农民、城里的市民和流动的“流民”。最需要解决的矛盾在“流民”。如何让“流民”不流，是最紧迫的社会问题。

（作者为国务院参事室特约研究员）

清朝腐朽的起因探

杜家骥

清代吏治败坏的重要特征是贪风炽盛，带有普遍性，中国古代史上最大的贪污犯和珅也出现在清代。官吏侵贪历代都有，清代如此突出，与其财政制度有很大关系。清初鉴于明代三饷加派激化社会矛盾而导致王朝速亡的教训，清朝皇帝向全国官民宣布，在赋税征收上“永不加赋”，并成为清帝严格循守不变的“祖制”。与此同时，为了缓和社会矛盾，换取百姓的好感，还经常蠲免田赋，实施“爱民”政策。这种财政制度对缓和社会矛盾起到了重要作用。但同时实行的相关措施，却又造成诸多弊端。税收“永不加赋”，还经常实行蠲免，遇到财政拮据又如何解决？清朝皇帝另有其节流、开源措施。节流的重要措施是压低百官薪俸、缩减官衙行政经费。开源的主要途径是捐纳，以及咸丰以后的厘金之征、晚清的苛捐杂税等。

低薪俸、微薄的官衙经费不敷用度，官员们便不得不以变相加征赋税的办法来解决，即使清官也不得已而为之

清代官员的薪俸是中国古代王朝中最低的，晚清曾任中央户部官的何刚德在清亡后曾总结说：“前清官俸之薄，亘古未有。”以七品官知县为例，年俸银45两，每月3两多。这等收入，一般平民百姓之家可维持日常生活。而对于需要雇

倩用人、送往迎来的官员而言则甚为拮据，甚至远远不够，在几乎“无幕不成衙”的清代，仅雇用一个幕宾，一个月少说也得一二十两银子。更严重的不足，是官衙办公经费。就地方官署而言，官衙行政开支有纸张、蜡烛、柴炭以及衙署宅院、器具修理费，还有坛庙修建，祭祀等礼仪之操办，官场之往来迎送，大批无国家俸禄之胥吏的工食银，等等。低薪俸、微薄的官衙经费不敷用度，官员们便不得不以变相加征赋税的办法来解决，即使清官也不得已而为之。有的还挪用公款作行政开支，造成亏空。

加征赋税的主要手段就是“耗羡”之征，所谓“耗羡”，有征收粮食储存时的“鼠耗”；有“火耗”，是借口征收赋税多为碎银，须熔铸为大锭银上交，有炉火损耗，因而必须多征。这种加征也为皇帝所默认，康熙帝就曾对即将赴任的河南巡抚鹿祐叮嘱说“所谓廉吏者，亦非一文不取之谓，若纤毫无所资给，则居官日用，及家人、胥役何以为生？如州县官止取一分火耗，此外不取，便称好官。其实系贪黩无忌者，自当参处，若一概从苛纠摘，则属吏不胜参矣”。他认为官员征火耗可以理解，也是官员家属生活、所雇募用人所必需，仅加征一成（十分之一）而不另外多取，便可以称得上是清官。由于皇帝的默认、纵容，加征、亏空、侵贪之风恶性发展，康熙晚年已到了异常严重的地步，多征者有的已达七八成，耗羡之征实际已成为地方官苛敛以充私囊的借口与手段。新继位的雍正帝不得不作严厉整顿，其做法，便是众所周知的实行“耗羡归公”及“养廉银”制度。首先是将所加征的耗羡压低，并且作为公开征收的单独项目——耗羡，划入收入额内归公，然后将归公的耗羡银一部分发给官员，以增加官员俸禄，称之为“养廉银”。耗羡银的另一部分，留在地方做办公经费之用。中央的文职官员，则发给双俸。

雍正朝实行耗羡归公、养廉银制度后，对减少耗羡之征、制止官员贪腐、贿赂起了一定作用。但雍正的改革并不彻底：一、耗羡的加征并不是杜绝，朝廷也不下令规定固定征额，只是各地根据需要少征，大多在一二成之间加征。二、仍然以自征自用耗羡以解决官员薪金、本单位行政开支的做法，实际是公私混淆，尽管有动用大数目耗羡须中央批准，又有奏销管理制度，但具体事情复杂，所加征部分究竟是公用、还是私用，上司、中央又如何能查得清？以公用名义加征而中饱私囊的行为如何能够禁止？这就导致康熙时期的侵贪现象有可能再度出现并发展。

乾隆以后，由于种种原因，如物价上涨，官场往来交际、招待比以前奢侈腐化，经征赋税的州县官养廉银较低等，前述康熙朝的问题又开始出现。还有，由于清前期精简地方衙署佐杂官以减少官俸开支（因这部分官额远较京官为多），地方衙署之佐杂官少或根本不设，地方各级长官多自聘幕宾，用度不菲的幕宾雇用费（脩金），也成为官员养廉银不足的重要原因。有时督抚遇有无法开支的款项而动用省库耗羡银，少发通省官员的养廉银，下属州县官便借机“遂尔需索百姓”。凡此种种，导致地方官再次加征。不仅增征耗羡，而且又生出新的私征手段——浮收、勒折，贪腐程度比康熙后期更为严重。浮收，指利用各种手段多征，如征银时用加重的砝码或大秤，或“浮收零尾”，利用“乡民多不识字”而“多开数钱、数分”。征漕粮、本色仓粮时，有的用大斗、大斛，有的“立有鼠耗、斗口名色，兼以淋尖、踢斛，每斗浮收至三四升”。有的令“交仓折耗、盘仓供应之费”，或加征“漕耗”、名目繁多的运漕费，等等，手段繁多。勒折，是利用银钱比价变动、粮价变动等，增加折算差价以加征，或借口所交税银成色低潮而折扣、漕粮湿杂而增收。甚者勒折加征成倍，如江苏、浙江，道光时本来“纹银一两约计合制钱一千二三百文，而赴县完纳钱粮，则库平纹银一两，需交制钱二千四五百文之多”。浮收、勒折在乾隆中期以后恶性发展，嘉道之时，严重地区高达正额的五六成甚至一倍，漕粮征收加征尤多。还有，贪官污吏以“虚出实收”“征多报少”即隐瞒收入而虚开支出的手段侵占，也是较普遍现象。以上巧立名目、各种手段的多征，很多是打着公用的旗号，多征的赋税官员自行掌握，后称为“陋规”，也即其“小金库”。嘉道时期，以陋规名义解决公用不足、借机中饱私囊的恶行惯例，已到积重难返的地步，带有普遍性。

清朝地方官的送礼已成定规，所以又习称“规礼”，额外加征之收入称为“陋规”，既鄙“陋”而又成“规”，官场、朝廷默认风行

清朝的京官大多不经征赋税，除出任崇文门税关监督等征税官外，还借出任地方税关监督、盐政、织造、学政、考官收取陋规。而大部分京官正俸之外的灰

色收入也即陋规收入，是来自与其有政务关系的官员，主要是地方官的馈送。

地方官尤其是与赋税有关的地方官，为免遭拿捏、抑勒，甚至为打通关节，以隐匿贪污行为，或保官、升官，便以送礼为主要手段。收礼者与其有行政关系，与送礼之贪官有连带责任，收受财礼者，无论为己、为送礼者，都要欺上瞒下。京官的收受规礼形成惯例，送规礼者不情愿也不能免俗，规礼名目繁多，诸如：炭敬，是冬季送给京官之礼，带有助其驱寒之“敬”意，送者名正，收者便于接受；冰敬，则是夏天以“消暑”之名馈送；别敬，官员被选任到地方做官，或地方官员来京后离京时，送给京城有关官员的礼物。程仪，官员过境，送给他的招待费。年、节所送叫年敬、节敬。喜庆之事所送叫喜敬。送给女子的称妆敬。打点门房之人与仆人的，称门敬、跟敬。还有陪敬、菲敬等等，不一而足。礼单的用语也颇隐讳，如送银两300两，便称为“毛诗一部”。在户部、工部任职的官、吏，所得规礼更多。户部掌各省财政收支的审核，户部、工部掌工程项目的预算、竣工后的奏销，与此有关的机构、官员，便以陋规打点疏通掌握奏销审批权的户部、工部官员，有的形成固定的馈送陋规项目，如“部费”，清代因而有金工部、银户部的“肥缺”机构之称。

地方官也盛行规礼的收送，如督抚、藩司、粮道、盐道、州县官之间，以及其他有行政关系的官员之间，还有如榷关税官、盐官收受行商、盐商的馈送等等。前述诸多名目之“规礼”的收送，也流行于地方官之间。送礼已成定规，所以又习称“规礼”，什么时候送什么官，数目多少，也有不成文的惯例。

额外加征之收入称为“陋规”，以此上下打点称为“陋规”，既鄙“陋”而又成“规”，官场、朝廷默认风行，可见侵贪国税民膏、收受规礼已成见怪不怪的普遍性恶习，积重难返。

清末户部官员何刚德曾总结说：
清帝“恪守永不加赋之祖训，国用不足，推广捐例以卖官”。
道光帝宁可捐纳而纳入贪官以解决经费开支，也决不“加赋”

清朝财政制度的另一大弊端，是虽不加赋而别开财政来源的捐纳卖官。清末户部官员何刚德曾总结说：清帝“恪守永不加赋之祖训，国用不足，推广捐例以卖官”。清代的捐纳有常行捐例、暂行捐例两种，前者经常实行，只捐荣誉虚衔及功名出身如捐生员（秀才）、监生、贡生、举人等等，暂行捐例则是捐实官，遇到大项开支如战争军费、河工、赈灾、赔款等等，而收捐以卖官。“暂行捐例”数额颇巨，少者收银百万两以下，多者达数千万两，嘉庆以后这种开捐次数较多。

捐纳亵渎了国家官制的严正性，纳入了下本求利的贪官，不少无才少德乃至市井无赖之徒也凭资财而混入官场，加剧了吏治的腐败。大批捐纳者进入仕途，也造成科举等入仕者在选任官职上的壅滞，这种情况在道光及以后各朝尤为严重。道光三十年，都察院官员吕贤基曾披露：近年捐纳所得银两“不下千万两”，捐纳之官则充斥官场，当时已是“捐班之道、府、州、县（官）已居天下官十分之半”。皇帝明知捐纳对官场贪腐的负面影响，道光帝就曾对官员说：“我最不放心者是捐班，他们素不读书，将本求利，‘廉’之一字，诚有难言。我既说捐班不好，何以又开捐班？”，随后拍手叹息：“无奈经费无所出！”道光帝是宁可捐纳而纳入贪官以解决经费开支，也决不“加赋”。

皇帝不加征而默认官员加征，而且私自加征远远超过所谓“不加赋”的数额，并引发严重的苛敛中饱行为，产生了大批的贪官污吏

清代财政采取了以上节流、开源措施，维持了财政收支上的平衡，使其坚持所谓“永不加赋”的祖制，而且还经常蠲免，以示与明朝不同，博得臣民好感，对缓解社会矛盾、维持统治起到了一定作用。但这些措施中，捐纳，纳入了官僚队伍中一批又一批的贪官污吏；低薪制，极力压低地方存留经费、缩减官衙办公经费，迫使官员私征，加征有了公用开支的理由，而且征收和使用又由官员私人掌握，没有严格额度，遂使财政收支公私混淆，官员以自己的养廉银聘雇幕宾以办公务，养廉银又来自耗羡之征，实际也是公私混淆现象。巧立名目的有限度加征被披上合法的外衣，加征的额度就只能取决于官员的道德良心了。以官箴自律

者，谨守官德底线，贪婪者，恣意加征以中饱私囊，特别是以捐纳得官者，下本求利、庸贪之辈尤多。这种财政制度的结果是，皇帝不加征而默认官员加征，而且私自加征远远超过所谓“不加赋”的数额，并引发严重的苛敛中饱行为，产生了大批的贪官污吏，因而上有“轻征”“爱民”的皇帝，下有“三年清知府，十万雪花银”的大批贪官，也就成为清代政治的一大特色。花样百出的“陋规”之征，又异化为官员之间互相包庇、利用的“规礼”收送，名目繁多，盛行官场，长久普遍，成为吏治腐败的重要特征。

此后晚清时期，不仅上述陋规之征、规礼收送依然如旧，而且增加了新的苛征项目——厘金、苛捐杂税。这些加征，多以“捐”等名义行之于地方，而非中央皇帝下令的加赋，与以前的陋规之征有类似之处，地方自筹征用，且征收无正规法度，带有随意性，中饱私囊也自然依旧如故。

咸丰三年以后，军费浩繁，又实行厘金之征，在商品关税之外，加征商人百分之一（厘）的货税，称之为“商贾捐厘”，名义上是取之于商，仍避“加赋”于百姓之名，且征、用权归于地方。战后，厘金之征不仅延续，而且滥征，大大超过1%，大多省份抽收4%—10%，高者达20%。所征的厘金，大部分落入经征者的腰包，公用部分不到一半。厘金的加征、滥征，导致物价上涨，加重了百姓的经济负担，早在厘金征收不久，就有官员评论：“我朝爱民永不加赋，取逐末（商业）之微利以饷军，其滴滴归根处是百姓食贵耳”，以致造成“民怨沸腾。”晚清赔款、办洋务、新政，又频增苛捐杂税，诸如房捐、车捐、竹木捐、猪捐、肉捐、酒捐、米捐、船捐、硝捐、铺捐，以及烟茶糖统税、煤炭统税、丝绸统税、木植统税、纸张统税、印花税等等，多如牛毛。有的地方“勒索过甚，几激民变”。

反贪，是一个古今中外长久性的话题。只要人有私欲，道德约束不力，就有产生侵占他人或公众财物的可能。贪污偷占公众款项、财物，实际就是一种可耻的偷盗行为，这是连小孩子都懂得的简单道理，贪官绝不是什么缺乏教育和学习所导致。为官者清廉不贪，一方面靠道德约束，这种道德约束又因吏治情况而异，侵贪者越多，约束力越低，因为侵贪者有法不责众的侥幸心理，当官场贪污具有普遍性之时，道德底线也低下，约束也就无力。另一方面靠制度的约束与惩治，尤其是防患于未然的制度性约束。除了完善财政制度外，官员贪污既然是侵占公众财物，只有令其将所有收入、支出按期公之于众，公开、透明，处于公民大众的经常监督之下，起码要尽量做到这一点，才能有效杜绝。而这在古代王朝时代是不可能做到的。

（作者为南开大学历史学院教授）

谋事切忌“为浮议所动”

宫玉振

李瀚章在评价曾国藩时曾说：“其过人之识力，在能坚持定见，不为浮议所动。”用我们今天的话来说，就是战略定力极强。湘军历史上著名的安庆会战，便充分体现了曾国藩的战略定力。

安庆位于天京上游。对于太平军来说，保住安庆是保障天京安全的锁钥；对于湘军来说，夺取安庆则是进军天京的关键。为此，1859年，曾国藩精心设计了安庆会战的计划。他的目的，是通过围攻安庆这样一个必争之地，逼迫太平军以主力来救，从而迫使太平军在安庆与湘军进行决战，以此消灭太平军的主力，夺占安庆，为湘军顺江而下、攻占天京创造条件。为此，太湖之战后，湘军立即长驱直入，将安庆的太平军团团围了起来，准备实施既定的会战计划。

然而安庆会战的计划制订不久，曾国藩就遇到了来自内外各方面的压力，每一项压力都足以动摇其会战安庆的决策。这种压力，首先来自于当时的朝廷。

1860年，太平军以围魏救赵之计，先攻杭州，随即出其不意，回师攻破清军的江南大营，并乘胜追击，连下苏州、常州，江南于是全入太平军之手。江浙向来是清政府的主要赋税来源和粮食供应地，因而清政府十分重视苏杭的得失，命令曾国藩放弃围攻安庆的计划，东下救援苏、常，并说“为今之计，自以保卫苏常为第一要务”。为了促使曾国藩能够撤围东援，清政府还赏给曾国藩兵部尚书的头衔，授给他署理两江总督的职务。苏州、常州都属于两江总督的辖区，新任总督的曾国藩有守土之责，自然必须完成收复苏常的任务。

朝命当前，安庆会战还要不要打，便成了是否坚持曾国藩原定计划的关键。曾国藩分析了当时的形势，认为安庆之围决不可撤。他专门给朝廷上奏，力陈安庆不能分兵的理由。他说，自古平江南之贼，必须占据上游，建瓴而下，才可以成功，战争初期清军本来是准备控制江苏、浙江的，然而几次进攻都以失败而告终，不但不能打下南京，反而丢掉了苏州、常州，这并不是兵力不够，而是因为从下游进攻上游，形势不利。目前这种局面，如果仍然先打苏州、常州，然后从东面进攻南京，必然要重蹈覆辙。所以绝对不应该分安庆之兵进军苏、常地区。即使要想救援江浙，也要先克安庆、芜湖，这样才能得到以上制下之势。因此，安庆一军，是整个胜利的基础，决不可撤。针对朝廷对太平军的担心，他强调说，虽然目前太平军声势很大，但只要拿定主意，立稳脚跟，形势就会慢慢地发生转变。否则，只能欲速则不达，不但苏常拿不回来，连整个安徽地区也都会丢掉，现在的有利态势就彻底失去。在曾国藩的坚持下，清政府终于不再坚持撤安庆之围的要求。

一波未平，一波又起。刚刚解决了朝廷的压力，曾国藩又面临了军事形势的挑战。

1860年底，为解安庆之围，太平军决定再用围魏救赵之计，南北两岸，夹击武汉，以解安庆之围。其中太平天国英王陈玉成所部进展极速，1861年初连下英山、蕲水，随即攻下黄州，直逼武汉城下。当时湖北清军兵力极为空虚，只有三千绿营兵，根本不能打仗。听说太平军来攻，武汉三镇的官员富户逃之一空，正在太湖作战的湖北巡抚胡林翼急得吐血，骂自己是“笨人下棋，死不顾家”，要求曾国藩赶紧撤安庆之围，回师救援武汉。

胡林翼是湘军的二号人物，湖北又是湘军的后方基地，显然不可能置之不理。但一旦回师湖北，安庆会战计划就必然落空。曾国藩在分析了当时的形势之后，做出了判断：太平军重心远在江浙，千里迢迢进入湖北的太平军，即使有破湖北之势，也并无守湖北之力。武汉即使是一时失去，也会马上收复，而安庆一旦撤围，就不可能再有机会了。太平军进攻武汉，目标其实依然是安庆。如果安庆之围能坚持住，即使武汉落入太平军之手，湘军也早晚会收复，“是乾坤有转机也”；如果安庆之围坚持不住，即使武汉没有什么闪失，太平军的声势也会大涨，“是乾坤无转机也”。因而他下定决心，即使武汉落入太平军之手，围攻安庆的湘军仍然不可退：“吾但求破安庆一关，此外皆不遽与之争得失，转旋之机只在一二月可决耳。”他还给在安庆前线指挥攻城的曾国荃写信说：“此次安庆之得失，关乎吾家之气运，即关系天下之安危。”

在曾国藩的坚持下，曾国荃的湘军不惜一切，拼死不解安庆之围。正如曾国藩所料，陈玉成进攻武汉受阻，不得不直接回师救援安庆，来回折腾，反而给了湘军以最好的机会，最后太平军不但未能解安庆之围，陈玉成也在转战途中牺牲，部队全军覆没，安庆和整个安徽由此落入湘军之手。太平天国总理朝政的洪仁玕后来在反思太平天国的历史时，认为太平天国最大的失误之一，就是安庆落到了湘军之手：“安庆一失，沿途至天京之城相继陷落，不可复守矣。”

在湘军之中，胡林翼的见识与品德都不在曾国藩之下，然而胡林翼的成就却不如曾国藩，非常重要的一个原因，就是胡林翼缺乏曾国藩这样的定见。用曾国藩的话说，胡林翼“于久经谋定之局，每至临事变其初计”，安庆会战就是其例。

人生总是会遇到各种各样的挑战，领导者所遇到的挑战，往往要远远超出常人。一个人如果缺乏坚强的意志，往往就会以环境为借口，随意地放弃应该达成的目标。曾国藩曾说：“凡发一谋，举一事，必有浮议摇撼。”“天下事只在人力作为，到山穷水尽之时自有路走。”“凡事皆有极困极难之时，打得通的，便是好汉。”如果刚刚受到挫折，或者听到别人不切实际的议论就心情沮丧，改变计划，那是成不了事的。因此对于领导者来说，既要有过人的见识，而在看明白以后还要有一种坚持，一种定力，一种意志，一种“倔强之气”。这样的战略定力，是优秀的领导所必须具备的品质。

（作者为北京大学国家发展研究院教授）

从史实中看到真实是十分重要的

黄月平

主持人

黄月平

话题嘉宾

荣维木　王朝光　张海鹏　步平

以国家名义进行正式纪念与公祭，能使抗战的历史记忆长久保持唤醒状态，这也相应地要求加强抗战史研究，取得在二战史研究中应有的话语权

主持人：2015年是中国人民抗日战争暨世界反法西斯战争胜利70周年，9月3日是中国抗战胜利纪念日，每年的12月13日是对南京大屠杀死难者的第二个国家公祭日，国家纪念日和公祭日的设立有何意义，对推动抗日战争研究有何作用?

荣维木：为什么选择这两天作为国家纪念日？是因为这两个日子最大程度地浓缩了近代以来中华民族的苦难经历和光荣经历。而这两种经历都是中国人民乃至世界人民应该永远铭记的。确立抗日战争胜利纪念日和国家公祭日，以这样的方式缅怀在正面战场、敌后战场、其他战场为中国的解放事业英勇献身的英烈，

铭记由那些英烈事迹集合起来的中华民族的光荣经历，对于增强民族凝聚力，实现中华民族伟大复兴梦，有着极为重要的意义。

步平：以国家名义进行正式纪念与公祭，可以使我们把来自个人的、村庄的历史记忆汇总、提炼，升华为集体、国家和民族的记忆，更能使这份历史记忆长久保持唤醒状态，避免遗忘与麻木。而在中国与世界联系日益密切的今天，我们还需要把国家、民族的记忆进一步升华，使之成为世界性的人类共同历史记忆。

张海鹏：关于抗战史书写的话语权，过去基本只是在学术界进行，在国家层面讲得不够。今天中国经济强大，国家实力不断上升，在国际上的地位也不断提高，因此，国家应该发声。像2015年纪念抗战胜利的大阅兵，既提高了话语权，也彰显中国在二战中的地位和作用，同时促使国际社会各界思考我们为何这样做，中国在二战中究竟做了什么，有利于他们去认识和认可中国在其中的作用，这也为提高我国抗战史研究的国际话语权提供了坚实的基础。

在中国崛起、民族复兴的大背景下，新世纪以来的抗战史研究中民族战争的视角得到更多的关注

主持人：怎样看待近些年来抗战史研究的进展？

汪朝光：上世纪80年代以前的抗战史研究，多半建基于“人民战争”的概念，以敌后战场为中心。于历史事实而言，这确实是当年抗战中的敌后游击战所走过的路。抗日战争的“人民战争”论，是强调抗日战争的革命意义，强调中国共产党领导全中国人民的抗日战争，不仅战胜了日本侵略者，而且随之赢得了解放战争的胜利，建立了新中国。因此，抗日战争和解放战争具有一气呵成的连贯性，由中共革命建政的视角观察，其间有机的逻辑联系，一目了然。

以1985年抗战胜利40周年而发端的抗战史研究大潮的来临，在新时期思想解放浪潮的推动下，着眼点开始大幅度扩展，抗战时期的正面战场以及与正面战场相关的诸多问题开始进入研究者的视野，诸如国民党和国民政府的抗战决策、从局部抗战到全面抗战、国民政府的战时因应、正面战场的历次会战、正面战场与敌后战场的关系、国共合作及全民族抗战的意义、抗战中的国际关系，等等，得

到了学界的重新审视，出现了众多研究成果。

新世纪以来的抗战史研究，民族战争的视角得到更多的关注，在中国崛起、民族复兴的大背景下，这是非常顺理成章之事。例如，抗战对中国现代国家建构和民族精神形成的重要意义，已然被学界所关注。日本的入侵，使千千万万的普通中国人，切身感受到了什么是“国破家亡”，从而自然而然地焕发出强烈的民族情感，形成“中国不会亡”的高昂呼声，如同法国《人道报》当年的评论所言：“许多年以来，我们英勇的中国同志所不倦地呼吁的民族精神、统一精神，在这迷途的侵略者之前，突然像一道现代的新万里长城似的矗立了起来。”由此出发，抗战时期对于“中华民族是一个”的讨论才有了强烈的现实意义。

张海鹏：近10年来，抗日战争史研究又取得了新进展。其中，《中国抗日战争史》着眼于14年抗战，叙述6年局部抗战和8年全面抗战的历史进程，展示了中国共产党坚持抗战的中流砥柱作用，反映了中国各党派、各民族、各阶层、各团体同仇敌忾、共赴国难的壮丽史诗，对抗日战争史研究中一些重点难点问题作了新的探讨。这本书的贡献是提出了14年抗战的概念，强调了中国抗日战场是世界反法西斯战争的东方主战场。强调14年抗战是有重要意义的，有利于把日本对华侵略联系起来考察，说明随着“九一八”事变日本开始侵略中国，中国的抗战就开始了，局部抗战也是抗战。当然也应认识到，1937年“七七”事变前后中国抗战的形势是完全不一样的，或者说是有本质区别的。区别在哪里？就在1937年“七七”事变后的全面抗战，是在国共两党取得建立抗日民族统一战线的共识后在国家层面形成的抗战，是中华民族动员起来的全民族的抗战，是正面战场和敌后战场做战略配合的抗战。

日本侵华的罪行以及所造成的社会影响的史料匮乏，还需深入发掘和研究

主持人：近些年来，您长期关注南京大屠杀以及抗战史的史料收集与研究工作，如您主编的《南京大屠杀史料集》《南京大屠杀全史》等，被认为是世界上关于南京大屠杀最翔实的史料集。在抗战史史料方面，您觉得还有哪些方面需要加强？

张宪文：当前，日本国内右翼势力十分猖獗，不断否认侵略战争的性质，否认侵华罪行，否认南京大屠杀事实。在这种形势下，加强日本侵华罪行历史的研究，揭露其真实面貌，显得日益紧迫。然而，我们的研究工作远远跟不上形势的需要。其中有些罪行史的研究，史料匮乏，研究力量十分薄弱，有关部门应该引起关注。

多年来，我们十分重视抗日军事史的研究，但是，对日本侵华给中国造成的严重危害及后果关注不够。事实上，日本侵华战争造成了中国社会的大变动，导致了中国现代化事业的严重挫折，影响了中国历史的发展进程。譬如：日本侵华造成了中国社会人口的巨大变化。其一是大规模战争、遍及各地的自然灾害和不断爆发的各种严重瘟疫，造成中国人口大量的非正常死亡，这给中国社会的发展带来严重危害；其二，在一般情况下，国家人口的自然流动是正常现象，然而日本侵华战争却造成中国人口大规模非正常的被动迁徙。1937年日本发动全面侵华战争后，广大沿海地区各省人口向内地尤其是西南地区大规模流动，造成了深远的影响，带来种种严重的社会问题。

日本在侵华战争期间，大量掠夺中国的经济财富和文化财产，使中国经济蒙受严重损失和破坏。人民的生活无法安居乐业，各种灾难不断降临，广大的中国民众生活在极度的不安和恐慌之中。影响最为深远的是日本侵华导致中国人民思想分化、人格变形，形成了不同的思想观念。形形色色的思想，侵蚀着中国人民，不断地改变着优秀的中华文明。

日本侵华带来的中国社会大变动，虽然也促进了中国的民族大团结，增强了全国人民的凝聚力，但是中国也面临着一个危险的境地。我们必须大量收集这方面的史料，加强这方面的研究，使中国人民更加认清日本侵华给中国造成的危害。

就宏观而论，未来的抗战史研究至少在现代化和国际化两个方面亟待深入

主持人：习近平总书记在强调深入开展中国人民抗日战争研究时指出，要按照“总体研究要深、专题研究要细”的原则，确定研究重点和主攻方向。那么，您认为从宏观来看，抗战史还有哪些重要方面需要深入研究?

汪朝光：作为一门新兴的学科，抗战史研究有待发展的空间仍然十分广阔，研究空白及研究中的不足之处仍然很多。如果就宏观而论，未来的抗战史研究至少在两个方面亟待深入。一是现代化视角的战争观察。中国的抗战，确实打得非常艰难，甚至于在八年的全面战争中，中国军队虽然付出了巨大的牺牲，但仍然没能守住一个想守住的大中城市（上海坚守了3个月，衡阳坚守47天，长沙4次会战最终仍然失守），与苏军在苏德战场坚守莫斯科、列宁格勒、斯大林格勒的成功范例形成鲜明的对比。为什么？为什么中国军队在上海以德式装备的最精锐的一个集团军（三个师）的压倒性数量优势主动发起进攻，仍然不能歼灭为数远少于己的日本海军陆战队？撇开其他因素不论，其间反映出的，其实是中日两国当时巨大的全方位的现代化水准差异。须知，在中日两国全面战争爆发的1937年，中国全年的钢产量不过数万吨，而日本的产量则几乎百倍于中国，建基于此，中国也无法形成可以抗衡日本装备的本国独立的军事工业体系。更不必说，现代化是综合性水准的考量，以抗战时期最为后方民众所诟病的被强迫“抓壮丁”式的征兵制为例，也不过是现代化程度低下的某种反映而已。很难想象，一个连正常的人口普查和户籍制度都没能建立的国家，能够建立现代的征兵制度。因此，有关这场战争研究的现代化视角便显得十分重要，只有对此有透彻的研究，我们才能理解这场战争的多重面相。

另一个值得注意的战争观察角度，是国际化的视角。中国的抗日战争，自始便不仅是中日两国间的战争，而与远东国际关系及相关各大国的博弈有千丝万缕的纠葛，战争的进程既受到国际形势和国际关系的强烈影响，又以自身的力量影响着国际形势和国际关系的发展变化。1941年12月日本偷袭珍珠港，美国卷入战争，蒋介石认为，“抗战政略之成就已达于极点”。然而，美国的参战固然使蒋介石从此不再担心单独对日抗战的种种艰辛，但也使蒋介石在对美关系中因美国的强势而不时处在被动地位，直至发展到美苏协调订立“雅尔塔密约”，严重伤害到中国的主权。如果我们对国际关系和大国博弈没有深入的了解，就不能对中国战时外交的得失有充分的评判。再者，对于中国在战争中的对手——日本，现有的研究仍然比较欠缺，仅从现有研究中较少引用日文资料的现状，我们便可知在这方面能做的事其实还有很多。

让历史说话，用史实发言，拓宽中日历史学术研究的对话空间

主持人：习近平总书记在一系列关于加强抗日战争研究的讲话中强调，深入开展中国人民抗日战争研究，必须坚持正确历史观，让历史说话，用史实发言。用“被害”置换“加害”，以“定量”否决“定性”，是近年来一些日本学者在研究中日战争史时的惯用套路。在中国抗战史的学术研究中，怎样认识史料与历史真实之间的关系？

荣维木：如何处理史料与历史真实的关系，我用一个例子说明一下。我参加过中日两国政府主导下的中日共同历史研究，在共同研究中我有一个比较深刻的体会，那就是中国学者的研究方法倾向于历史定性，日本学者倾向于史实考证。这就有了如何处理史实与真实的关系问题。举个例子，在讨论中，日本学者提出，在史料中根本找不出日本战时实行“三光政策”的命令文件，倒是有纠正“三光”的命令文件。我发表意见说，这种看法是史实，却不是真实。真实情况是，正是由于日军普遍地实施了“三光”，于是才有了“纠正”的命令。类似的情况，在讨论南京大屠杀事件的时候也出现过。由此可见，从史实中看到真实是十分重要的。但是，在强调真实的时候，却特别要严谨地描述史实，这是因为，你说了100件史实，其中99件是确凿的，只有一件不确凿，那么确凿的史实也会受到怀疑。

步平：历史学者重视的是历史史料与历史事实，这是历史学的学术原则使然。但是，来自不同国家的学者由于学术环境不同，学术经历各异，学术背景也有相当差别，首先是对历史资料的掌握与把握方面存在差异，即使是面对同样的史料，是否需要辨误，用什么样的方式分析，表现在思维逻辑、研究方法等方面也存在差别。所以，学术研究层面存在差异和分歧是绝对的，一致性则是相对的。中日两国学者之所以能够对话和进行共同研究，前提是能够就谴责导致两国间对立和造成民众灾难的侵略战争达成一致认识。学术认识的差异，应当在共同研究和相互了解、相互理解的过程中逐步缩小，所以应当提倡历史认识的跨越国境。

中国的抗战史研究已经进入国际大视野，应走出历史悲情，扩展视野，建立跨越国境的历史视角

主持人：近年来，中国抗日战争对国际社会的贡献和在第二次世界大战中的地位与作用受到国外学者越来越多的关注，怎样看待这一情况？

步平：中国艰苦卓绝的抗日战争，长期未纳入美、英、苏等大国的视野。战争结束后，由于冷战局面的形成以及中国自身的一些原因，国际社会对中国抗战的评价仍有弱化和矮化的倾向。随着近年来中国经济社会的高速发展和在世界上的影响日益扩大，中国抗日战争对国际社会的贡献和在第二次世界大战中的地位与作用的话题开始活跃起来，有越来越多的外国历史学者关注中国抗战的重大历史贡献，向国际社会客观介绍中国抗战的真实面貌，呼吁正确评价中国抗日战争在世界反法西斯战争中的地位与作用。究其原因，是在中国共产党的领导下，中国取得了长足的发展，国际地位有了明显的提高。可见，把抗战放在战后大的国际环境中进行思考，特别是结合抗战胜利后的中华民族的复兴与中国的和平崛起，才能够对中国抗日战争的国际意义与国际贡献有更深刻的理解。

张海鹏：目前，一些西方学者开始把眼光转向中国和中国的抗战史，转向东方主战场。英国牛津大学中国研究中心主任拉纳·米特写了《中国，被遗忘的盟友：西方人眼中的抗日战争全史》，正视中国在二战中发挥的作用。国际历史学会秘书长、法国巴黎第一大学历史系教授罗伯特·弗兰克也组织欧洲有关学者写了一部二战的历史书，主张把1937年“卢沟桥事变”作为二战的起点。这说明，从历史研究的角度，西方学者正在转变他们的观点，开始把眼光转向中国，开始承认中国战场作为二战的东方主战场的地位。

主持人：习近平总书记强调要推动国际社会正确认识中国人民抗日战争在世界反法西斯战争中的地位和作用。那么，在加强抗战研究的国际学术交流中，我们应该注意哪些问题？

步平：习近平总书记事实上是提出了让中国的抗战历史认识成为国际社会共同话语的命题。这一命题与近年来中国提倡的建设“命运共同体”的理念有十分

密切的关系。作为外交新战略，“命运共同体”意味着相关国家与人民建立休戚与共的意识，以开放包容、合作共赢的心态谋求共同发展，以求同存异的原则，通过对话与协调，解决认识的差异和增强凝聚力。而作为历史认识，则要考虑在国际格局深刻变化，利益日益多元的国际背景下，加强国际学术交流，让中国的抗战历史认识成为国际社会共同话语，既对错误的历史认识加以批判，也要调整我们自身的历史认识，建立跨越国境的历史视角，以此构建国际公平公正的新秩序。

在民族自尊心和民族自豪感空前增强的背景下，抗日战争史研究也需要注意狭隘民族主义意识的问题。近代中国在抗击列强侵略与压迫的斗争中产生的民族悲情意识是发愤图强，振兴中华的动力，但也是导致“弱国心态”产生的原因。抗战胜利前后的国民政府及蒋介石在办理外交的时候，往往有一些与大国地位并不相称的举动，那是缺乏大国自信的表现。今天的中国完全摆脱了近代以来的被动局面，昔日的弱国形象已经一去不复返，理性和平、积极向上的国民心态正在形成。因此，抗日战争史学术研究也要适应时代的变化，走出历史悲情，扩展视野，关注作为大国和建设强国的国际责任与义务。

“我们的抗战研究还远远不够，要继续进行深入系统的研究”

主持人：习近平总书记在讲话中指出：我们的抗战研究还远远不够，要继续进行深入系统的研究。如何进行深入系统的抗战研究，您有什么建议？

张海鹏：一是加强领导，协调全国科研系统、高校、党史部门和民间力量，协调海峡两岸的力量，制定抗日战争研究科研规划，提出工作目标，给予经费支持，分工合作、扎扎实实进行严谨的学术研究工作，撰写出版一系列体现科学历史观的学术著作。

二是广泛、深入、全面搜集抗日战争史料，包括从相关国家公私档案馆、图书馆搜集涉及中国抗战以及中国国际关系的档案、日记、书信、公私文书、照片以及影视作品和各种专门著作，分门别类编辑相关专题的文献史料，切实打好研究基础，尊重历史，用历史事实说话，使研究著作建立在可靠可信的史料基础上，成为科学的历史学著作。

三是切实贯彻《中华人民共和国档案法》，国家和地方各级各类档案馆努力为抗日战争研究者搜集史料提供最大方便。在条件允许的情况下建立抗战史料文献中心，建立互联网数据库，方便学者研究。

四是在涉及抗日战争史的一些关键问题上开展深入研究，如：日本侵华史、日本战争策源地研究；抗战时期抗日民族统一战线形成史研究；中国共产党在抗日战争中的中流砥柱作用研究；正面战场、敌后战场的战略配合作用研究；抗日战争中中华民族的空前大觉醒研究；抗日战争时期中国的人心向背研究；抗日战争时期中国文化战线及文化思想的转变研究；抗日战争时期中国国际关系特别是与同盟国的关系研究；等等。所有这些研究项目都应建立在大量利用、分析史料的基础上，产生的史学著作应经得起质疑，具有长久生命力。

五是积极建立抗日战争史研究的国际网络，广泛开展国际学术交流，加强中国抗日战争史的国际学术研讨，努力扩大中国学者研究抗日战争的国际话语权，争取产生国际学者共同参与的大部头中国抗日战争史、世界反法西斯战争史著作。

（作者为《北京日报》理论周刊编辑）

西汉的黄金是正式货币吗

李祖德

不久前，考古工作者在南昌西汉海昏侯墓主椁室西侧发现了大量马蹄金和金饼，部分金器已送往江西省博物馆，大量观众前往参观，同时关于西汉黄金货币也热议不断。其实，1000多年来，人们对秦汉时期的黄金货币一直都议论纷纷。有的人怀疑西汉史籍中的“金”都是铜或至少部分是铜；有的人认为东汉黄金货币的突然消失是我国古代经济史上一个难解之谜；有的人认为西汉的黄金“不是正式的货币”。这些问题的讨论，进一步促进了秦汉经济史的研究，是十分有益的。

西汉的黄金货币大多是饼块形状，大小不等，根据交易需要可以任意切割

春秋战国时期，唯一以黄金作为流通货币的国家是楚国。在此之前，虽然有关于黄金作为交换物的文献记载，但把一定量的黄金铸成一定的形状，并印上一定的文字标记，则是从楚国开始的。楚地盛产黄金，所铸的“爰金”是我国最早的黄金货币。秦始皇统一六国，将黄金正式宣布为法定货币。“秦兼天下，币为二等。黄金以溢为名，上币”，于是黄金货币便在全国流通。

陕西地区秦国金饼的出土，说明黄金货币不仅在楚国通行，而在其他地区也有黄金货币在流通。如果说，由于秦朝二世而亡，因而出土的黄金货币很少，那么到了汉代，黄金货币出土的数量与范围就相当可观。出土资料证明，汉代黄金货币流通范围已远远超出战国时期楚国的领域而遍及全国。汉代的黄金货币与楚国的“爰金”有所不同。楚国的爰金形状大致分为两种：一是饼状，另一种是版状。西汉的黄金货币大多是饼块形状，大小不等。这种饼块状的黄金货币，根据交易的需要，可以任意切割，仍处在比较原始的称量货币阶段。

到汉武帝时，黄金货币有了较大变化，那就是对马蹄金与麟趾金的铸作。《汉书·武帝纪》记载：“诏曰：有司议曰，往者朕郊见上帝，西登陇首，获白麟以馈宗庙，渥洼水出天马，泰山见黄金，宜改故名，今更黄金为麟趾，以协瑞焉。”北宋沈括所著的《梦溪笔谈》还对马蹄金与麟趾金的形状作了具体描述：“麟趾中空，四傍皆有文，刻极工巧；作圆饼，四边无模范迹，似于平物上滴成，如今乾柿，上人谓之柿子金。”这就是说，到了汉武帝太始二年（公元前95年）时，黄金货币有了比较固定的形制，不论是马蹄金还是麟趾金，都是呈圆形或椭圆形的饼块状货币。

几十年来，汉代的马蹄金、麟趾金以及相似的金饼屡有出土。根据汉代黄金货币出土的情况来看，汉代的黄金货币是法定的“上币”，流通地域较广；黄金货币以饼块状为主，每块除“一两”小金饼外，大致都在一斤左右；有些饼块状黄金货币底部刻有各种记号，有的刻有斤、两、铢的重量；黄金货币根据交易需要，可以任意剪凿，分散使用。可见，汉代的黄金货币仍处在比较原始的称量货币阶段。

汉代的黄金货币与铜钱产生了许多不协调的关系，呈现出一些奇特的现象

称量货币的黄金与金属铸币铜钱有着显著的区别。汉代的铜钱是法定货币，具有固定的重量和成色。固定的重量，就需要有固定的形状来体现，即圆形方孔。人们在使用钱币时，不必先考虑货币的重量是多少，只需计算货币的数量就

可进行商品交换。汉代的黄金货币，虽然具有比较固定的饼块状形制，每块重量大致在1斤左右，但没有固定的标准重量，大小不一，重量不等，实际上仍然是一种自然的金属铸块。人们在使用黄金货币时，既要知道货币的重量，又要鉴定黄金的成色与真伪，在交换中有很多不便之处。因此，汉代的黄金货币还没有完全脱离原始的物品货币形态，在交换过程中，一方面可以作为货币的形式出现，另一方面又作为物品具有使用价值而进行交换。

汉代的黄金货币由于处在货币发展史中的物品货币阶段，因而与处于金属铸币阶段的铜钱，产生了许多不协调的关系，从而呈现出一些奇特的现象。

第一，终西汉一代，黄金货币与铜钱之间没有法定的比价。

西汉的黄金与铜钱虽有一定的比价，但没有政府规定的长期固定不变的法定比价。这不是偶然的疏忽，究其原因，主要是黄金货币与铸币铜钱处于不同的货币发展阶段。西汉的黄金货币是以重量为计算单位，处于称量货币阶段，而西汉的铜钱是金属铸币，是以枚数为计算单位。黄金以货币的重量进行交换，铜钱以货币的数量进行交换，两者之间有着根本的区别。这当然不是说“黄金无价”。因为任何一种物品，只要具有一定的使用价值，都有一定的价格。其性质只是黄金作为物品与铜钱之间产生的价格，而不是黄金作为货币与另一种铜钱货币之间产生的法定比价。作为法定比价，一种货币与另一种货币的比价是不能随时变更的，是由法律明文规定的；而作为一种物品，其价格是随着不同的情况而可以随时改变的。西汉一代，黄金价格因时因地常有高下之别，充分说明黄金货币具有物品属性的一面。西汉黄金货币尚处于称量的物品货币阶段。它作为一种货币，对其他物品具有一定的价值尺度，但同时其本身又是一种物品。物品的价格是不能与两种货币之间的法定比价相混同的。

第二，国库财政储藏，不以黄金为计；王侯功臣赏赐，则有赐金数万。

《汉书·食货志》记载：“至武帝之初，七十年间，国家无事，非遇水旱，则民人给家足。都鄙廪庾尽满，而府库余财。京师之钱累巨万，贯朽而不可校。”《汉书·王嘉传》也记载：“孝元皇帝奉承大业，温恭少欲，出内钱四十万万，水衡钱二十五万万，少府钱十八万万。”以上这些西汉府库的积储，为何不厌其烦地只记铜钱而不涉及黄金？

与此相反，在王侯功臣的封赏中，中央政府经常可以从府库中取出大量的黄金，有的动辄数万斤，最多的甚至达到五十万斤，如“大将军票骑大出击胡，赏赐五十万金”。西汉政府一年的赋税收入为四十余万万铜钱，如果以王莽时期一斤黄金值万钱来计算，仅仅这一次赏赐就倾全国赋税收入还差十万万铜钱。明明府库中存在着大量的黄金，为何在政府财政积储的计算时，却以铜钱为计？

要分析这一现象，不能不涉及黄金的价值尺度和流通手段。

在西汉的商品交换中，铜钱有明确的价值尺度。这是由铜钱为金属铸币所决定的。西汉王朝向人民征收的算赋、口赋、更赋，汉简中所反映的物价、家庭财产的统计，都无不以铜钱作为价值尺度的唯一标准。当然，在价值尺度上具有局限性的黄金货币，不等于说不具备价值尺度。但我们可以发现，不少文献记载黄金的价值尺度是不精确的。但翻遍汉简，也找不出一条有关黄金与其他物品之间的精确比价。黄金货币不确定的价值尺度，必然被同时通行而有明确价值尺度的铜钱所代替。

以称量来决定价值大小的黄金货币，虽然在价值尺度上不能与铜钱相比，但黄金与铜材相比，黄金的价值显然高于铜材，这是由黄金属于贵金属所决定的。因而，在大宗赏赐中，黄金货币的优越性远远超过铜钱。汉武帝太始二年（公元前95年）铸作马蹄金与麟趾金时，明确规定这些黄金货币“因以班赐诸侯王”。据彭信威先生统计，西汉赐金总额达89万余斤，而汉武帝赏赐卫青与霍去病分别是20万与50万斤之多。在军事活动频繁与后勤供应紧张的情况下，赏赐黄金货币显然比赏赐铜钱来得轻便。黄金货币虽然没有明确的价值尺度，但赏赐是一方赠予另一方，不是一种正式的双方交换行为，有没有明确的价值尺度对赏赐来说并不十分重要。而重要的是作为货币的黄金，具有自身高贵的商品价值，这对于金属铸币的铜钱来说是不能具备的。

黄金虽价值尺度不明确而流通不便，但依然是正式的货币

长期以来，对于西汉黄金货币的评价存在着两种不同的意见：一种意见把西汉的黄金货币估计得很高，认为汉时通货“专用黄金”，有的认为汉代以黄金为

代表的“贵金属货币高居支配地位”“是事实上的金本位时代”；另一种意见认为西汉的黄金“不是正式的货币”。我认为，这两种意见都有偏颇。

作为称量货币的黄金，实际上仍处在物品货币的历史阶段，具有两重属性，即既是货币，又是物品。物品货币是中国货币发展史上一个重要的阶段。以称量来决定价值大小的黄金货币，起着与其他商品交换的媒介作用。考古出土中有黄金货币切割的痕迹充分说明了这一点。由于与铜钱同时并行，其价值尺度不明确而流通不便，但不能因此而认为黄金“不是正式的货币”。同样，处于物品货币阶段的黄金，不可能“是事实上的金本位时代”。金属称量货币实际上仍然是一种自然的金属铸块，还没有完全摆脱原始的物品货币的形态。西汉黄金的大宗赏赐或赠予，虽也可作为货币的大量赐赠，但由于不存在双方交换的行为，因而作为贵重物品的赏赐或赠予则更为合理。忽视西汉黄金货币具有物品属性的作用，必然会作出不恰当的估计。

（作者为中国社会科学院历史研究所研究员）

图书在版编目（CIP）数据

史海新探／北京日报理论部编. —北京：北京日报出版社，2016.5
（北京日报理论周刊文存）
ISBN 978－7－5477－2055－4

Ⅰ. ①史…　Ⅱ. ①北…　Ⅲ. ①文史—中国—文集
Ⅳ. ①C52

中国版本图书馆 CIP 数据核字（2016）第 058066 号

史海新探

出版发行	北京日报出版社
地　　址	北京市东城区东单三条 8－16 号东方广场东配楼四层
邮　　编	100005
电　　话	发行部（010）65255876 总编室（010）65252135
印　　刷	廊坊市博林印务有限公司
经　　销	各地新华书店
版　　次	2016 年 5 月第 1 版
印　　次	2016 年 5 月第 1 次印刷
开　　本	710 毫米×1000 毫米　1／16
印　　张	21.25
字　　数	340 千字
定　　价	58.00 元